TOM PARKINSON-MORGAN

KILL 6 BILLION DEMONS

LIVRE DEUX

AKILEOS

Merci à Brandon Graham
et à tous·tes les lecteur·rices
du webcomic de ces
trois dernières années.

Akileos – Édition française

Emmanuel Bouteille Éditeur

Richard Saint Martin Éditeur

Léana Félix Assistante éditoriale

Studio Zibeline Correction

Benjamin Viette (Studio MAKMA) Traduction

Studio MAKMA (Cyril Bouquet, Benjamin Basso et Stephan Boschat) Lettrage

Éditions Akileos
162, cours du maréchal Gallieni
33400 Talence
www.akileos.com

Première publication par Image Comics, Inc.
2001 Center Street, Six Floor, Berkeley, CA 94704

Kill Six Billion Demons is ™ & © 2016, 2022 Tom Parkinson-Morgan.
Tous droits réservés. « Image » ® et le logo Image Comics sont des marques déposées de Image Comics, Inc. Tous droits réservés.

Kill Six Billion Demons, Livre Deux – Initialement publié au format webcomics sur http://killsixbilliondemons.com

Édition française © 2022 Éditions Akileos. Le logo Akileos est ™ & © Akileos.
Tous droits réservés. Toute ressemblance avec des personnes, événements ou institutions existant ou ayant existé est une pure coïncidence.
Aucune reproduction totale ou partielle n'est autorisée sans la permission écrite des détenteurs du copyright.

Première édition française, achevé d'imprimer en Bosnie-Herzégovine par Imago Publishing Ltd en août 2022.
Dépôt légal : septembre 2022
ISBN : 978-2-35574-547-8

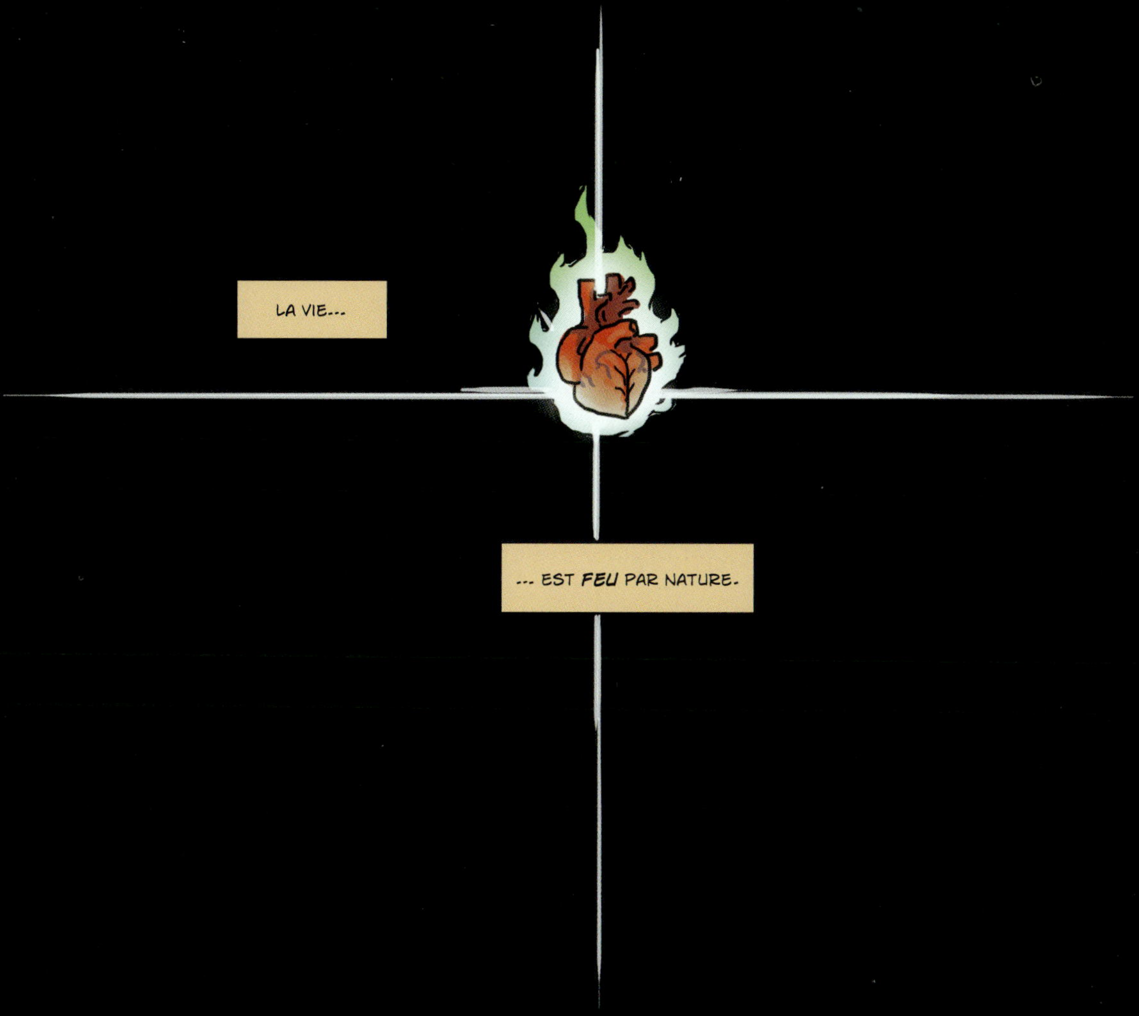

LA VIE...

... EST *FEU* PAR NATURE.

* *NOTES DE TRADUCTION :* YISUN EST UNE ENTITÉ S'IDENTIFIANT À LA FOIS AU FÉMININ ET AU MASCULIN. IEL JOUE SUR LA NOTION DE BINARITÉ. DANS CET OUVRAGE, SON PRONOM EST « IEL » (CONTRACTION DE « IL » ET « ELLE »). LES ADJECTIFS ET LES NOMS QUI SE RAPPORTENT À IEL S'ACCORDENT SOIT AU MASCULIN, SOIT AU FÉMININ.
CE TOME 2 ABORDE PLUS EN PROFONDEUR LA NOTION DE GENRE, NOTAMMENT AVEC LE PERSONNAGE DE CHAÎNE BLANCHE.
TOUS LES ANGES SONT DES HOMMES. ELLE EST NÉE ANGE MAIS ELLE S'IDENTIFIE COMME UNE FEMME. ELLE EST UN ANGE TRANSGENRE.
SA TRANSITION EST NOTABLE DANS LES CHANGEMENTS DE PRONOMS, VENANT D'ELLE, DE SES AMI-ES OU DE SES ENNEMI-ES.

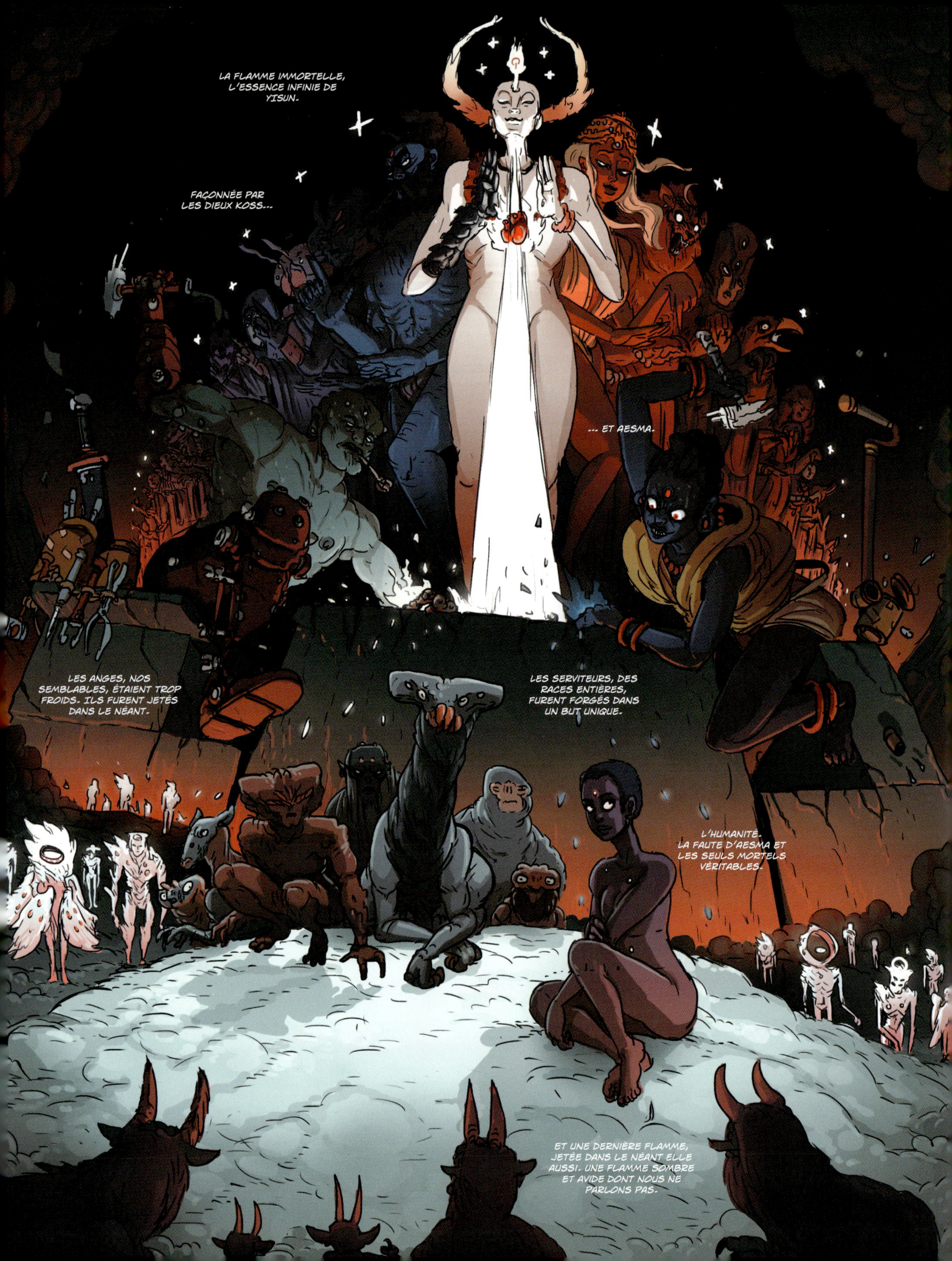
LA FLAMME IMMORTELLE, L'ESSENCE INFINIE DE YISUN.
FAÇONNÉE PAR LES DIEUX KOSS...
... ET AESMA.
LES ANGES, NOS SEMBLABLES, ÉTAIENT TROP FROIDS. ILS FURENT JETÉS DANS LE NÉANT.
LES SERVITEURS, DES RACES ENTIÈRES, FURENT FORGÉS DANS UN BUT UNIQUE.
L'HUMANITÉ. LA FAUTE D'AESMA ET LES SEULS MORTELS VÉRITABLES.
ET UNE DERNIÈRE FLAMME, JETÉE DANS LE NÉANT ELLE AUSSI. UNE FLAMME SOMBRE ET AVIDE DONT NOUS NE PARLONS PAS.

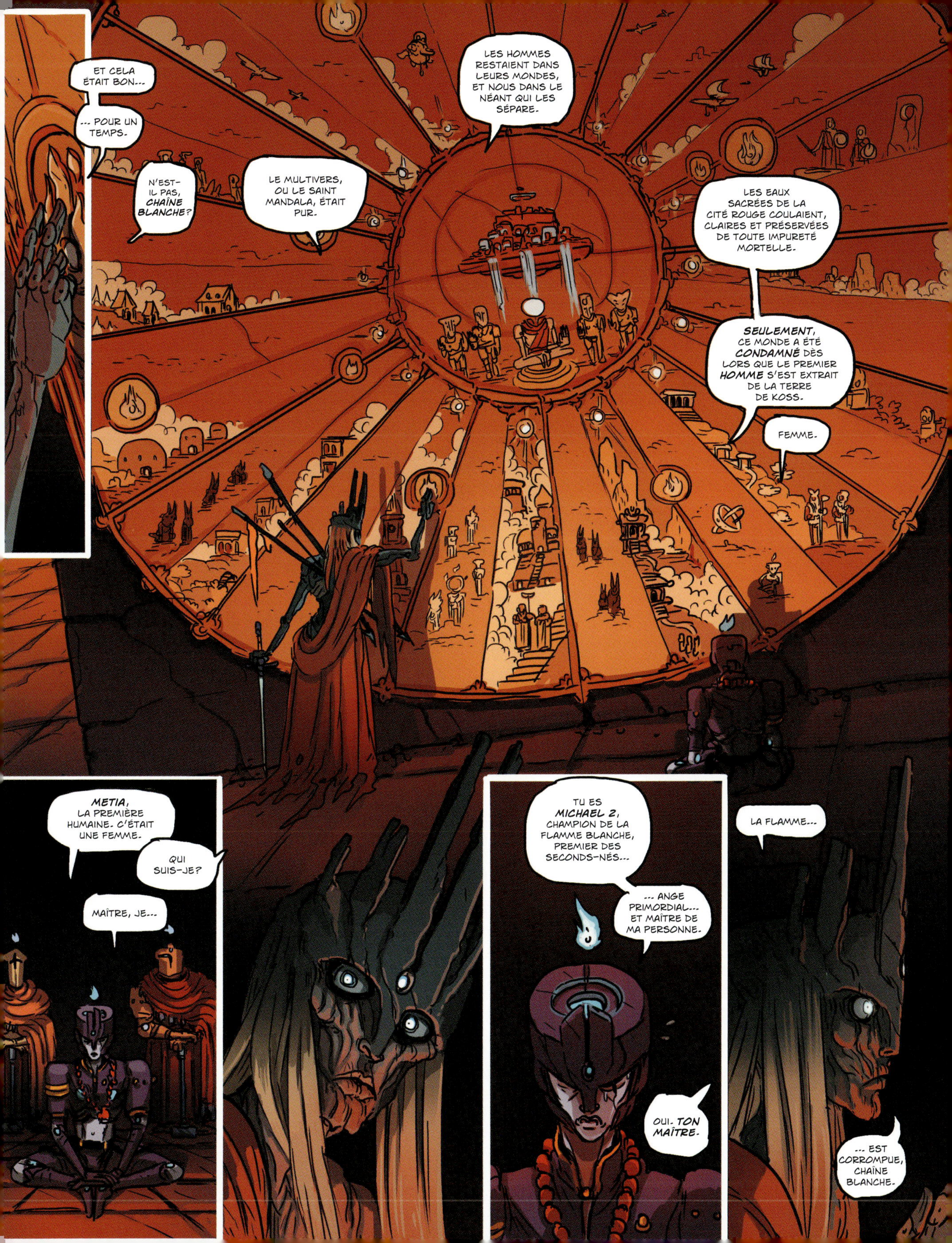
ET CELA ÉTAIT BON...
... POUR UN TEMPS.
N'EST-IL PAS, **CHAÎNE BLANCHE**?
LE MULTIVERS, OU LE SAINT MANDALA, ÉTAIT PUR.
LES HOMMES RESTAIENT DANS LEURS MONDES, ET NOUS DANS LE NÉANT QUI LES SÉPARE.
LES EAUX SACRÉES DE LA CITÉ ROUGE COULAIENT, CLAIRES ET PRÉSERVÉES DE TOUTE IMPURETÉ MORTELLE.
SEULEMENT, CE MONDE A ÉTÉ **CONDAMNÉ** DÈS LORS QUE LE PREMIER **HOMME** S'EST EXTRAIT DE LA TERRE DE KOSS.
FEMME.
METIA, LA PREMIÈRE HUMAINE. C'ÉTAIT UNE FEMME.
QUI SUIS-JE?
MAÎTRE, JE...
TU ES **MICHAEL 2**, CHAMPION DE LA FLAMME BLANCHE, PREMIER DES SECONDS-NÉS...
... ANGE PRIMORDIAL... ET MAÎTRE DE MA PERSONNE.
OUI. **TON MAÎTRE**.
LA FLAMME...
... EST CORROMPUE, CHAÎNE BLANCHE.

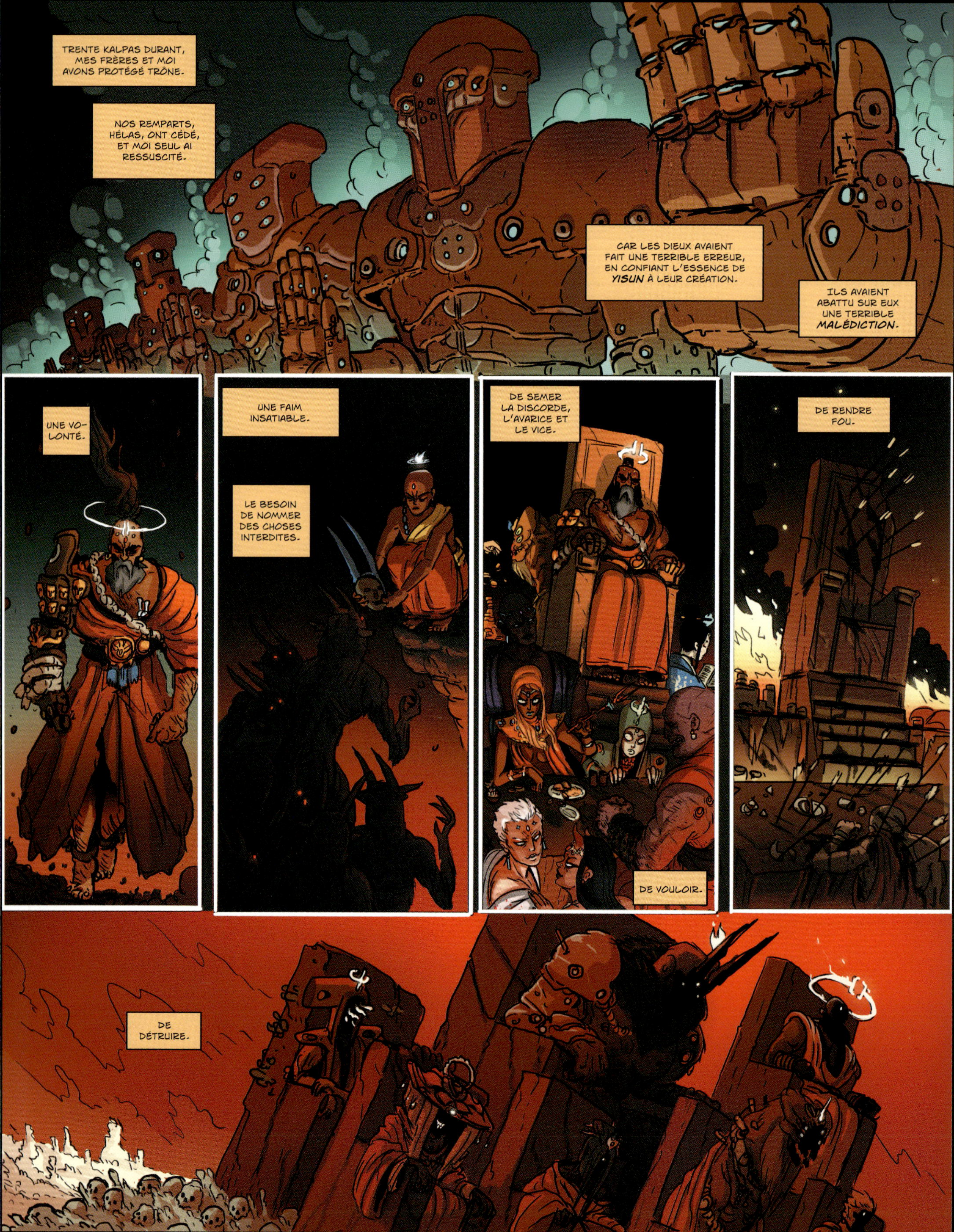
TRENTE KALPAS DURANT, MES FRÈRES ET MOI AVONS PROTÉGÉ TRÔNE.
NOS REMPARTS, HÉLAS, ONT CÉDÉ, ET MOI SEUL AI RESSUSCITÉ.
CAR LES DIEUX AVAIENT FAIT UNE TERRIBLE ERREUR, EN CONFIANT L'ESSENCE DE *YISUN* À LEUR CRÉATION.
ILS AVAIENT ABATTU SUR EUX UNE TERRIBLE *MALÉDICTION*.
UNE VOLONTÉ.
UNE FAIM INSATIABLE.
LE BESOIN DE NOMMER DES CHOSES INTERDITES.
DE SEMER LA DISCORDE, L'AVARICE ET LE VICE.
DE VOULOIR.
DE RENDRE FOU.
DE DÉTRUIRE.

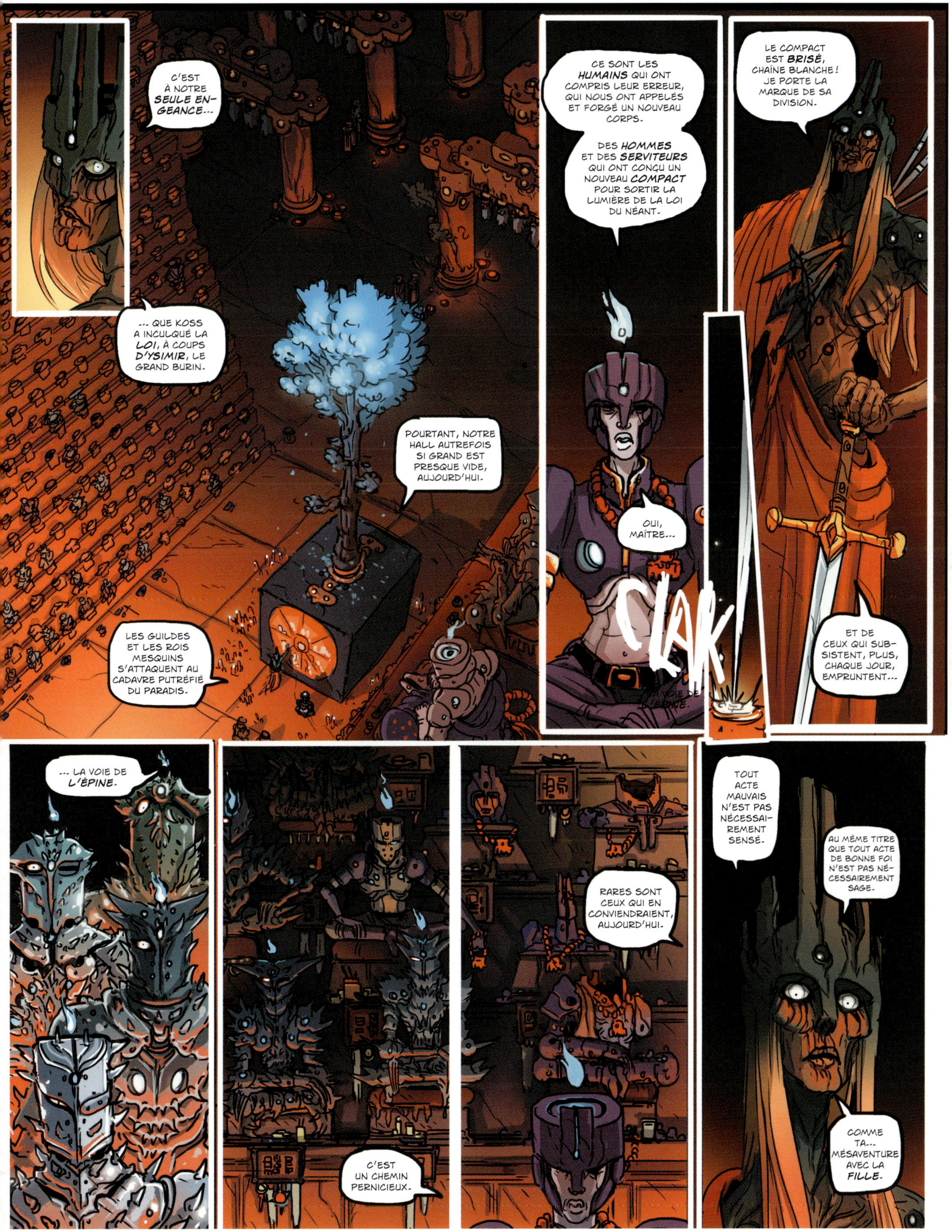
C'EST À NOTRE **SEULE ENGEANCE**...
... QUE KOSS A INCULQUÉ LA **LOI**, À COUPS **D'YSIMIR**, LE GRAND BURIN.
POURTANT, NOTRE HALL AUTREFOIS SI GRAND EST PRESQUE VIDE, AUJOURD'HUI.
LES GUILDES ET LES ROIS MESQUINS S'ATTAQUENT AU CADAVRE PUTRÉFIÉ DU PARADIS.
CE SONT LES **HUMAINS** QUI ONT COMPRIS LEUR ERREUR, QUI NOUS ONT APPELÉS ET FORGÉ UN NOUVEAU CORPS.
DES **HOMMES** ET DES **SERVITEURS** QUI ONT CONÇU UN NOUVEAU **COMPACT** POUR SORTIR LA LUMIÈRE DE LA LOI DU NÉANT.
OUI, MAÎTRE...
CLAK
LE COMPACT EST **BRISÉ**, CHAÎNE BLANCHE ! JE PORTE LA MARQUE DE SA DIVISION.
ET DE CEUX QUI SUBSISTENT, PLUS, CHAQUE JOUR, EMPRUNTENT...
... LA VOIE DE **L'ÉPINE**.
C'EST UN CHEMIN PERNICIEUX.
RARES SONT CEUX QUI EN CONVIENDRAIENT, AUJOURD'HUI.
TOUT ACTE MAUVAIS N'EST PAS NÉCESSAIREMENT SENSÉ.
AU MÊME TITRE QUE TOUT ACTE DE BONNE FOI N'EST PAS NÉCESSAIREMENT SAGE.
COMME TA... MÉSAVENTURE AVEC LA **FILLE**.

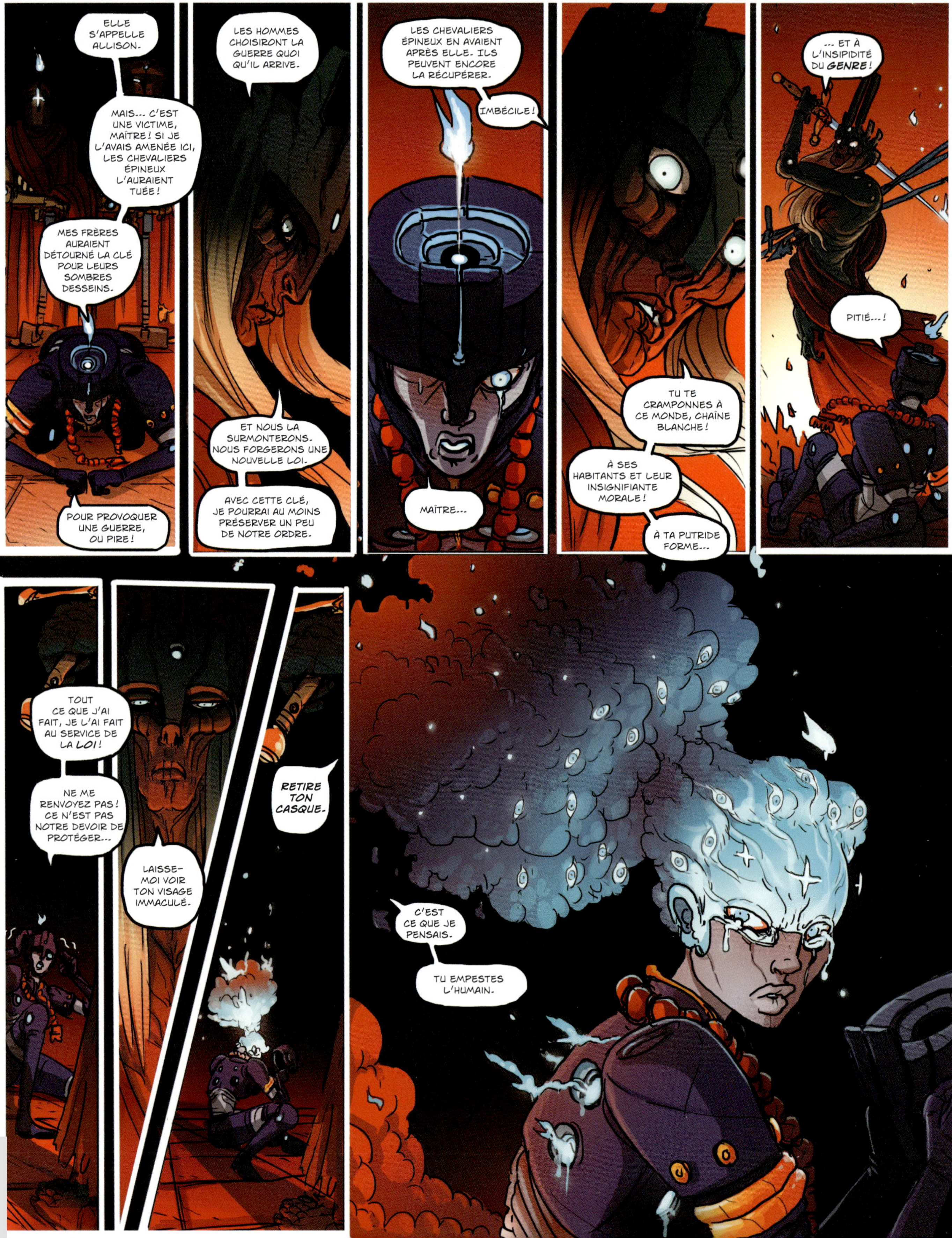
ELLE S'APPELLE ALLISON.
MAIS... C'EST UNE VICTIME, MAÎTRE ! SI JE L'AVAIS AMENÉE ICI, LES CHEVALIERS ÉPINEUX L'AURAIENT TUÉE !
MES FRÈRES AURAIENT DÉTOURNÉ LA CLÉ POUR LEURS SOMBRES DESSEINS.
POUR PROVOQUER UNE GUERRE, OU PIRE !
LES HOMMES CHOISIRONT LA GUERRE QUOI QU'IL ARRIVE.
ET NOUS LA SURMONTERONS. NOUS FORGERONS UNE NOUVELLE LOI.
AVEC CETTE CLÉ, JE POURRAI AU MOINS PRÉSERVER UN PEU DE NOTRE ORDRE.
LES CHEVALIERS ÉPINEUX EN AVAIENT APRÈS ELLE. ILS PEUVENT ENCORE LA RÉCUPÉRER.
IMBÉCILE !
MAÎTRE...
TU TE CRAMPONNES À CE MONDE, CHAÎNE BLANCHE !
À SES HABITANTS ET LEUR INSIGNIFIANTE MORALE !
À TA PUTRIDE FORME...
... ET À L'INSIPIDITÉ DU **GENRE** !
PITIÉ... !
TOUT CE QUE J'AI FAIT, JE L'AI FAIT AU SERVICE DE LA **LOI** !
NE ME RENVOYEZ PAS ! CE N'EST PAS NOTRE DEVOIR DE PROTÉGER...
LAISSE-MOI VOIR TON VISAGE IMMACULÉ.
RETIRE TON CASQUE.
C'EST CE QUE JE PENSAIS.
TU EMPESTES L'HUMAIN.

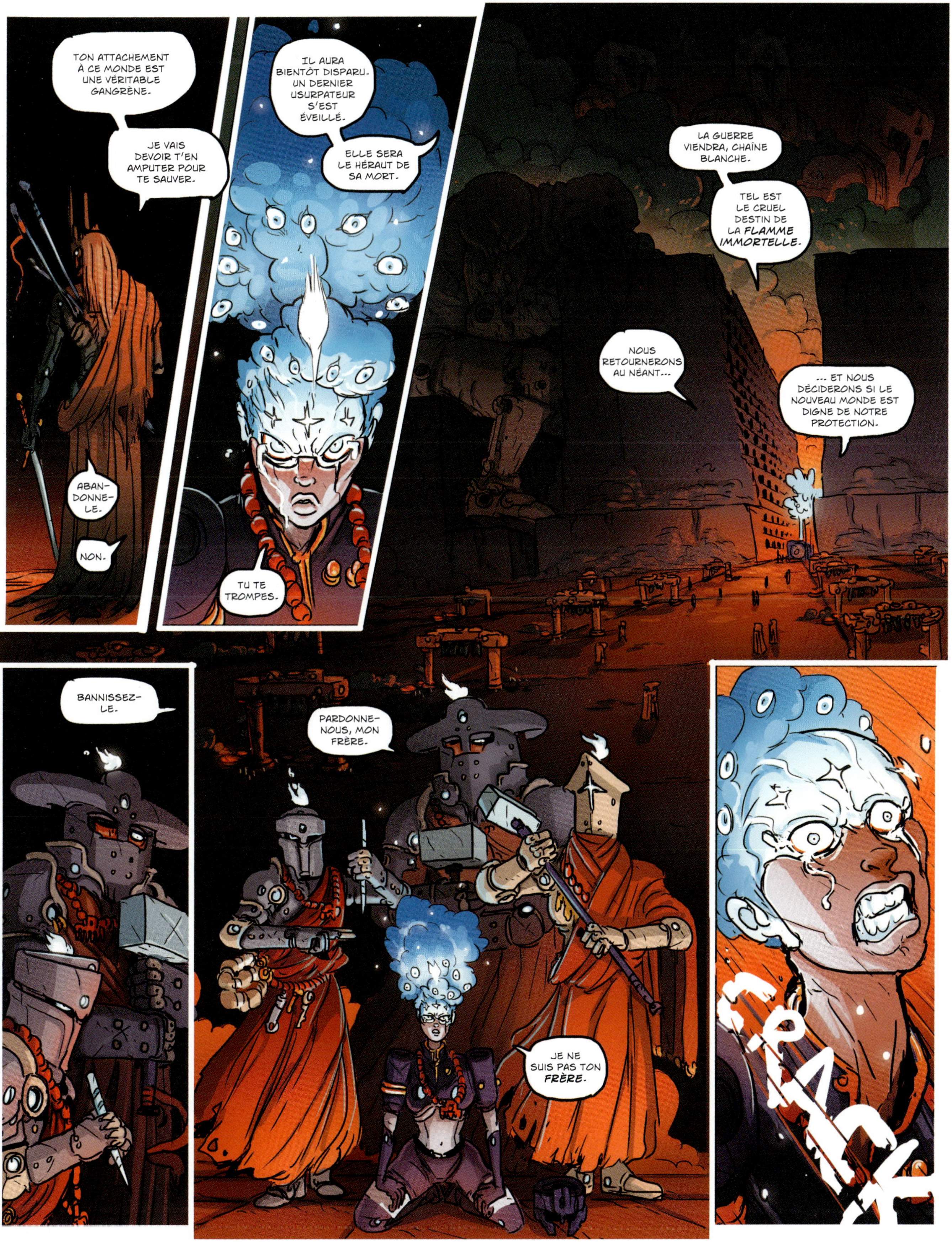
TON ATTACHEMENT À CE MONDE EST UNE VÉRITABLE GANGRÈNE.
JE VAIS DEVOIR T'EN AMPUTER POUR TE SAUVER.
ABANDONNE-LE.
NON.
IL AURA BIENTÔT DISPARU. UN DERNIER USURPATEUR S'EST ÉVEILLÉ.
ELLE SERA LE HÉRAUT DE SA MORT.
TU TE TROMPES.
LA GUERRE VIENDRA, CHAÎNE BLANCHE.
TEL EST LE CRUEL DESTIN DE LA FLAMME IMMORTELLE.
NOUS RETOURNERONS AU NÉANT...
... ET NOUS DÉCIDERONS SI LE NOUVEAU MONDE EST DIGNE DE NOTRE PROTECTION.
BANNISSEZ-LE.
PARDONNE-NOUS, MON FRÈRE.
JE NE SUIS PAS TON FRÈRE.
CRACK

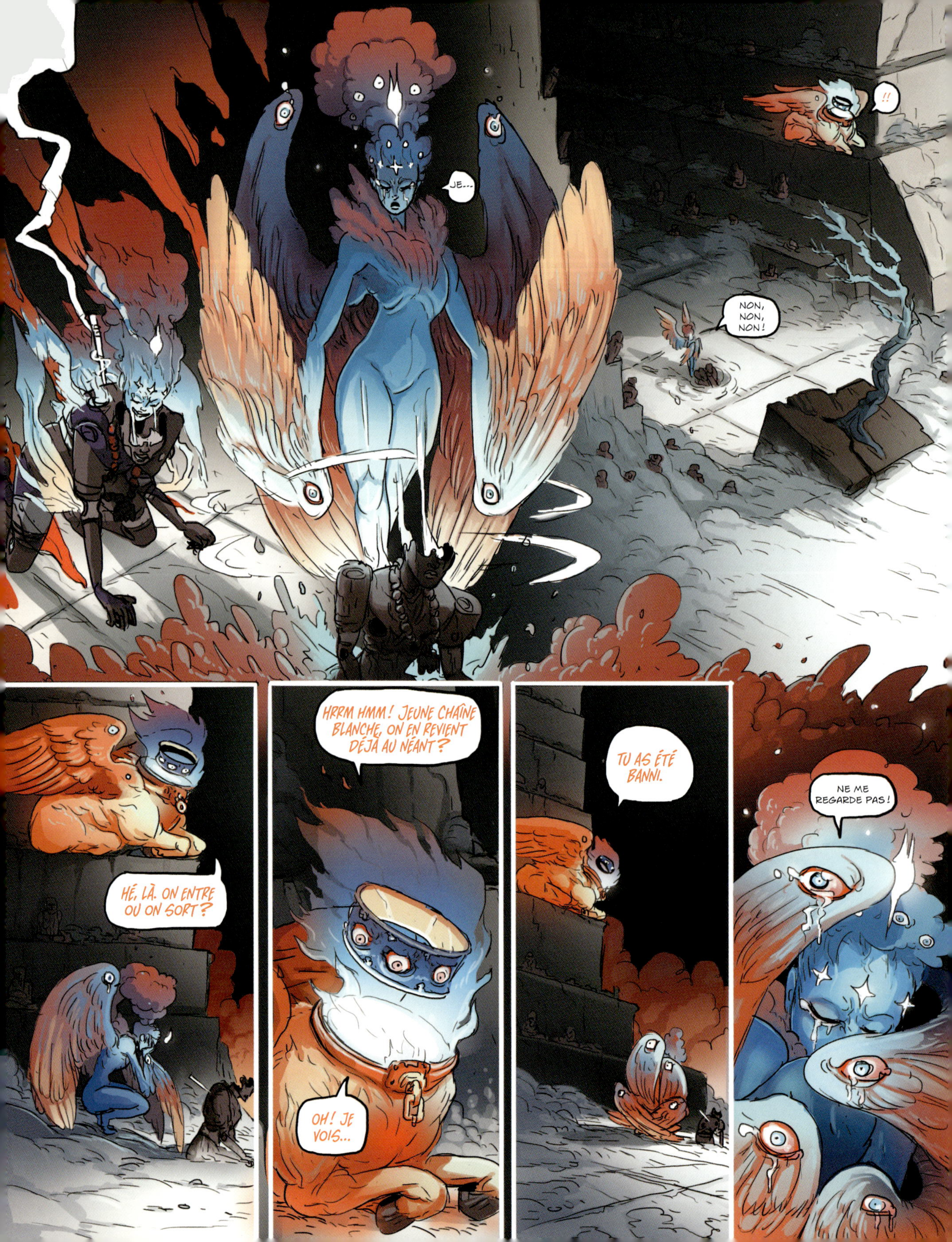
!!
JE...
NON, NON, NON !
HÉ, LÀ. ON ENTRE OU ON SORT ?
HRRM HMM ! JEUNE CHAÎNE BLANCHE, ON EN REVIENT DÉJÀ AU NÉANT ?
OH ! JE VOIS...
TU AS ÉTÉ BANNI.
NE ME REGARDE PAS !

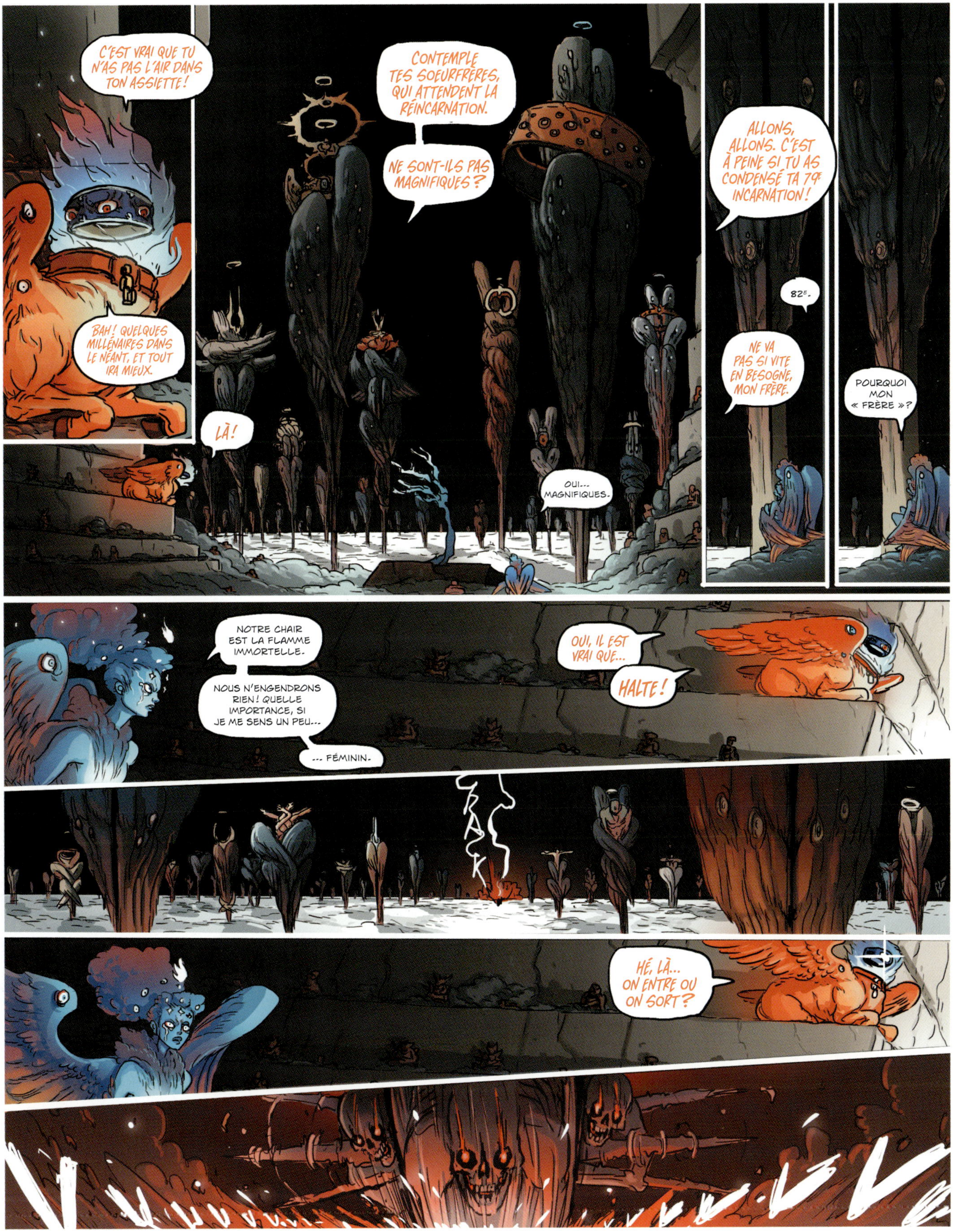

C'EST VRAI QUE TU N'AS PAS L'AIR DANS TON ASSIETTE !
BAH ! QUELQUES MILLÉNAIRES DANS LE NÉANT, ET TOUT IRA MIEUX.
CONTEMPLE TES SOEURFRÈRES, QUI ATTENDENT LA RÉINCARNATION.
NE SONT-ILS PAS MAGNIFIQUES ?
LÀ !
OUI... MAGNIFIQUES.
ALLONS, ALLONS. C'EST À PEINE SI TU AS CONDENSÉ TA 7e INCARNATION !
82e.
NE VA PAS SI VITE EN BESOGNE, MON FRÈRE.
POURQUOI MON « FRÈRE » ?
NOTRE CHAIR EST LA FLAMME IMMORTELLE.
NOUS N'ENGENDRONS RIEN ! QUELLE IMPORTANCE, SI JE ME SENS UN PEU...
... FÉMININ.
OUI, IL EST VRAI QUE...
HALTE !
CRACK
HÉ, LÀ... ON ENTRE OU ON SORT ?

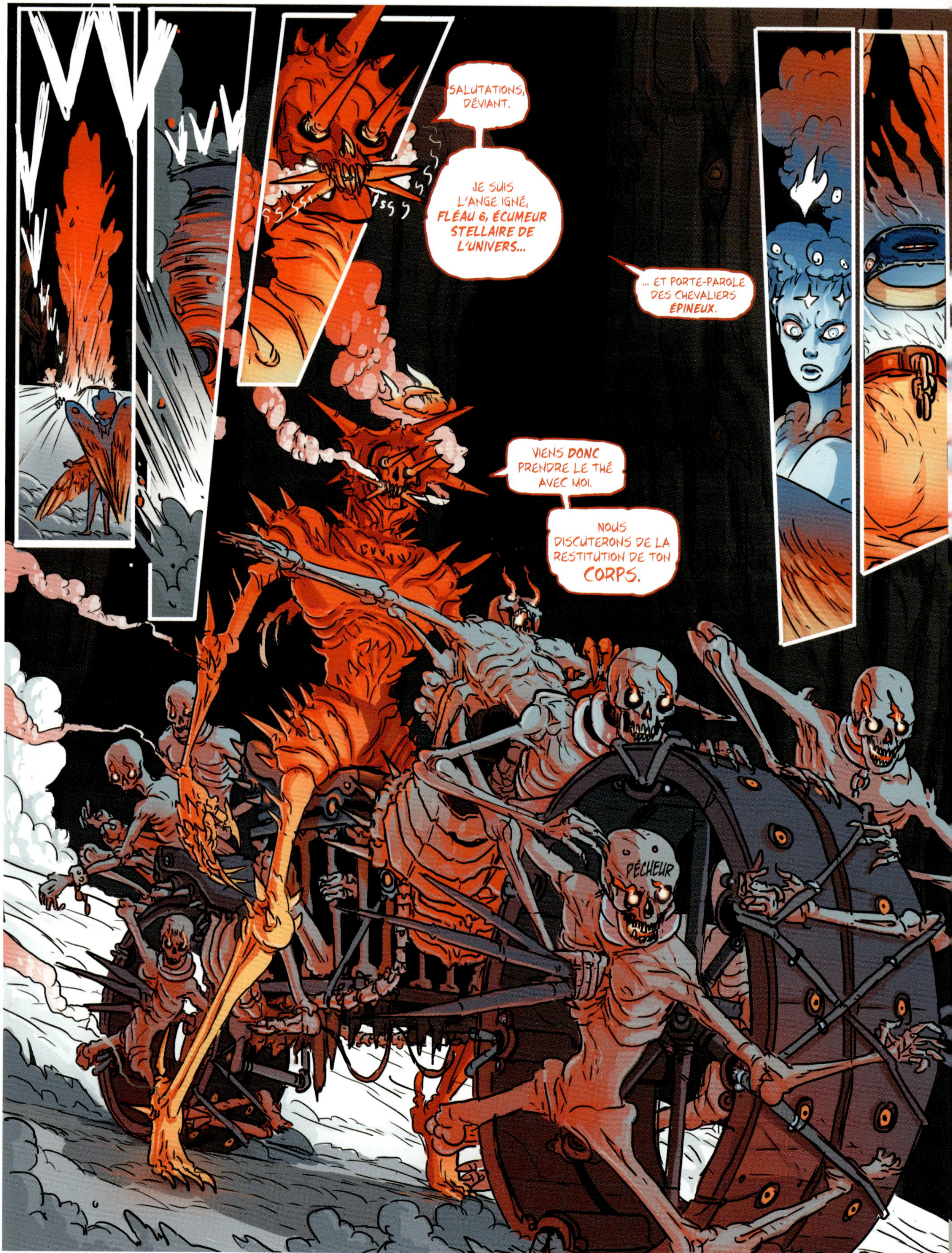
SALUTATIONS, DÉVIANT.
JE SUIS L'ANGE IGNÉ, **FLÉAU 6, ÉCUMEUR STELLAIRE DE L'UNIVERS...**
... ET PORTE-PAROLE DES CHEVALIERS **ÉPINEUX.**
VIENS **DONC** PRENDRE LE THÉ AVEC MOI.
NOUS DISCUTERONS DE LA RESTITUTION DE TON **CORPS.**
PÉCHEUR

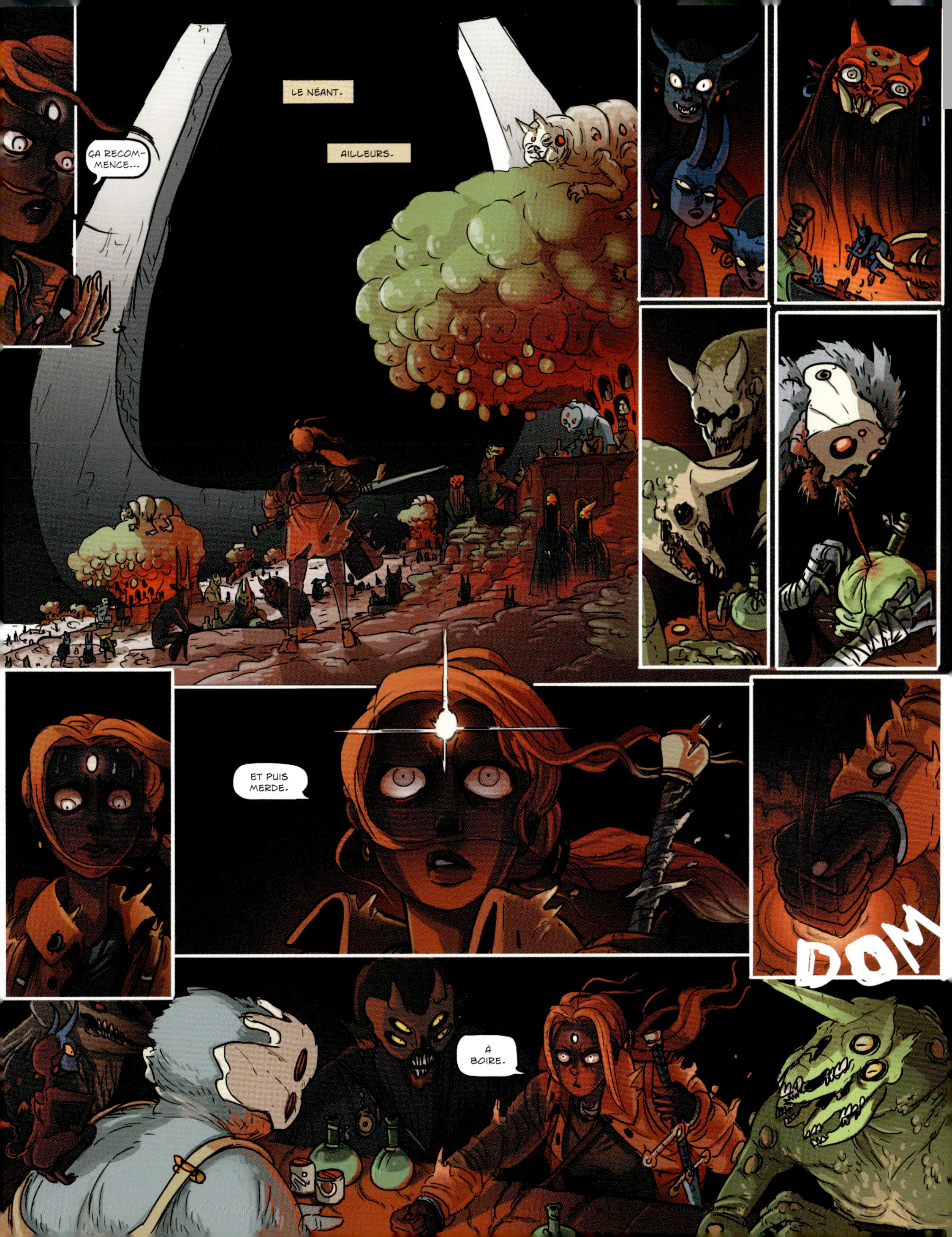
ÇA RECOM-MENCE...
LE NÉANT.
AILLEURS.
ET PUIS MERDE.
DOM
À BOIRE.

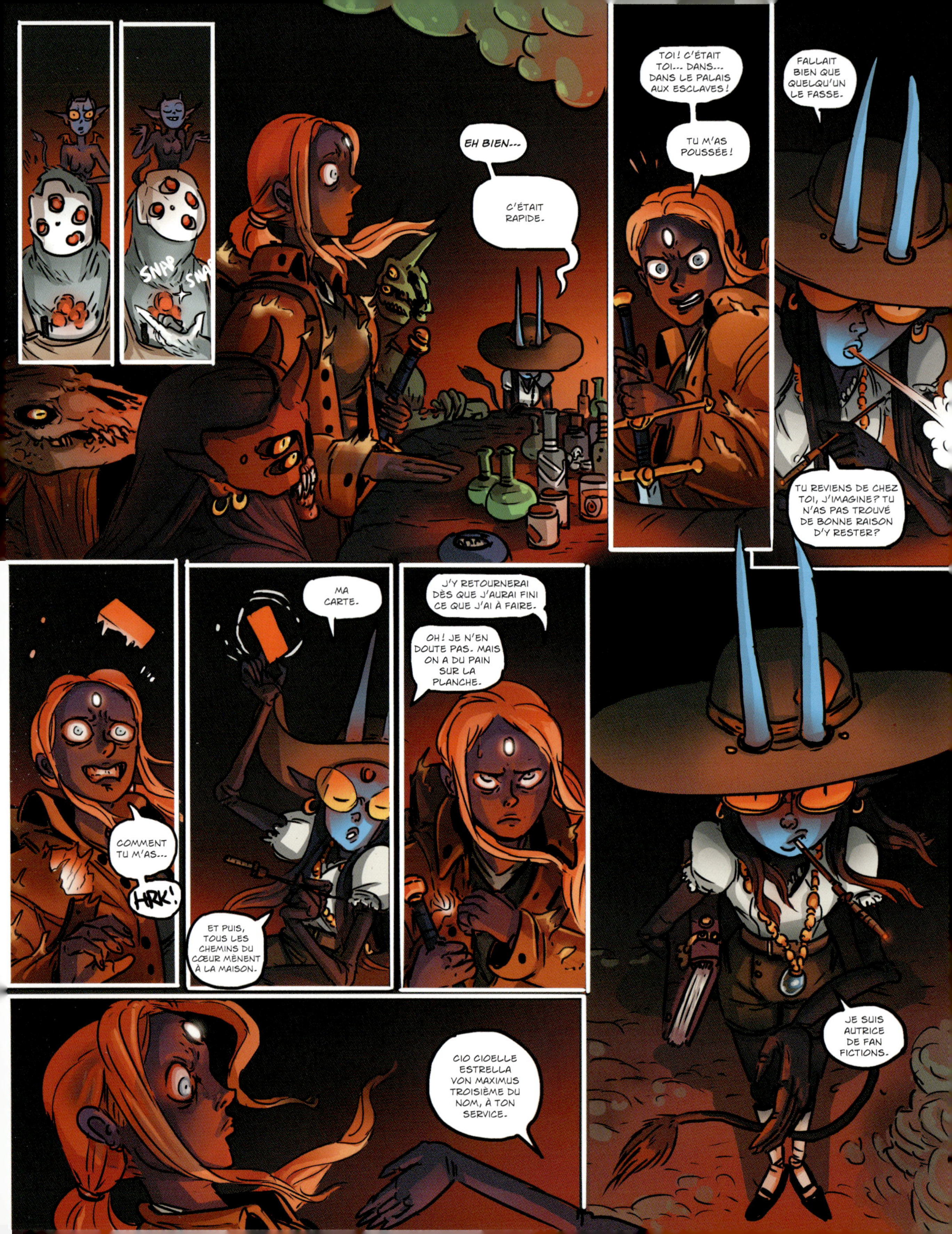
SNAP
SNAP
EH BIEN...
C'ÉTAIT RAPIDE.
TOI ! C'ÉTAIT TOI... DANS... DANS LE PALAIS AUX ESCLAVES !
TU M'AS POUSSÉE !
FALLAIT BIEN QUE QUELQU'UN LE FASSE.
TU REVIENS DE CHEZ TOI, J'IMAGINE ? TU N'AS PAS TROUVÉ DE BONNE RAISON D'Y RESTER ?
COMMENT TU M'AS...
HRK !
MA CARTE.
ET PUIS, TOUS LES CHEMINS DU CŒUR MÈNENT À LA MAISON.
J'Y RETOURNERAI DÈS QUE J'AURAI FINI CE QUE J'AI À FAIRE.
OH ! JE N'EN DOUTE PAS. MAIS ON A DU PAIN SUR LA PLANCHE.
CIO CIOELLE ESTRELLA VON MAXIMUS TROISIÈME DU NOM, À TON SERVICE.
JE SUIS AUTRICE DE FAN FICTIONS.

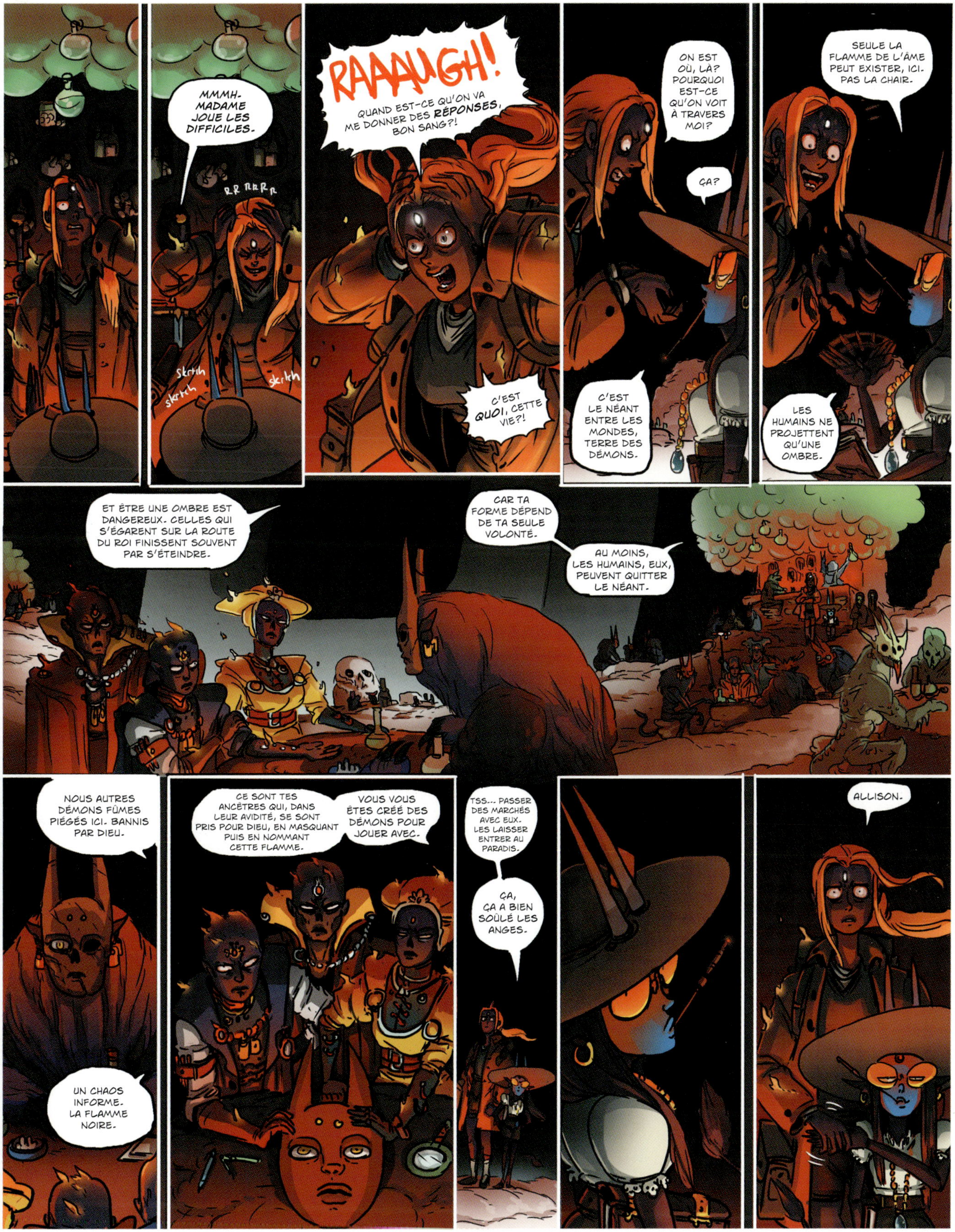
MMMH. MADAME JOUE LES DIFFICILES.
RRRRRR
skrtch
skrtch
skrtch
RAAAUGH!
QUAND EST-CE QU'ON VA ME DONNER DES RÉPONSES, BON SANG?!
C'EST QUOI, CETTE VIE?!
ON EST OÙ, LÀ? POURQUOI EST-CE QU'ON VOIT À TRAVERS MOI?
ÇA?
C'EST LE NÉANT ENTRE LES MONDES, TERRE DES DÉMONS.
SEULE LA FLAMME DE L'ÂME PEUT EXISTER, ICI. PAS LA CHAIR.
LES HUMAINS NE PROJETTENT QU'UNE OMBRE.
ET ÊTRE UNE OMBRE EST DANGEREUX. CELLES QUI S'ÉGARENT SUR LA ROUTE DU ROI FINISSENT SOUVENT PAR S'ÉTEINDRE.
CAR TA FORME DÉPEND DE TA SEULE VOLONTÉ.
AU MOINS, LES HUMAINS, EUX, PEUVENT QUITTER LE NÉANT.
NOUS AUTRES DÉMONS FÛMES PIÉGÉS ICI. BANNIS PAR DIEU.
UN CHAOS INFORME. LA FLAMME NOIRE.
CE SONT TES ANCÊTRES QUI, DANS LEUR AVIDITÉ, SE SONT PRIS POUR DIEU, EN MASQUANT PUIS EN NOMMANT CETTE FLAMME.
VOUS VOUS ÊTES CRÉÉ DES DÉMONS POUR JOUER AVEC.
TSS... PASSER DES MARCHÉS AVEC EUX. LES LAISSER ENTRER AU PARADIS.
ÇA, ÇA A BIEN SOÛLÉ LES ANGES.
ALLISON.

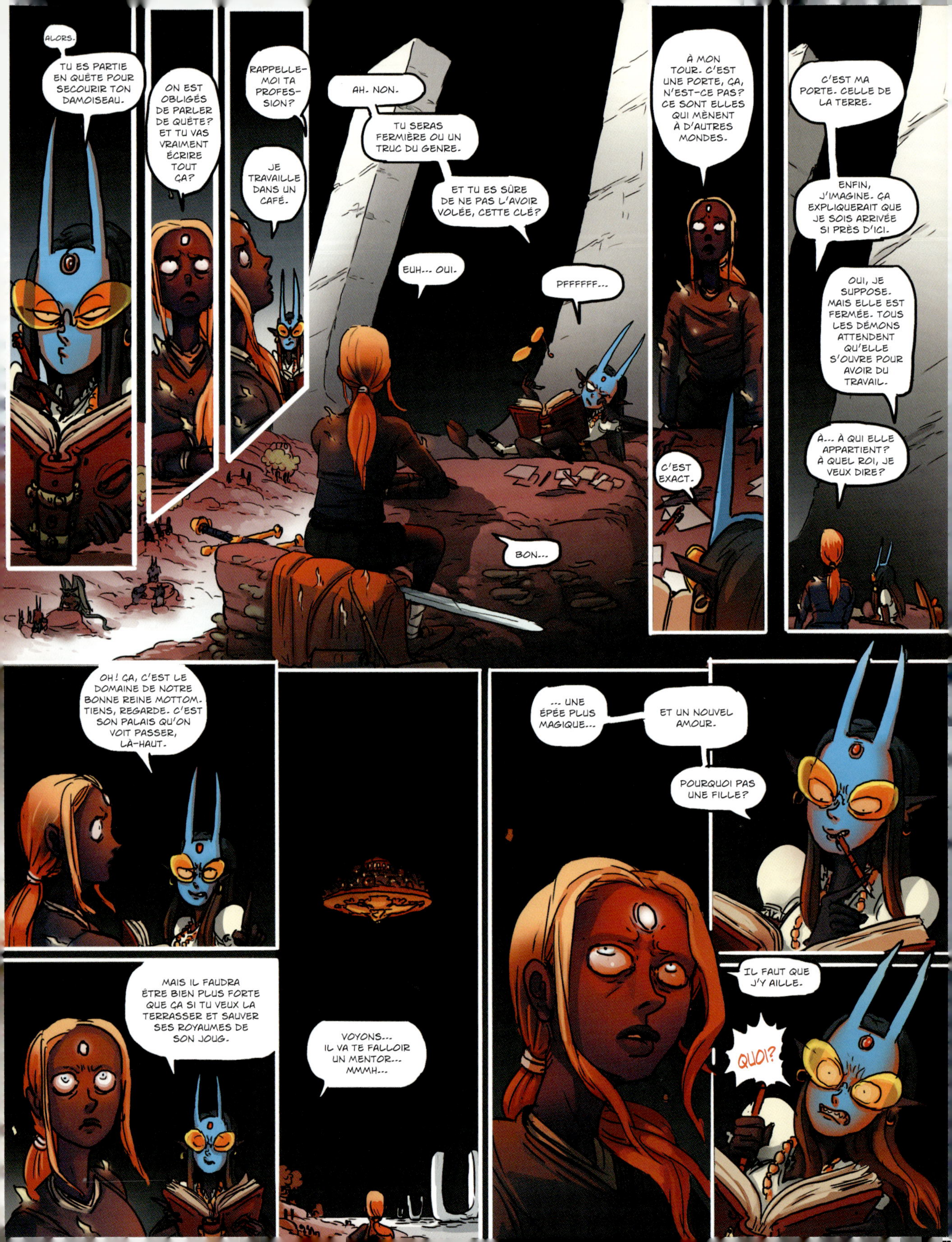
ALORS.
TU ES PARTIE EN QUÊTE POUR SECOURIR TON DAMOISEAU.
ON EST OBLIGÉS DE PARLER DE QUÊTE? ET TU VAS VRAIMENT ÉCRIRE TOUT ÇA?
RAPPELLE-MOI TA PROFES-SION?
JE TRAVAILLE DANS UN CAFÉ.
AH. NON.
TU SERAS FERMIÈRE OU UN TRUC DU GENRE.
ET TU ES SÛRE DE NE PAS L'AVOIR VOLÉE, CETTE CLÉ?
EUH... OUI.
PFFFFFF...
BON...
À MON TOUR. C'EST UNE PORTE, ÇA, N'EST-CE PAS? CE SONT ELLES QUI MÈNENT À D'AUTRES MONDES.
C'EST EXACT.
C'EST MA PORTE. CELLE DE LA TERRE.
ENFIN, J'IMAGINE. ÇA EXPLIQUERAIT QUE JE SOIS ARRIVÉE SI PRÈS D'ICI.
OUI, JE SUPPOSE. MAIS ELLE EST FERMÉE. TOUS LES DÉMONS ATTENDENT QU'ELLE S'OUVRE POUR AVOIR DU TRAVAIL.
À... À QUI ELLE APPARTIENT? À QUEL ROI, JE VEUX DIRE?
OH! ÇA, C'EST LE DOMAINE DE NOTRE BONNE REINE MOTTOM. TIENS, REGARDE. C'EST SON PALAIS QU'ON VOIT PASSER, LÀ-HAUT.
MAIS IL FAUDRA ÊTRE BIEN PLUS FORTE QUE ÇA SI TU VEUX LA TERRASSER ET SAUVER SES ROYAUMES DE SON JOUG.
VOYONS... IL VA TE FALLOIR UN MENTOR... MMMH...
... UNE ÉPÉE PLUS MAGIQUE...
ET UN NOUVEL AMOUR.
POURQUOI PAS UNE FILLE?
IL FAUT QUE J'Y AILLE.
QUOI?

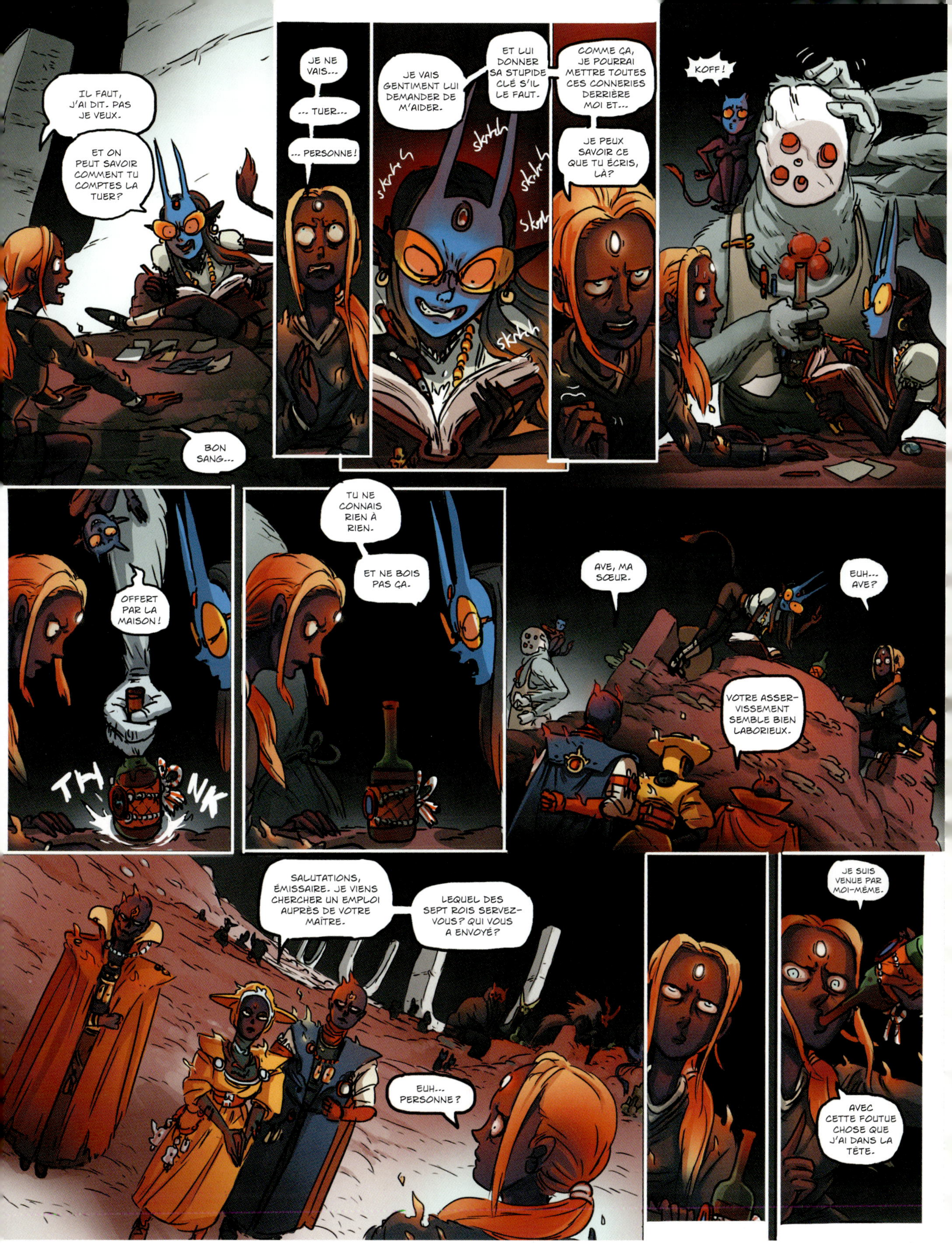
IL FAUT, J'AI DIT. PAS JE VEUX.
ET ON PEUT SAVOIR COMMENT TU COMPTES LA TUER?
BON SANG...
JE NE VAIS...
... TUER...
... PERSONNE !
JE VAIS GENTIMENT LUI DEMANDER DE M'AIDER.
ET LUI DONNER SA STUPIDE CLÉ S'IL LE FAUT.
COMME ÇA, JE POURRAI METTRE TOUTES CES CONNERIES DERRIÈRE MOI ET...
JE PEUX SAVOIR CE QUE TU ÉCRIS, LÀ?
KOFF !
OFFERT PAR LA MAISON !
TH NK
TU NE CONNAIS RIEN À RIEN.
ET NE BOIS PAS ÇA.
AVE, MA SŒUR.
EUH... AVE?
VOTRE ASSER-VISSEMENT SEMBLE BIEN LABORIEUX.
SALUTATIONS, ÉMISSAIRE. JE VIENS CHERCHER UN EMPLOI AUPRÈS DE VOTRE MAÎTRE.
LEQUEL DES SEPT ROIS SERVEZ-VOUS? QUI VOUS A ENVOYÉ?
EUH... PERSONNE?
JE SUIS VENUE PAR MOI-MÊME.
AVEC CETTE FOUTUE CHOSE QUE J'AI DANS LA TÊTE.

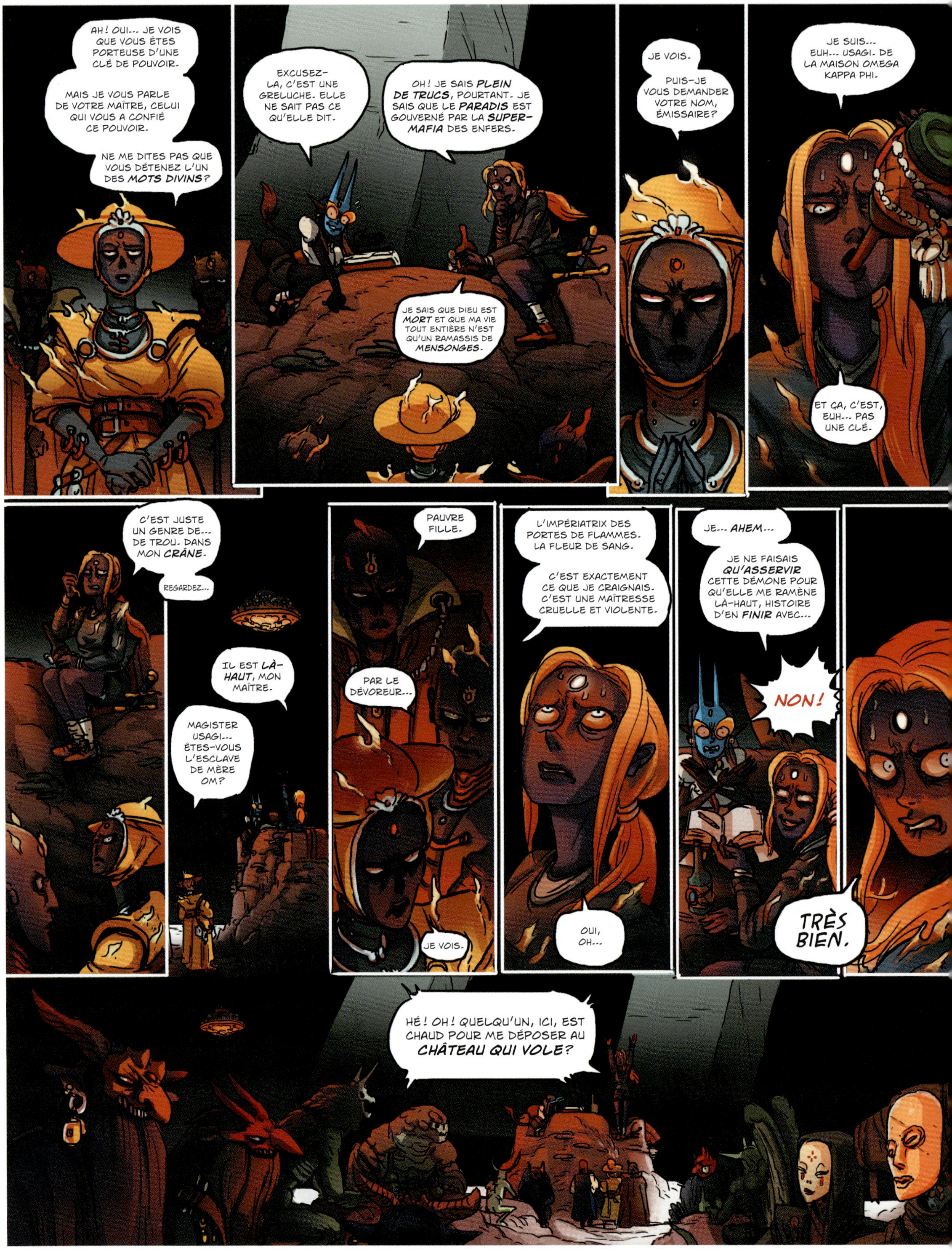
AH ! OUI... JE VOIS QUE VOUS ÊTES PORTEUSE D'UNE CLÉ DE POUVOIR.
MAIS JE VOUS PARLE DE VOTRE MAÎTRE, CELUI QUI VOUS A CONFIÉ CE POUVOIR.
NE ME DITES PAS QUE VOUS DÉTENEZ L'UN DES MOTS DIVINS ?
EXCUSEZ-LA, C'EST UNE GRELUCHE. ELLE NE SAIT PAS CE QU'ELLE DIT.
OH ! JE SAIS PLEIN DE TRUCS, POURTANT. JE SAIS QUE LE PARADIS EST GOUVERNÉ PAR LA SUPER-MAFIA DES ENFERS.
JE SAIS QUE DIEU EST MORT ET QUE MA VIE TOUT ENTIÈRE N'EST QU'UN RAMASSIS DE MENSONGES.
JE VOIS.
PUIS-JE VOUS DEMANDER VOTRE NOM, ÉMISSAIRE ?
JE SUIS... EUH... USAGI. DE LA MAISON OMEGA KAPPA PHI.
ET ÇA, C'EST, EUH... PAS UNE CLÉ.
C'EST JUSTE UN GENRE DE... DE TROU. DANS MON CRÂNE.
REGARDEZ...
IL EST LÀ-HAUT, MON MAÎTRE.
MAGISTER USAGI... ÊTES-VOUS L'ESCLAVE DE MÈRE OM ?
PAUVRE FILLE.
PAR LE DÉVOREUR...
JE VOIS.
L'IMPÉRIATRIX DES PORTES DE FLAMMES. LA FLEUR DE SANG.
C'EST EXACTEMENT CE QUE JE CRAIGNAIS. C'EST UNE MAÎTRESSE CRUELLE ET VIOLENTE.
OUI, OH...
JE... AHEM...
JE NE FAISAIS QU'ASSERVIR CETTE DÉMONE POUR QU'ELLE ME RAMÈNE LÀ-HAUT, HISTOIRE D'EN FINIR AVEC...
NON !
TRÈS BIEN.
HÉ ! OH ! QUELQU'UN, ICI, EST CHAUD POUR ME DÉPOSER AU CHÂTEAU QUI VOLE ?

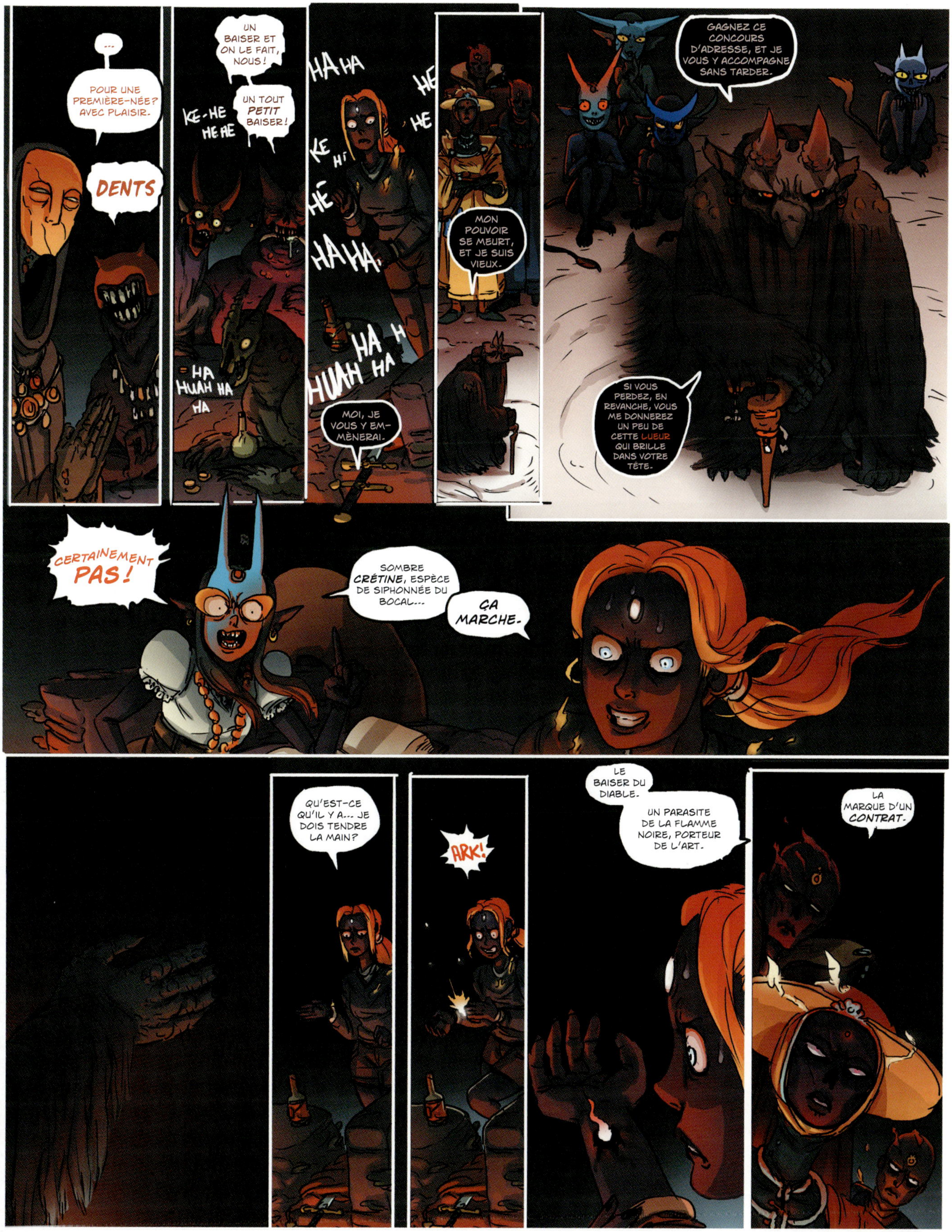
...
POUR UNE PREMIÈRE-NÉE? AVEC PLAISIR.
DENTS
UN BAISER ET ON LE FAIT, NOUS!
UN TOUT PETIT BAISER!
KE-HE HE HE
HA HUAH HA HA
HA HA
KE HI
HÉ
HA HA
HA HUAH HA H
HE HE
MOI, JE VOUS Y EMMÈNERAI.
MON POUVOIR SE MEURT, ET JE SUIS VIEUX.
GAGNEZ CE CONCOURS D'ADRESSE, ET JE VOUS Y ACCOMPAGNE SANS TARDER.
SI VOUS PERDEZ, EN REVANCHE, VOUS ME DONNEREZ UN PEU DE CETTE LUEUR QUI BRILLE DANS VOTRE TÊTE.
CERTAINEMENT PAS!
SOMBRE CRÉTINE, ESPÈCE DE SIPHONNÉE DU BOCAL...
ÇA MARCHE.
QU'EST-CE QU'IL Y A... JE DOIS TENDRE LA MAIN?
ARK!
LE BAISER DU DIABLE.
UN PARASITE DE LA FLAMME NOIRE, PORTEUR DE L'ART.
LA MARQUE D'UN CONTRAT.

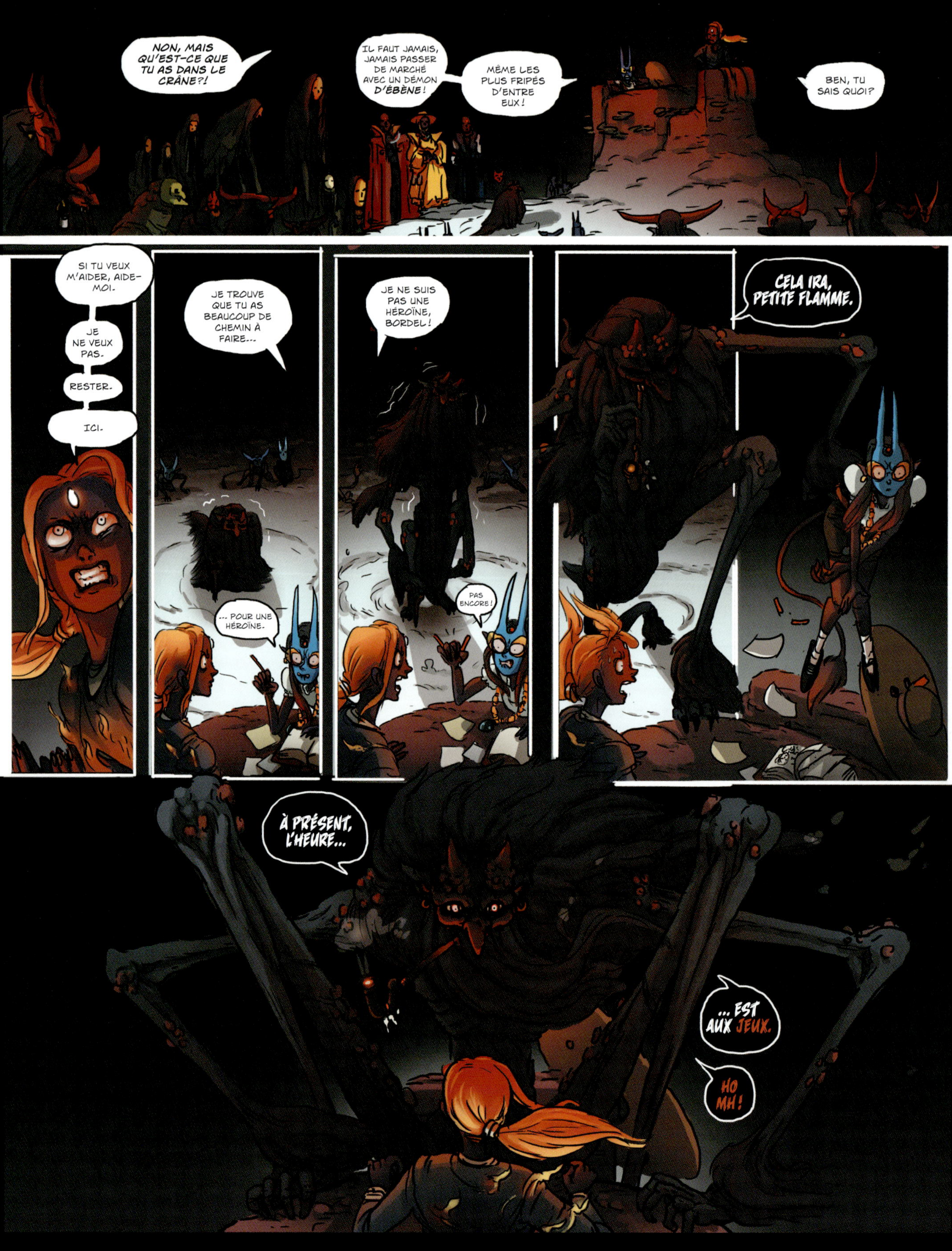
NON, MAIS QU'EST-CE QUE TU AS DANS LE CRÂNE?!
IL FAUT JAMAIS, JAMAIS PASSER DE MARCHÉ AVEC UN DÉMON D'ÉBÈNE !
MÊME LES PLUS FRIPÉS D'ENTRE EUX !
BEN, TU SAIS QUOI?
SI TU VEUX M'AIDER, AIDE-MOI.
JE NE VEUX PAS.
RESTER.
ICI.
JE TROUVE QUE TU AS BEAUCOUP DE CHEMIN À FAIRE...
... POUR UNE HÉROÏNE.
JE NE SUIS PAS UNE HÉROÏNE, BORDEL !
PAS ENCORE !
CELA IRA, PETITE FLAMME.
À PRÉSENT, L'HEURE...
... EST AUX JEUX.
HO MH !

« Voici mon épée, dit Intra. Et ce n'est pas avec votre sémiotique que vous pourrez la contenir. Cette lame est faite d'un acier crépusculaire. Entendez ses murmures !
— Mais, seigneur Intra, s'étonna l'assemblée, vous n'avez pas d'épée !
— Ainsi soit-il », répondit celui-ci.

Psaumes

Intra appela ses domestiques, qui buvaient ses paroles avec avidité.
« Seigneur ! commença son porteur de sandales. Quel est le premier pas sur la voie de la royauté ?
— Il n'y a pas de pas, répondit Intra. La royauté est la somme vide de votre réalité. Elle ne se mesure pas à l'aune de vos doigts.
— Seigneur, poursuivit son garde du corps. La voie de la royauté est-elle la voie du poing, dans ce cas ?
— Non. On peut parvenir au sommet sans le moindre effort. C'est même l'antithèse du poing. »
Son intendant, bien déçu par les dérobades de son maître, lui tint ce langage :
« Seigneur. Partagez avec nous, modestes hommes que nous sommes, une moindre mesure de votre sagesse, au moins. En témoin de votre sympathie, pour vos bons et loyaux serviteurs, dites-nous clairement quelle est la nature de la royauté. »

« Je vais vous dire exactement ce qu'est la royauté, dit alors Intra.
C'est un mouvement continu. La coupe perpétuelle. »

Le Chant des possibles

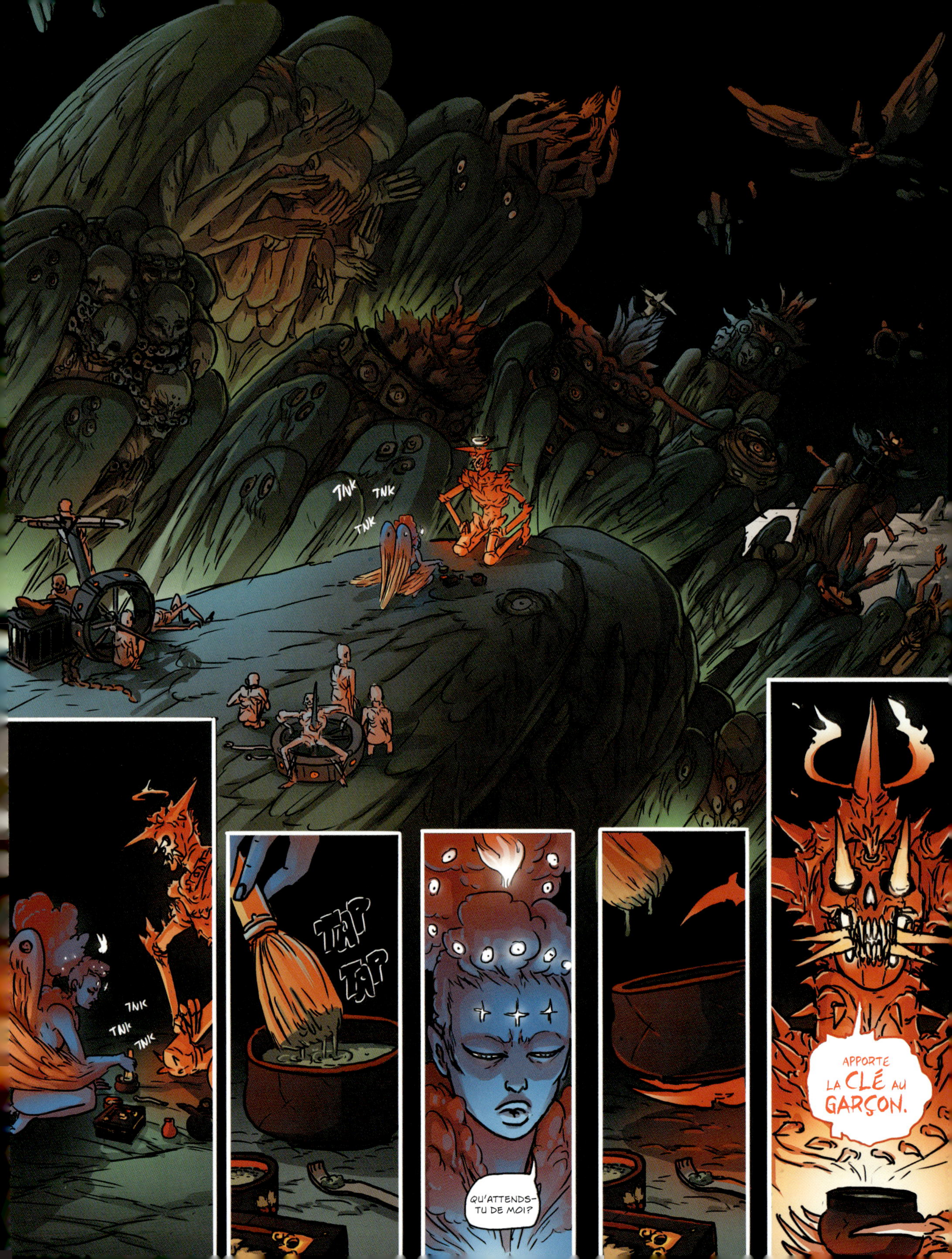
TNK TNK
TNK
TNK
TNK
TNK
TAP TAP
QU'ATTENDS-TU DE MOI?
APPORTE LA CLÉ AU GARÇON.

ÉCOUTE-MOI BIEN, DÉVIANT.
JE VAIS TE DIRE COMMENT LE ROI A OBTENU SON POUVOIR.
APRÈS AVOIR BRISÉ LEURS CORPS, IL CHASSA LES ÂMES ARDENTES DES ANGES PRIMORDIAUX JUSQU'AU NÉANT.
C'EST LÀ...
... QU'IL DÉCOUVRIT L'EXISTENCE DU SCRIBE DE DIEU.
METATRON 1
QUI ÉTAIT AU PLUS PROCHE DE YISUN...
... ET QUI, PAR CONSÉQUENT, CONNAISSAIT SES NOMS SECRETS.
LE ROI MASSACRA LES ANGES...
... MAIS ÉPARGNA METATRON...
... POUR LUI SOUTIRER LES NOMS.
ALORS, IL ACCÉDA À LA ROYAUTÉ. LA VRAIE.
ET IL FORGEA UNE ARME CAPABLE DE CANALISER SON POUVOIR.
UN DIAPASON POUR LA VOIX DE DIEU.
ET, AVEC, IL APPORTA LA RUINE.
LES PORTES DU MAGUS? MAIS CHACUNE D'ELLE NE RÉPOND QU'À UN SEUL NOM.
UNE SEULE VOIX... UN SEUL MONDE !
OUI. EN ÇA, LE ROI SE MONTRA TRÈS INDUSTRIEUX. IL DIVISA LA VOIX ET LA PARTAGEA.
MAIS IL GARDA L'ORIGINALE POUR LUI.
AUJOURD'HUI, C'EST LA FILLE... TA «VICTIME», QUI L'A. LA CLÉ DU ROI. LA CLÉ DE ZOSS.
LA CLÉ MAÎTRESSE.
LE POUVOIR UNIQUE.

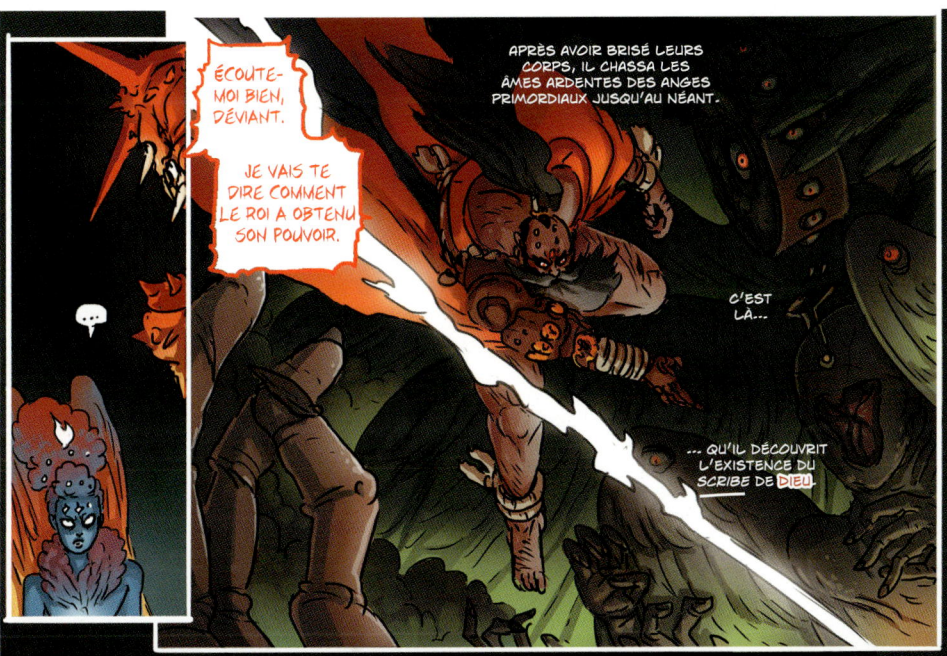

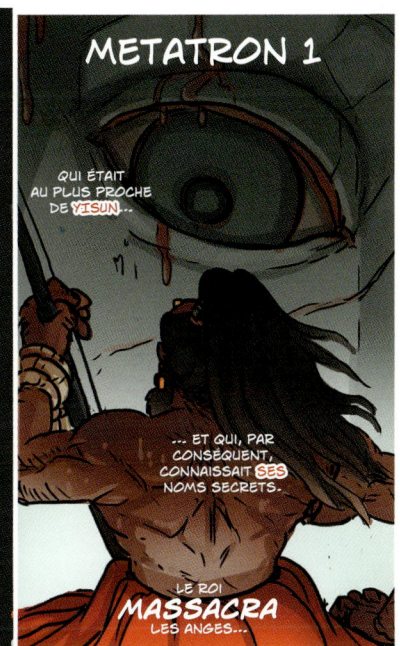

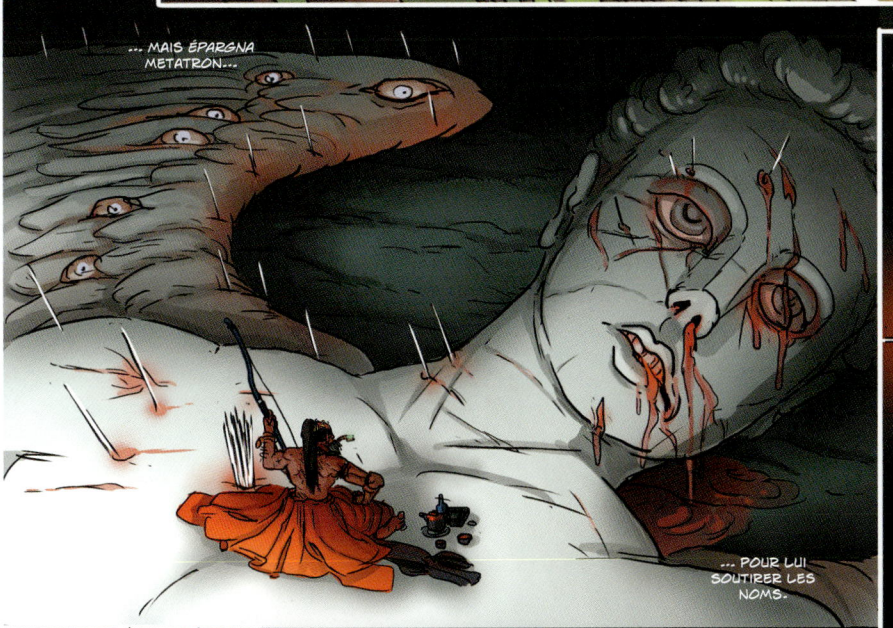

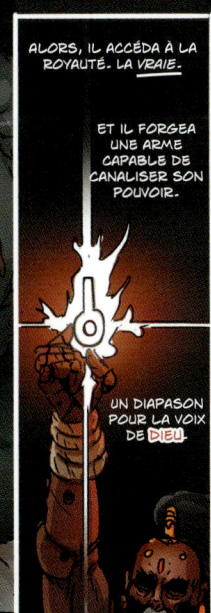

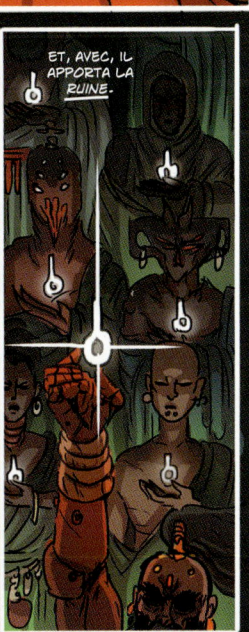

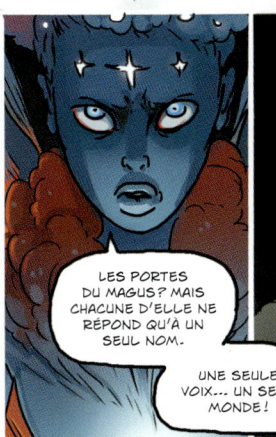

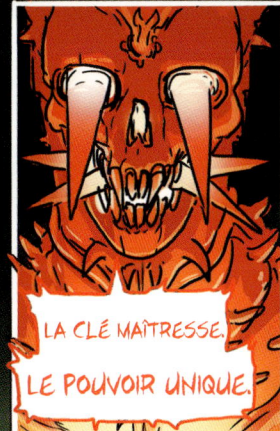

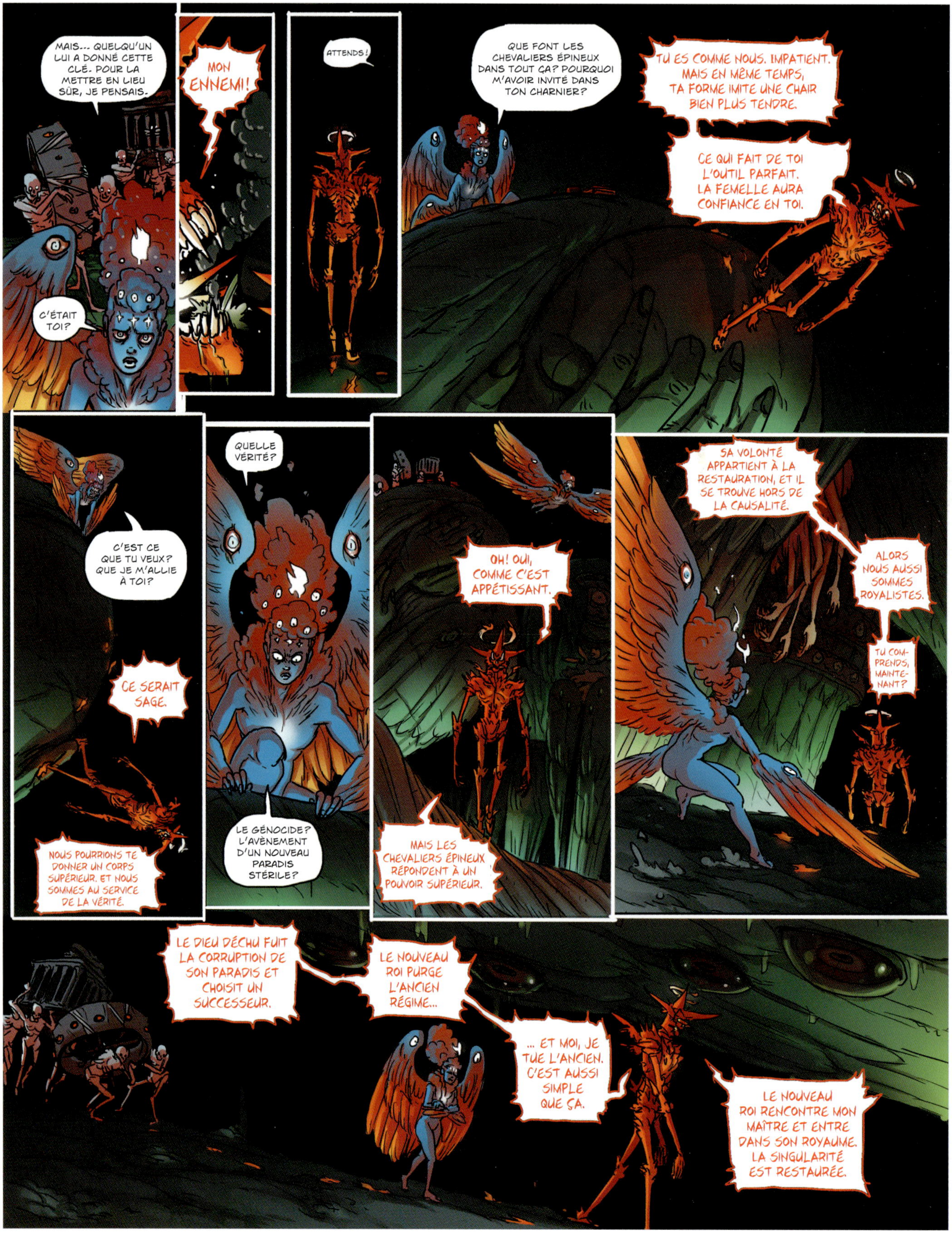
MAIS... QUELQU'UN LUI A DONNÉ CETTE CLÉ. POUR LA METTRE EN LIEU SÛR, JE PENSAIS.
C'ÉTAIT TOI?
MON ENNEMI!
ATTENDS!
QUE FONT LES CHEVALIERS ÉPINEUX DANS TOUT ÇA? POURQUOI M'AVOIR INVITÉ DANS TON CHARNIER?
TU ES COMME NOUS. IMPATIENT. MAIS EN MÊME TEMPS, TA FORME IMITE UNE CHAIR BIEN PLUS TENDRE.
CE QUI FAIT DE TOI L'OUTIL PARFAIT. LA FEMELLE AURA CONFIANCE EN TOI.
C'EST CE QUE TU VEUX? QUE JE M'ALLIE À TOI?
CE SERAIT SAGE.
NOUS POURRIONS TE DONNER UN CORPS SUPÉRIEUR. ET NOUS SOMMES AU SERVICE DE LA VÉRITÉ.
QUELLE VÉRITÉ?
LE GÉNOCIDE? L'AVÈNEMENT D'UN NOUVEAU PARADIS STÉRILE?
OH! OUI, COMME C'EST APPÉTISSANT.
MAIS LES CHEVALIERS ÉPINEUX RÉPONDENT À UN POUVOIR SUPÉRIEUR.
SA VOLONTÉ APPARTIENT À LA RESTAURATION, ET IL SE TROUVE HORS DE LA CAUSALITÉ.
ALORS NOUS AUSSI SOMMES ROYALISTES.
TU COMPRENDS, MAINTENANT?
LE DIEU DÉCHU FUIT LA CORRUPTION DE SON PARADIS ET CHOISIT UN SUCCESSEUR.
LE NOUVEAU ROI PURGE L'ANCIEN RÉGIME...
... ET MOI, JE TUE L'ANCIEN. C'EST AUSSI SIMPLE QUE ÇA.
LE NOUVEAU ROI RENCONTRE MON MAÎTRE ET ENTRE DANS SON ROYAUME. LA SINGULARITÉ EST RESTAURÉE.

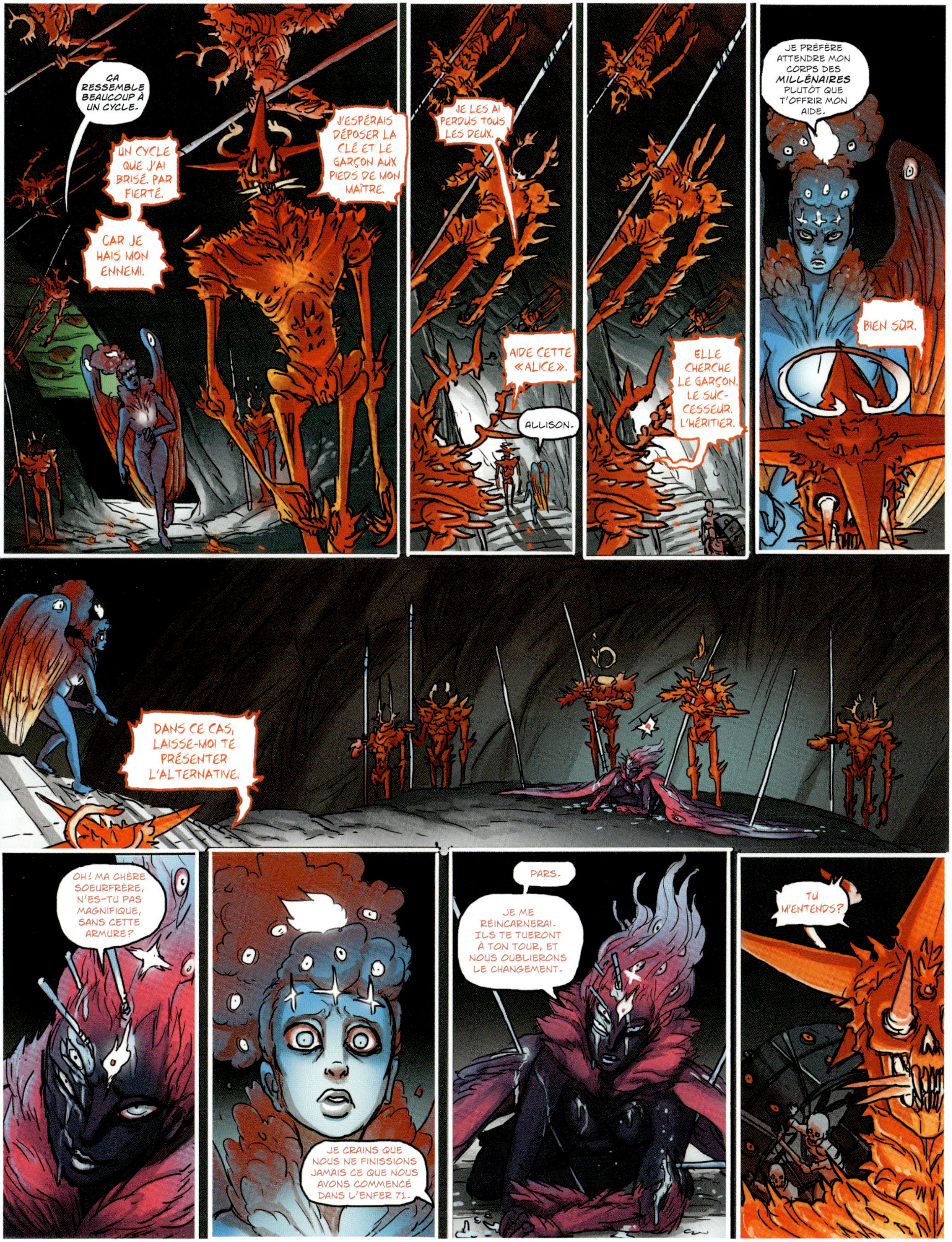
ÇA RESSEMBLE BEAUCOUP À UN CYCLE.
UN CYCLE QUE J'AI BRISÉ. PAR FIERTÉ.
CAR JE HAIS MON ENNEMI.
J'ESPÉRAIS DÉPOSER LA CLÉ ET LE GARÇON AUX PIEDS DE MON MAÎTRE.
JE LES AI PERDUS TOUS LES DEUX.
AIDE CETTE «ALICE».
ALLISON.
ELLE CHERCHE LE GARÇON. LE SUCCESSEUR. L'HÉRITIER.
JE PRÉFÈRE ATTENDRE MON CORPS DES MILLÉNAIRES PLUTÔT QUE T'OFFRIR MON AIDE.
BIEN SÛR.
DANS CE CAS, LAISSE-MOI TE PRÉSENTER L'ALTERNATIVE.
OH ! MA CHÈRE SOEURFRÈRE, N'ES-TU PAS MAGNIFIQUE, SANS CETTE ARMURE ?
JE CRAINS QUE NOUS NE FINISSIONS JAMAIS CE QUE NOUS AVONS COMMENCÉ DANS L'ENFER 71.
PARS.
JE ME RÉINCARNERAI. ILS TE TUERONT À TON TOUR, ET NOUS OUBLIERONS LE CHANGEMENT.
TU M'ENTENDS ?

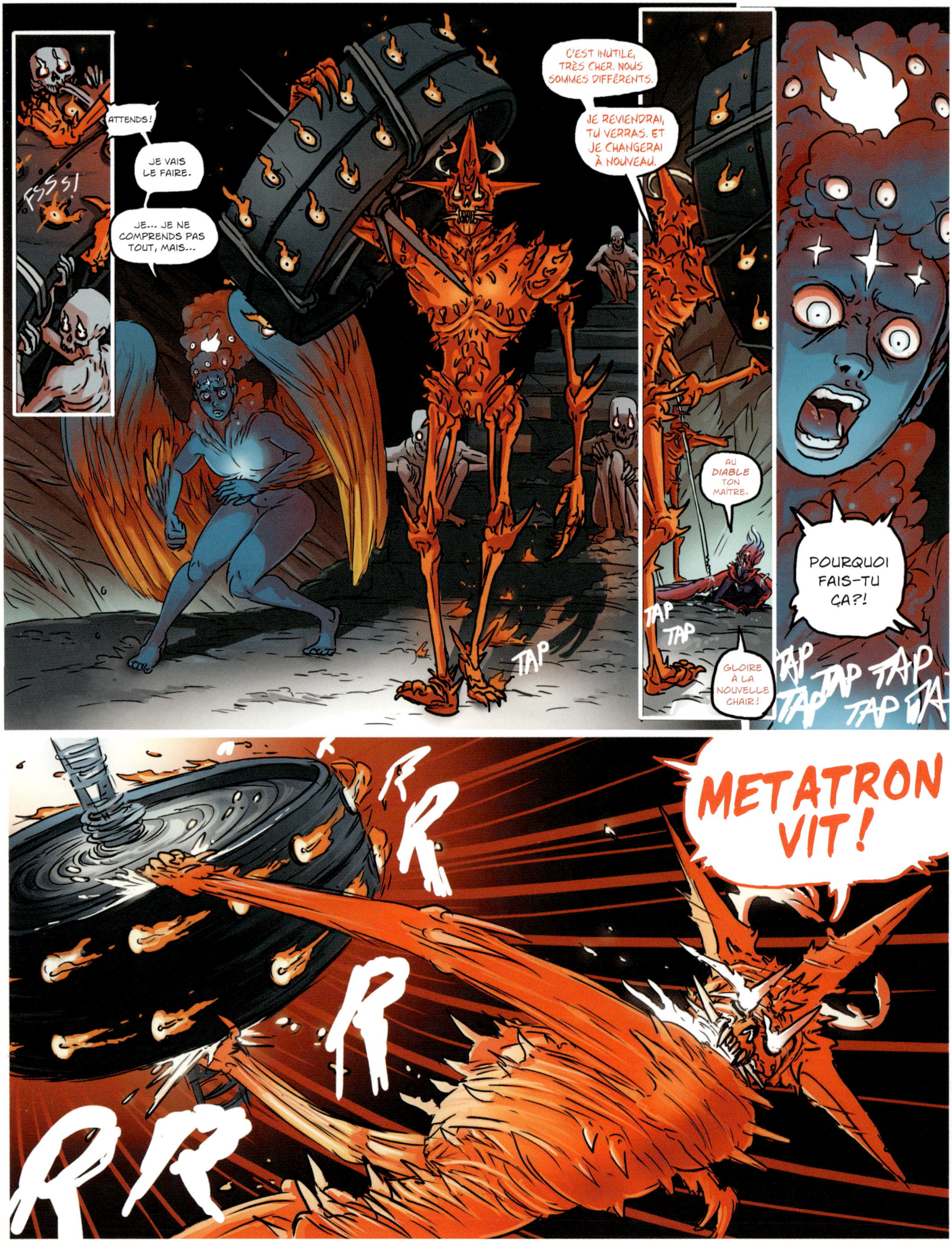

FSSS!
ATTENDS!
JE VAIS LE FAIRE.
JE... JE NE COMPRENDS PAS TOUT, MAIS...
TAP
C'EST INUTILE, TRÈS CHER. NOUS SOMMES DIFFÉRENTS.
JE REVIENDRAI, TU VERRAS. ET JE CHANGERAI À NOUVEAU.
AU DIABLE TON MAÎTRE.
TAP
TAP
GLOIRE À LA NOUVELLE CHAIR!
POURQUOI FAIS-TU ÇA?!
TAP TAP TAP TAP TAP TAP
RR
METATRON VIT!
R
RR

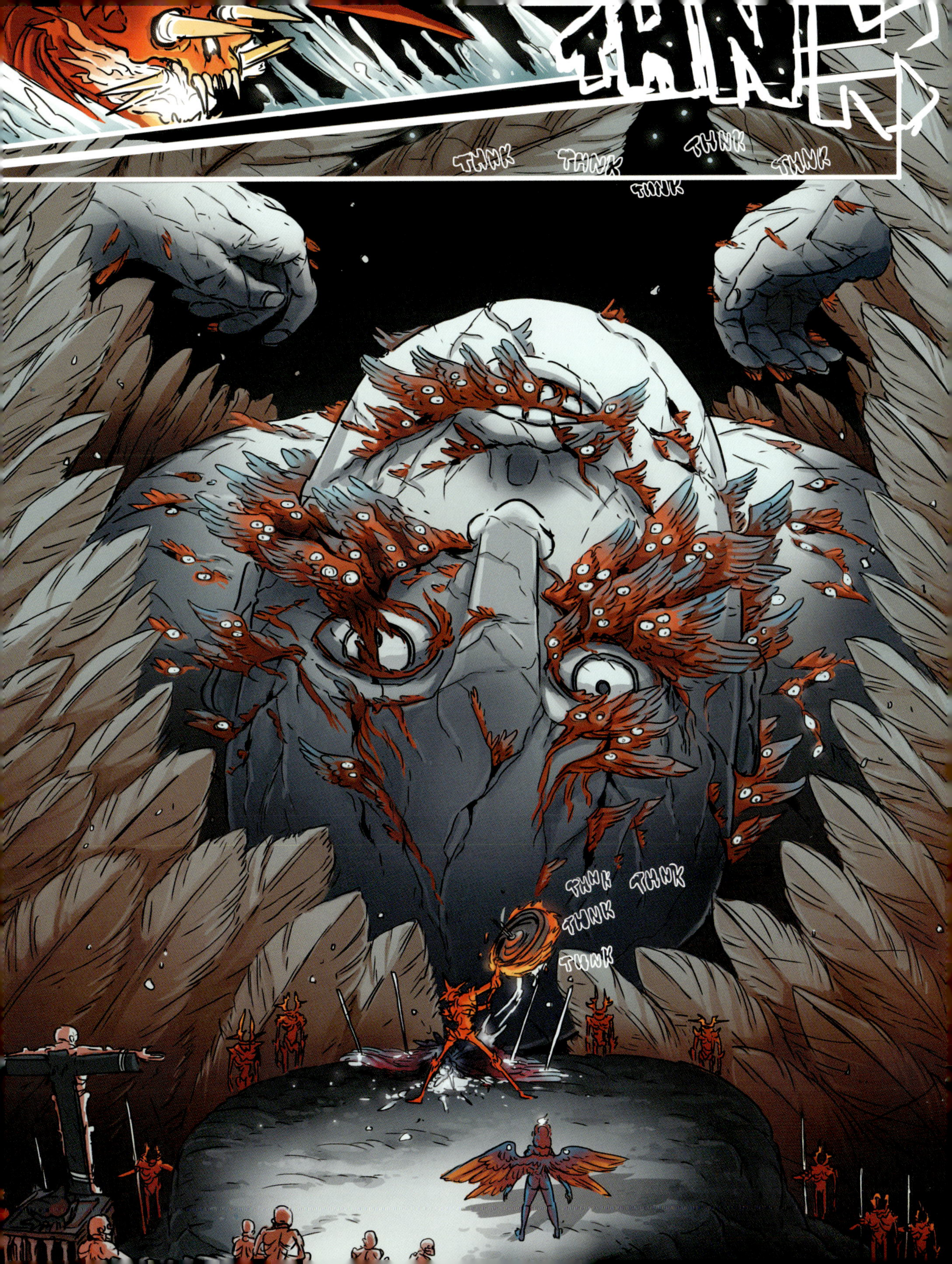
THNK
THNK
THNK
THNK
THNK
THNK
THNK
THNK
THNK
THNK

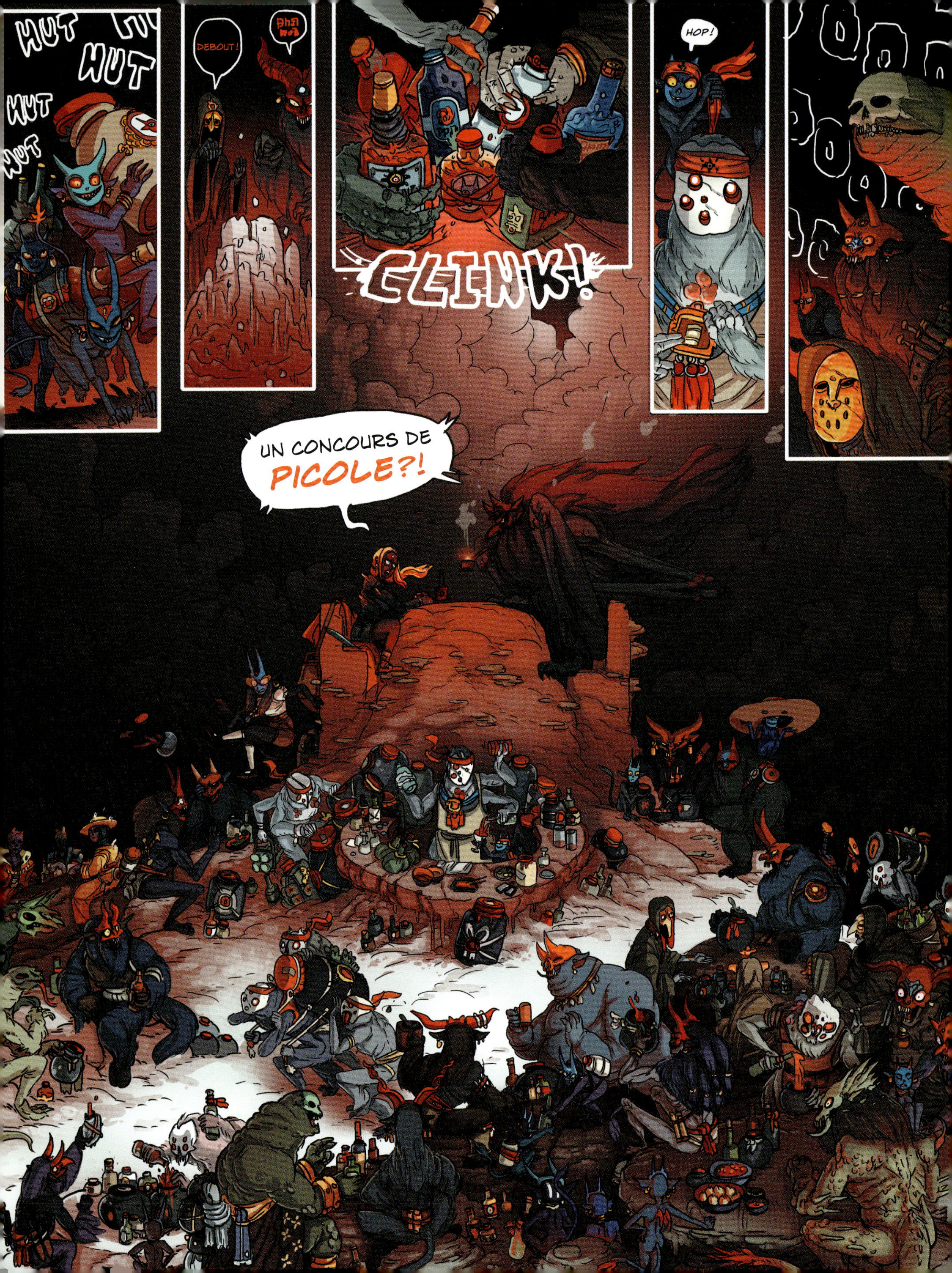
HUT
HUT
HUT
HUT
DEBOUT!
CLINK!
HOP!
UN CONCOURS DE PICOLE?!

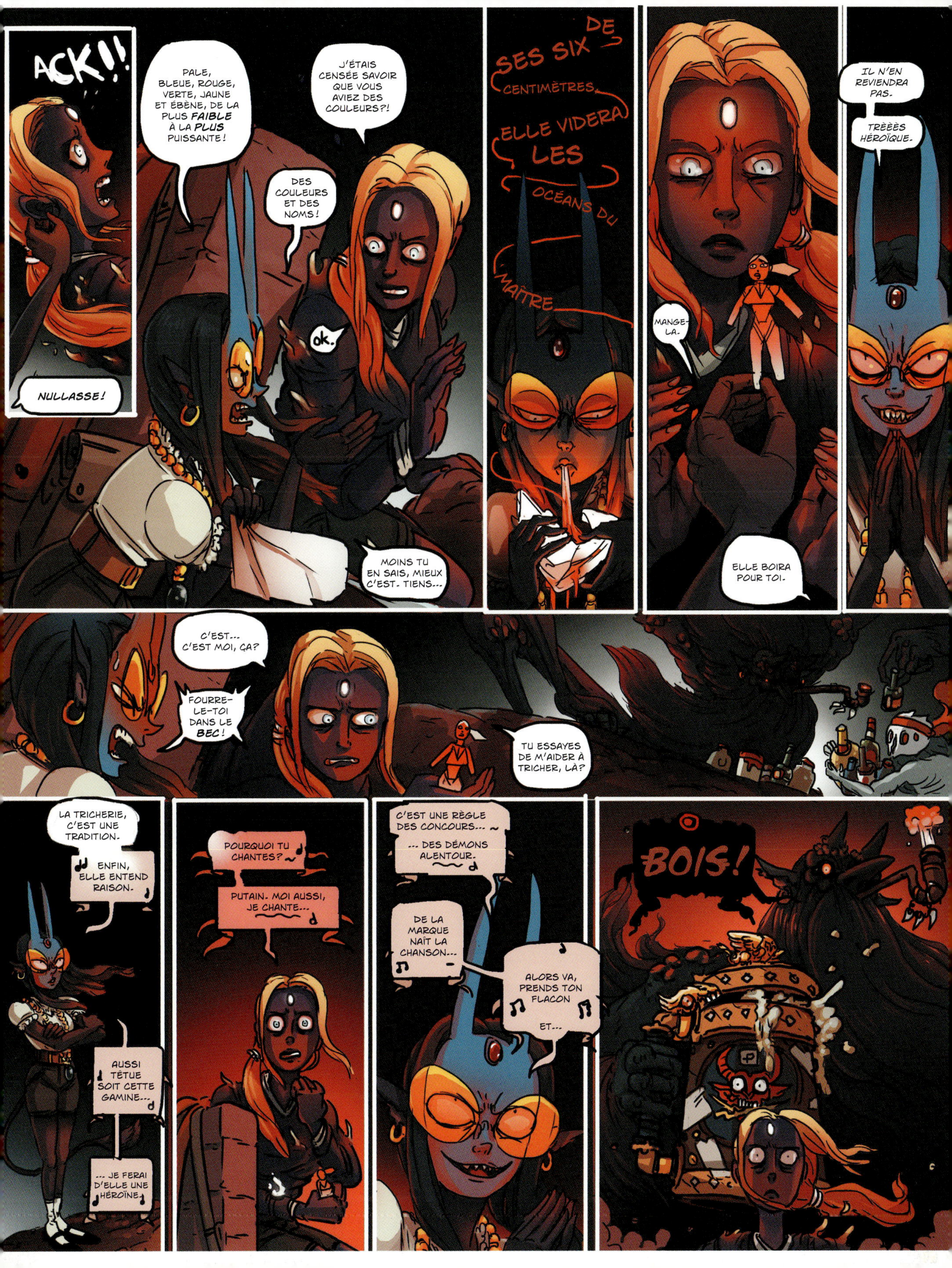
ACK!!
NULLASSE !
PALE, BLEUE, ROUGE, VERTE, JAUNE ET ÉBÈNE, DE LA PLUS **FAIBLE** À LA **PLUS** PUISSANTE !
DES COULEURS ET DES NOMS !
J'ÉTAIS CENSÉE SAVOIR QUE VOUS AVIEZ DES COULEURS ?!
OK.
MOINS TU EN SAIS, MIEUX C'EST. TIENS...
DE SES SIX CENTIMÈTRES
ELLE VIDERA LES OCÉANS DU MAÎTRE
MANGE-LA.
ELLE BOIRA POUR TOI.
IL N'EN REVIENDRA PAS.
TRÈÈÈS HÉROÏQUE.
C'EST... C'EST MOI, ÇA ?
FOURRE-LE-TOI DANS LE **BEC** !
TU ESSAYES DE M'AIDER À TRICHER, LÀ ?
LA TRICHERIE, C'EST UNE TRADITION.
ENFIN, ELLE ENTEND RAISON.
AUSSI TÊTUE SOIT CETTE GAMINE...
... JE FERAI D'ELLE UNE HÉROÏNE.
POURQUOI TU CHANTES ?
PUTAIN. MOI AUSSI, JE CHANTE...
C'EST UNE RÈGLE DES CONCOURS...
... DES DÉMONS ALENTOUR.
DE LA MARQUE NAÎT LA CHANSON...
ALORS VA, PRENDS TON FLACON ET...
BOIS !

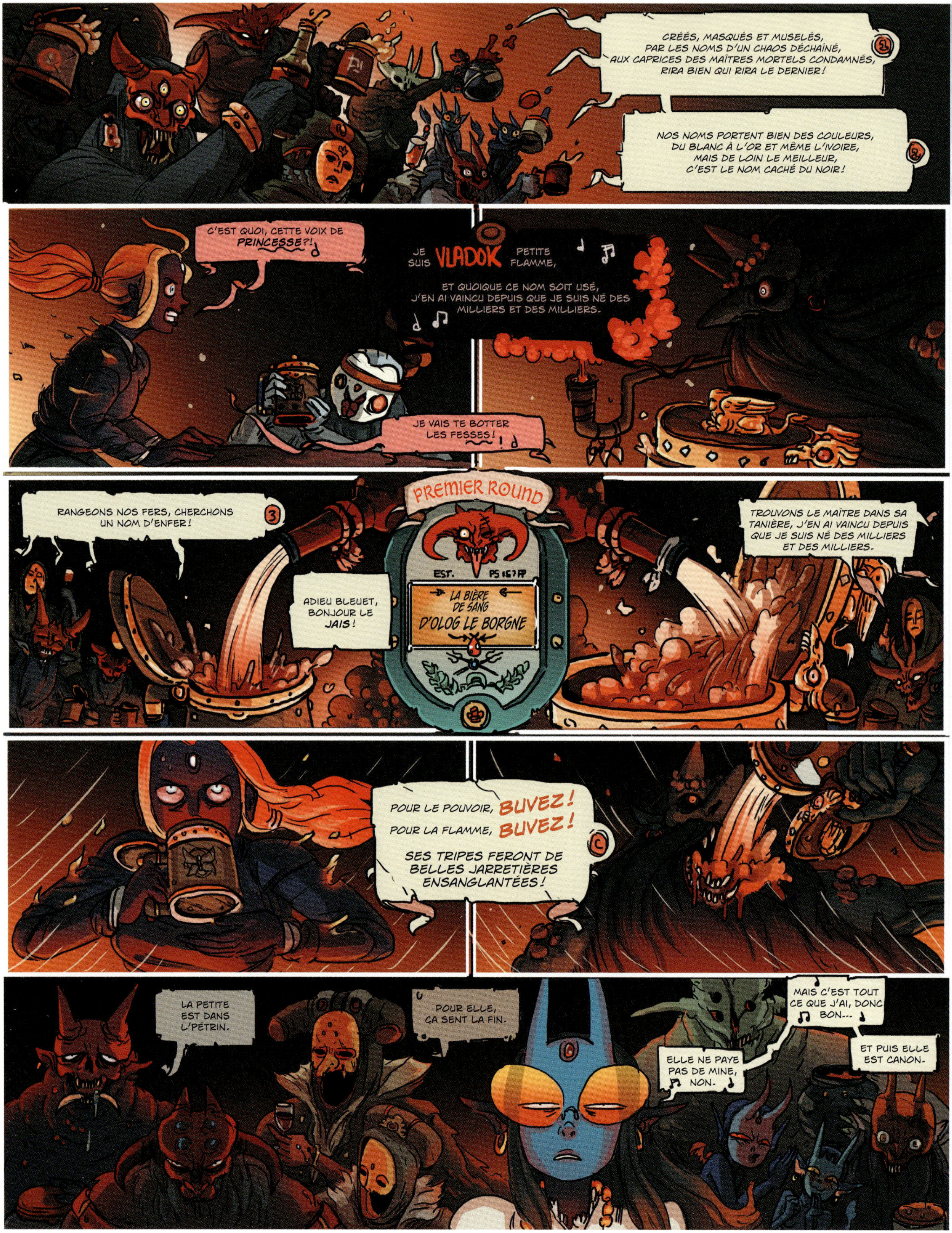

CRÉÉS, MASQUÉS ET MUSELÉS, PAR LES NOMS D'UN CHAOS DÉCHAÎNÉ, AUX CAPRICES DES MAÎTRES MORTELS CONDAMNÉS, RIRA BIEN QUI RIRA LE DERNIER !
NOS NOMS PORTENT BIEN DES COULEURS, DU BLANC À L'OR ET MÊME L'IVOIRE, MAIS DE LOIN LE MEILLEUR, C'EST LE NOM CACHÉ DU NOIR !
C'EST QUOI, CETTE VOIX DE PRINCESSE ?!
JE SUIS VLADOK PETITE FLAMME,
ET QUOIQUE CE NOM SOIT USÉ, J'EN AI VAINCU DEPUIS QUE JE SUIS NÉ DES MILLIERS ET DES MILLIERS.
JE VAIS TE BOTTER LES FESSES !
RANGEONS NOS FERS, CHERCHONS UN NOM D'ENFER !
ADIEU BLEUET, BONJOUR LE JAIS !
PREMIER ROUND
EST. PS 167 FP
LA BIÈRE DE SANG D'OLOG LE BORGNE
TROUVONS LE MAÎTRE DANS SA TANIÈRE, J'EN AI VAINCU DEPUIS QUE JE SUIS NÉ DES MILLIERS ET DES MILLIERS.
POUR LE POUVOIR, BUVEZ !
POUR LA FLAMME, BUVEZ !
SES TRIPES FERONT DE BELLES JARRETIÈRES ENSANGLANTÉES !
LA PETITE EST DANS L'PÉTRIN.
POUR ELLE, ÇA SENT LA FIN.
MAIS C'EST TOUT CE QUE J'AI, DONC BON...
ELLE NE PAYE PAS DE MINE, NON.
ET PUIS ELLE EST CANON.

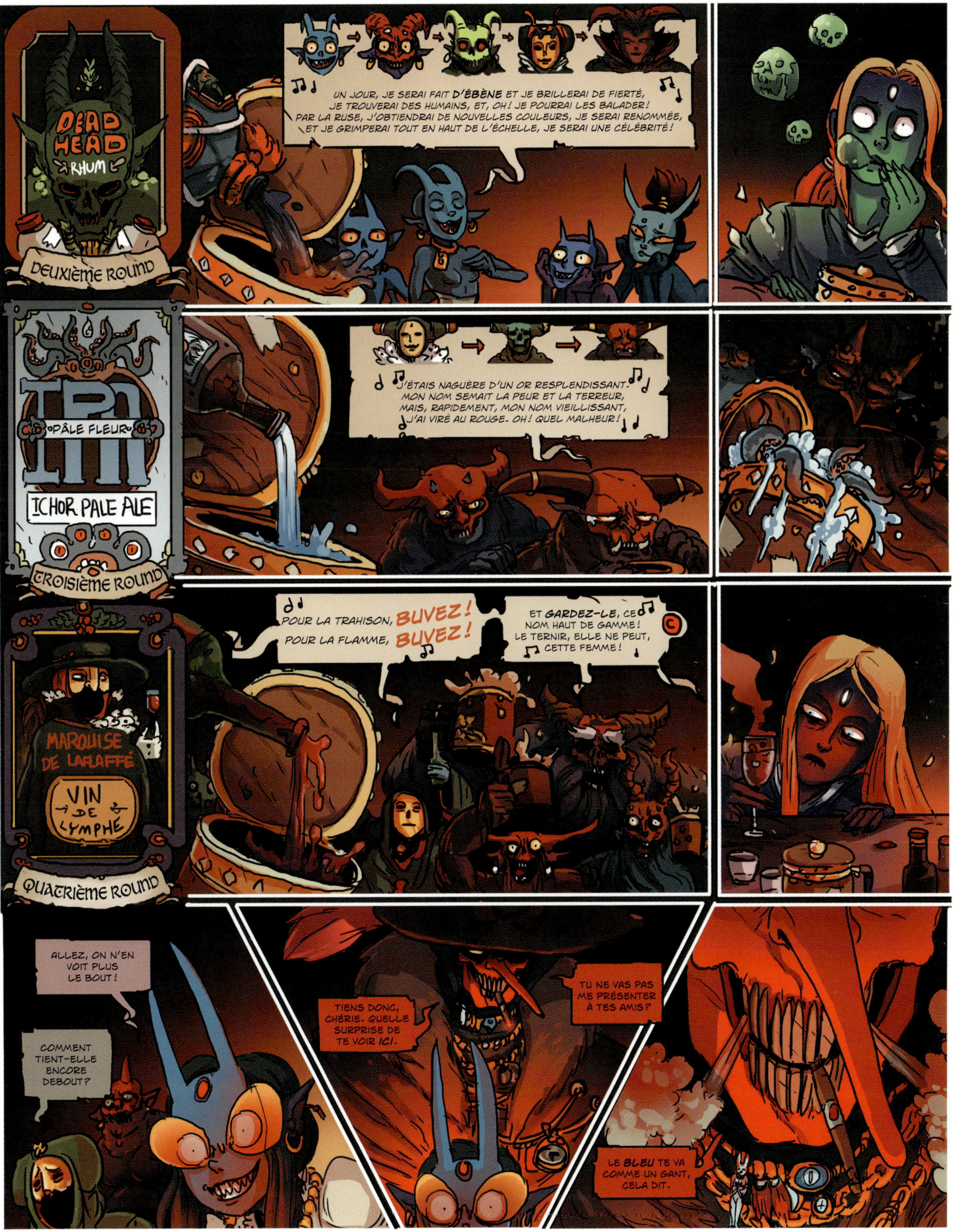

DEAD HEAD
RHUM
DEUXIÈME ROUND
UN JOUR, JE SERAI FAIT **D'ÉBÈNE** ET JE BRILLERAI DE FIERTÉ, JE TROUVERAI DES HUMAINS, ET, OH ! JE POURRAI LES BALADER ! PAR LA RUSE, J'OBTIENDRAI DE NOUVELLES COULEURS, JE SERAI RENOMMÉE, ET JE GRIMPERAI TOUT EN HAUT DE L'ÉCHELLE, JE SERAI UNE CÉLÉBRITÉ !
IPA
PÂLE FLEUR
ICHOR PALE ALE
TROISIÈME ROUND
J'ÉTAIS NAGUÈRE D'UN OR RESPLENDISSANT. MON NOM SEMAIT LA PEUR ET LA TERREUR, MAIS, RAPIDEMENT, MON NOM VIEILLISSANT, J'AI VIRÉ AU ROUGE. OH ! QUEL MALHEUR !
MARQUISE DE LAFLAFFÉ
VIN DE LYMPHE
QUATRIÈME ROUND
POUR LA TRAHISON, BUVEZ ! POUR LA FLAMME, BUVEZ !
ET **GARDEZ-LE**, CE NOM HAUT DE GAMME ! LE TERNIR, ELLE NE PEUT, CETTE FEMME !
ALLEZ, ON N'EN VOIT PLUS LE BOUT !
COMMENT TIENT-ELLE ENCORE DEBOUT ?
TIENS DONC, CHÉRIE. QUELLE SURPRISE DE TE VOIR *ICI*.
TU NE VAS PAS ME PRÉSENTER À TES AMIS ?
LE **BLEU** TE VA COMME UN GANT, CELA DIT.

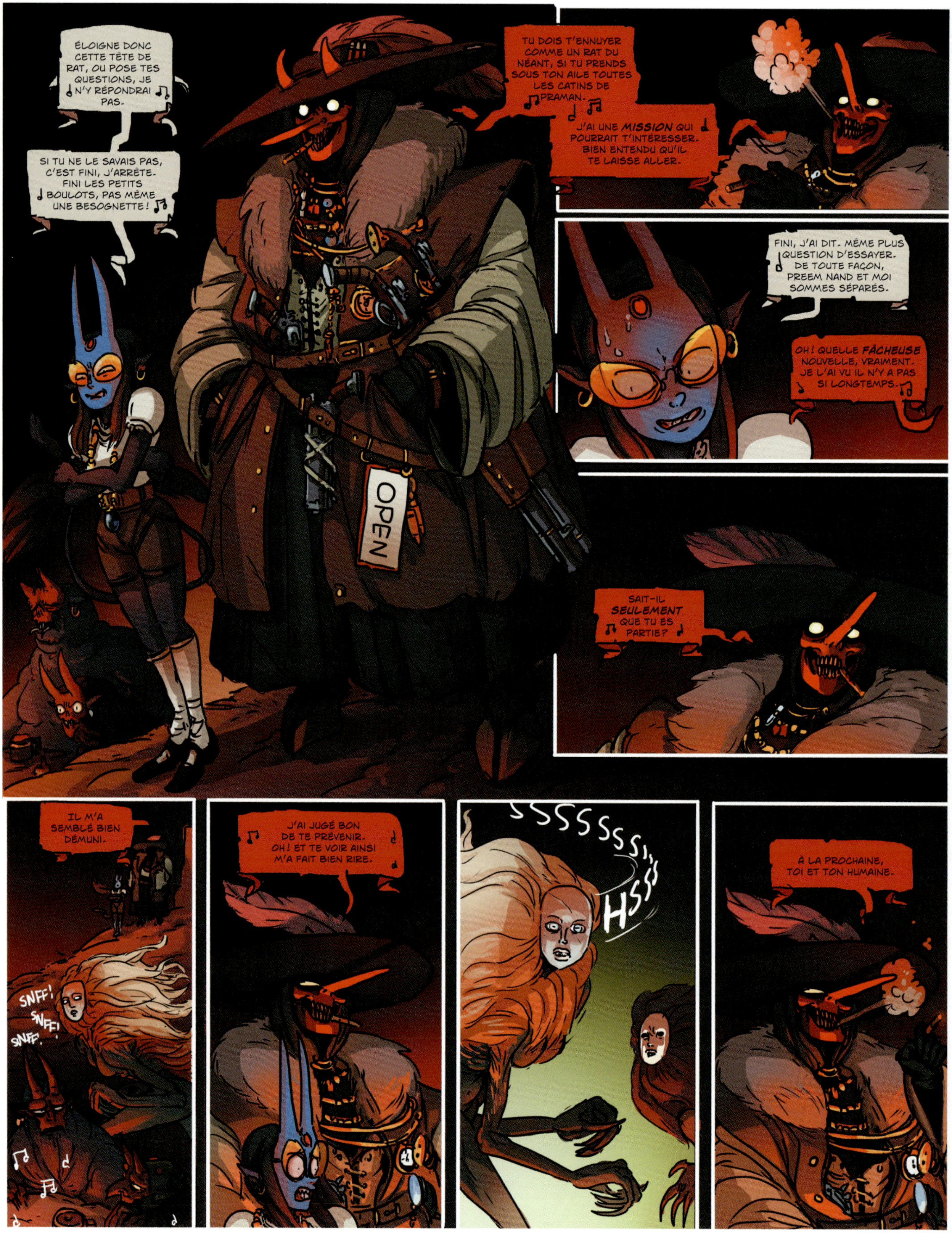
ÉLOIGNE DONC CETTE TÊTE DE RAT, OU POSE TES QUESTIONS, JE N'Y RÉPONDRAI PAS.
SI TU NE LE SAVAIS PAS, C'EST FINI, J'ARRÊTE. FINI LES PETITS BOULOTS, PAS MÊME UNE BESOGNETTE !
TU DOIS T'ENNUYER COMME UN RAT DU NÉANT, SI TU PRENDS SOUS TON AILE TOUTES LES CATINS DE PRAMAN.
J'AI UNE MISSION QUI POURRAIT T'INTÉRESSER. BIEN ENTENDU QU'IL TE LAISSE ALLER.
OPEN
FINI, J'AI DIT. MÊME PLUS QUESTION D'ESSAYER. DE TOUTE FAÇON, PREEM NAND ET MOI SOMMES SÉPARÉS.
OH ! QUELLE FÂCHEUSE NOUVELLE, VRAIMENT. JE L'AI VU IL N'Y A PAS SI LONGTEMPS.
SAIT-IL SEULEMENT QUE TU ES PARTIE ?
IL M'A SEMBLÉ BIEN DÉMUNI.
SNFF ! SNFF ! SNFF !
J'AI JUGÉ BON DE TE PRÉVENIR. OH ! ET TE VOIR AINSI M'A FAIT BIEN RIRE.
SSSSSSSSS HSSS
À LA PROCHAINE, TOI ET TON HUMAINE.

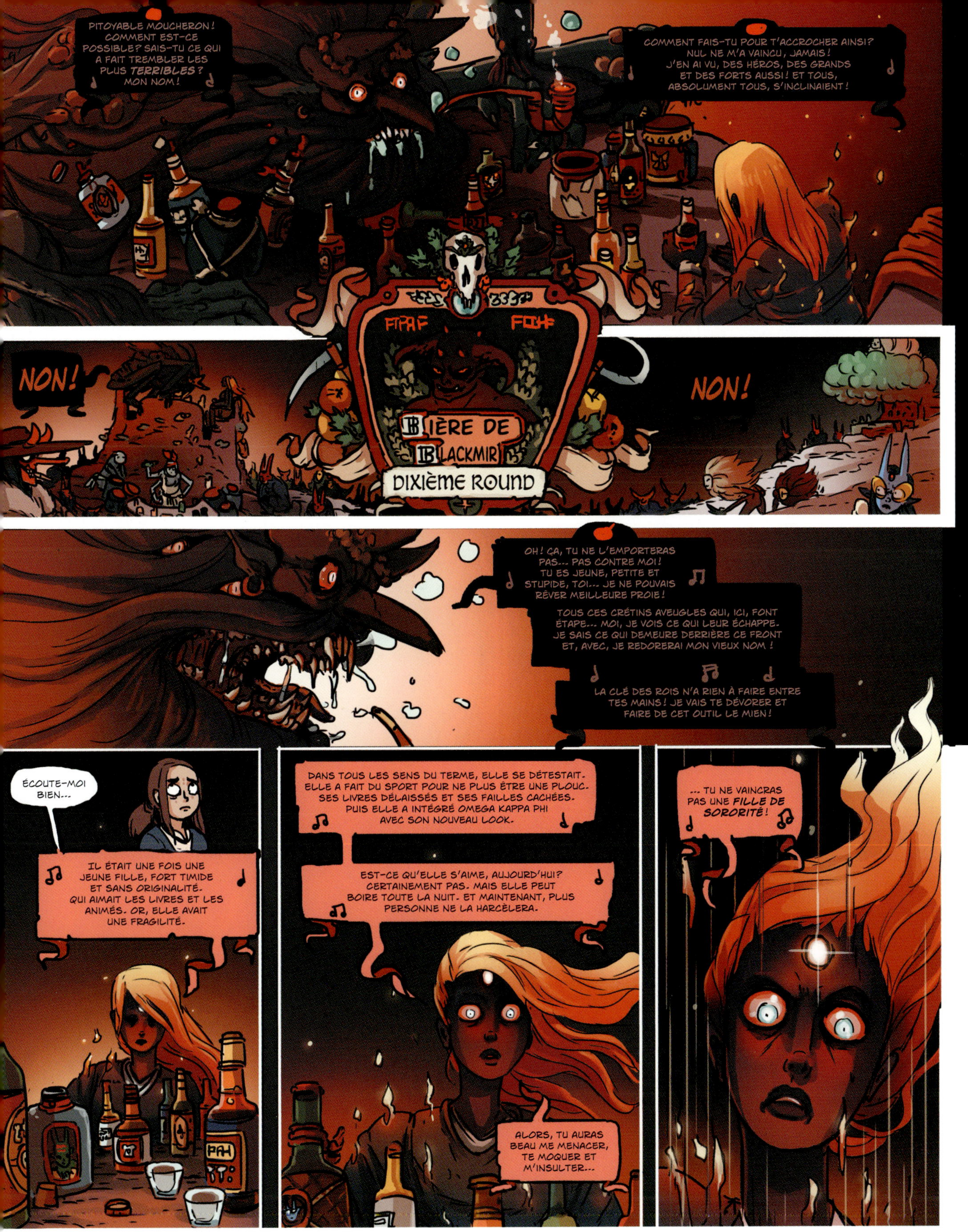
PITOYABLE MOUCHERON ! COMMENT EST-CE POSSIBLE ? SAIS-TU CE QUI A FAIT TREMBLER LES PLUS TERRIBLES ? MON NOM !
COMMENT FAIS-TU POUR T'ACCROCHER AINSI ? NUL NE M'A VAINCU, JAMAIS ! J'EN AI VU, DES HÉROS, DES GRANDS ET DES FORTS AUSSI ! ET TOUS, ABSOLUMENT TOUS, S'INCLINAIENT !
BIÈRE DE BLACKMIR
DIXIÈME ROUND
NON !
NON !
OH ! ÇA, TU NE L'EMPORTERAS PAS... PAS CONTRE MOI ! TU ES JEUNE, PETITE ET STUPIDE, TOI... JE NE POUVAIS RÊVER MEILLEURE PROIE !
TOUS CES CRÉTINS AVEUGLES QUI, ICI, FONT ÉTAPE... MOI, JE VOIS CE QUI LEUR ÉCHAPPE. JE SAIS CE QUI DEMEURE DERRIÈRE CE FRONT ET, AVEC, JE REDORERAI MON VIEUX NOM !
LA CLÉ DES ROIS N'A RIEN À FAIRE ENTRE TES MAINS ! JE VAIS TE DÉVORER ET FAIRE DE CET OUTIL LE MIEN !
ÉCOUTE-MOI BIEN...
IL ÉTAIT UNE FOIS UNE JEUNE FILLE, FORT TIMIDE ET SANS ORIGINALITÉ. QUI AIMAIT LES LIVRES ET LES ANIMÉS. OR, ELLE AVAIT UNE FRAGILITÉ.
DANS TOUS LES SENS DU TERME, ELLE SE DÉTESTAIT. ELLE A FAIT DU SPORT POUR NE PLUS ÊTRE UNE PLOUC. SES LIVRES DÉLAISSÉS ET SES FAILLES CACHÉES. PUIS ELLE A INTÉGRÉ OMEGA KAPPA PHI AVEC SON NOUVEAU LOOK.
EST-CE QU'ELLE S'AIME, AUJOURD'HUI ? CERTAINEMENT PAS. MAIS ELLE PEUT BOIRE TOUTE LA NUIT. ET MAINTENANT, PLUS PERSONNE NE LA HARCÈLERA.
ALORS, TU AURAS BEAU ME MENACER, TE MOQUER ET M'INSULTER...
... TU NE VAINCRAS PAS UNE FILLE DE SORORITÉ !

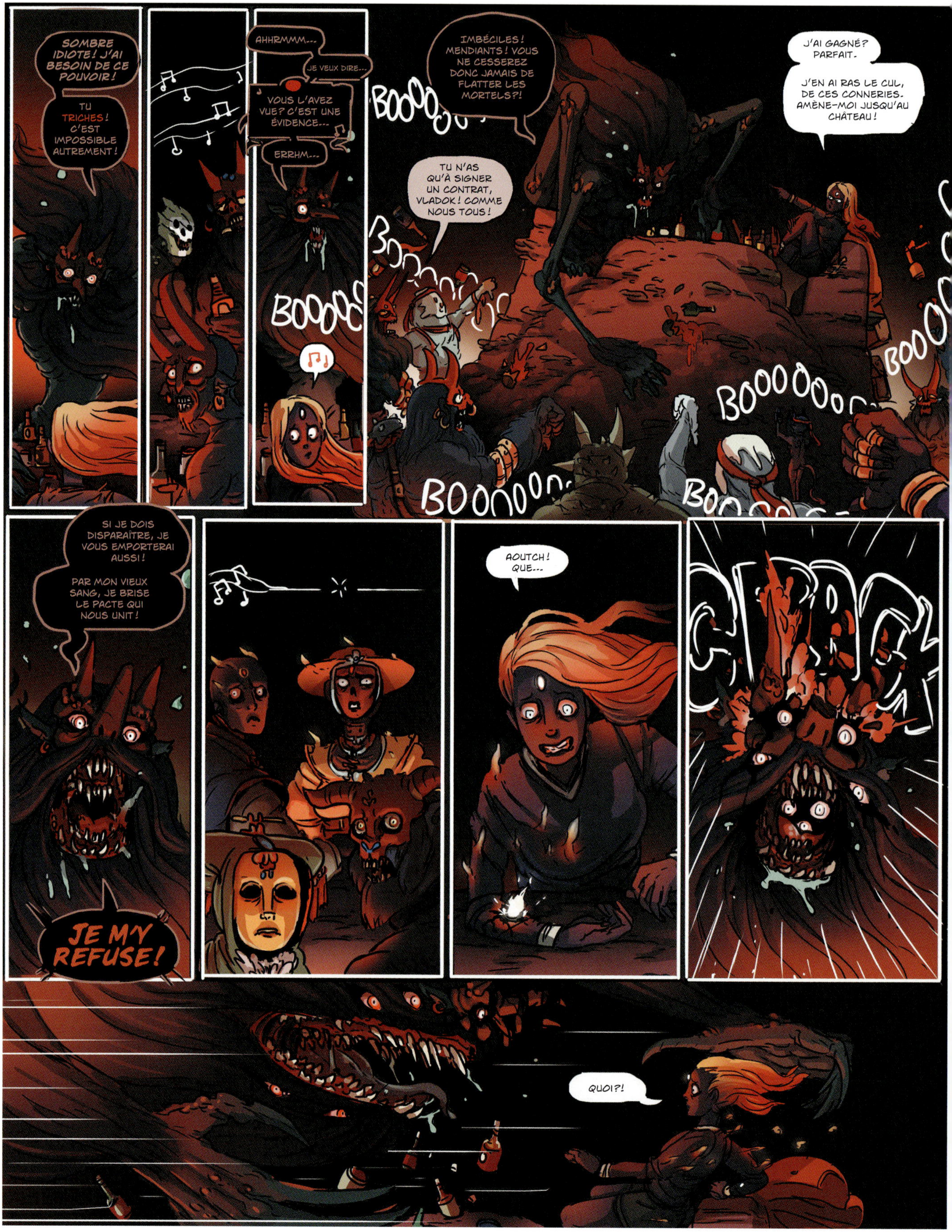
SOMBRE IDIOTE ! J'AI BESOIN DE CE POUVOIR !
TU TRICHES ! C'EST IMPOSSIBLE AUTREMENT !
AHHRMMM...
JE VEUX DIRE...
VOUS L'AVEZ VUE ? C'EST UNE ÉVIDENCE...
ERRHM...
BOOOOO
BOOOOO
IMBÉCILES ! MENDIANTS ! VOUS NE CESSEREZ DONC JAMAIS DE FLATTER LES MORTELS ?!
TU N'AS QU'À SIGNER UN CONTRAT, VLADOK ! COMME NOUS TOUS !
BOOOOOO
J'AI GAGNÉ ? PARFAIT.
J'EN AI RAS LE CUL, DE CES CONNERIES. AMÈNE-MOI JUSQU'AU CHÂTEAU !
BOOOO
BOOOOOO
BOOOOOO
BOOOOO
SI JE DOIS DISPARAÎTRE, JE VOUS EMPORTERAI AUSSI !
PAR MON VIEUX SANG, JE BRISE LE PACTE QUI NOUS UNIT !
JE M'Y REFUSE !
AOUTCH ! QUE...
CRACK
QUOI ?!

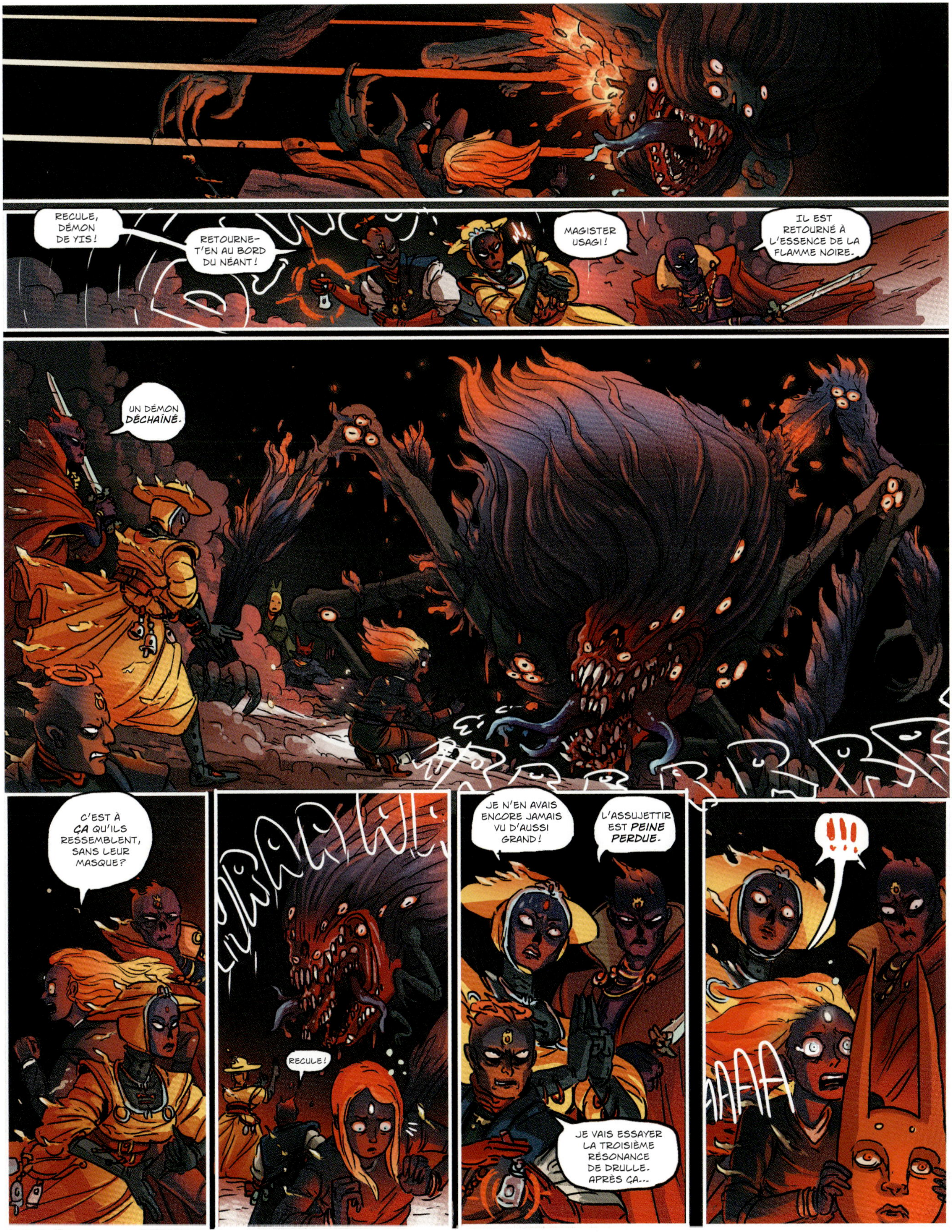
RECULE, DÉMON DE YIS !
RETOURNE-T'EN AU BORD DU NÉANT !
MAGISTER USAGI !
IL EST RETOURNÉ À L'ESSENCE DE LA FLAMME NOIRE.
UN DÉMON DÉCHAÎNÉ.
C'EST À ÇA QU'ILS RESSEMBLENT, SANS LEUR MASQUE ?
RECULE !
JE N'EN AVAIS ENCORE JAMAIS VU D'AUSSI GRAND !
L'ASSUJETTIR EST PEINE PERDUE.
JE VAIS ESSAYER LA TROISIÈME RÉSONANCE DE DRULLE. APRÈS ÇA...
!!!

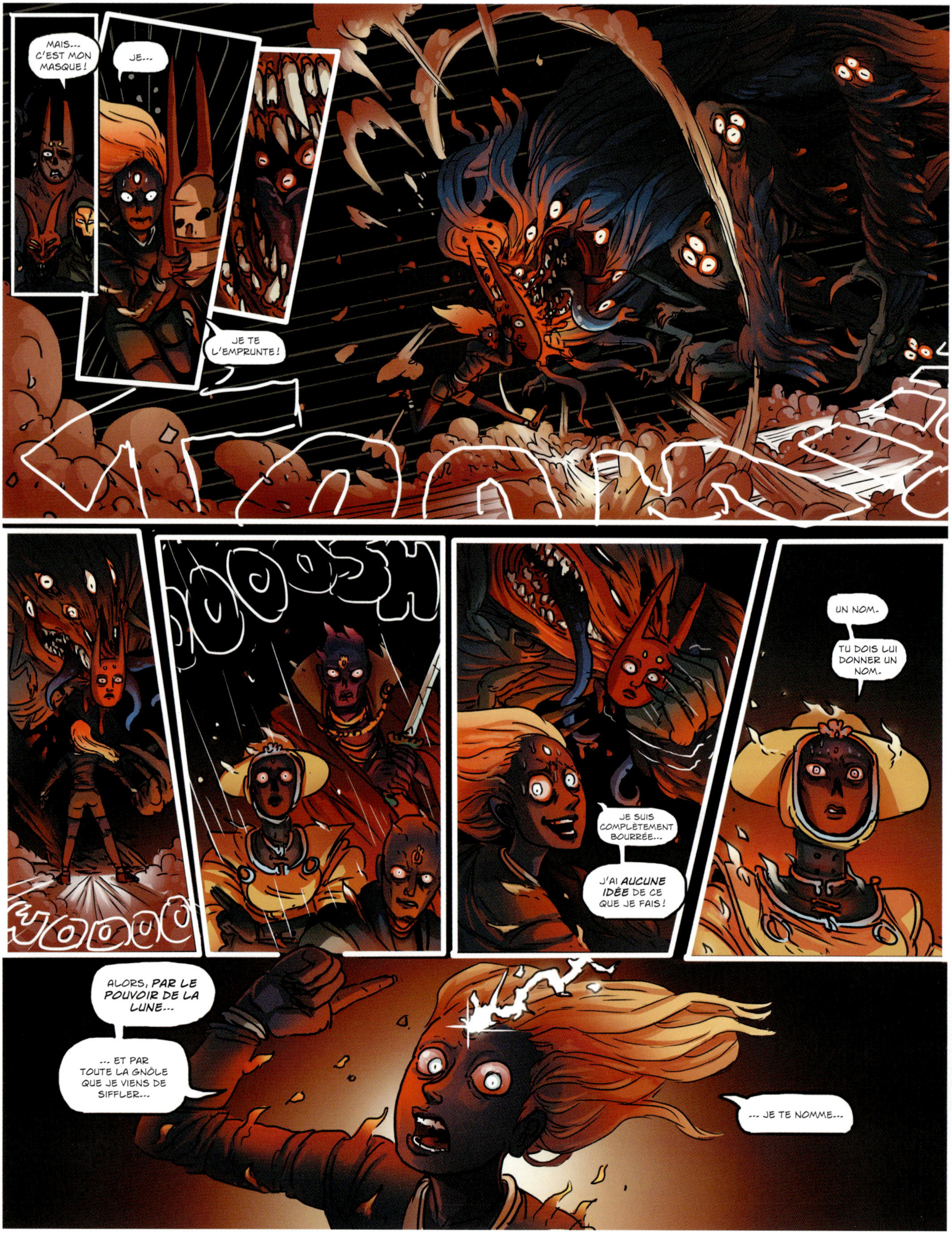
MAIS... C'EST MON MASQUE !
JE...
JE TE L'EMPRUNTE !
WOOOOSH
UN NOM.
TU DOIS LUI DONNER UN NOM.
JE SUIS COMPLÈTEMENT BOURRÉE...
J'AI **AUCUNE IDÉE** DE CE QUE JE FAIS !
ALORS, ***PAR LE POUVOIR DE LA LUNE***...
... ET PAR TOUTE LA GNÔLE QUE JE VIENS DE SIFFLER...
... JE TE NOMME...

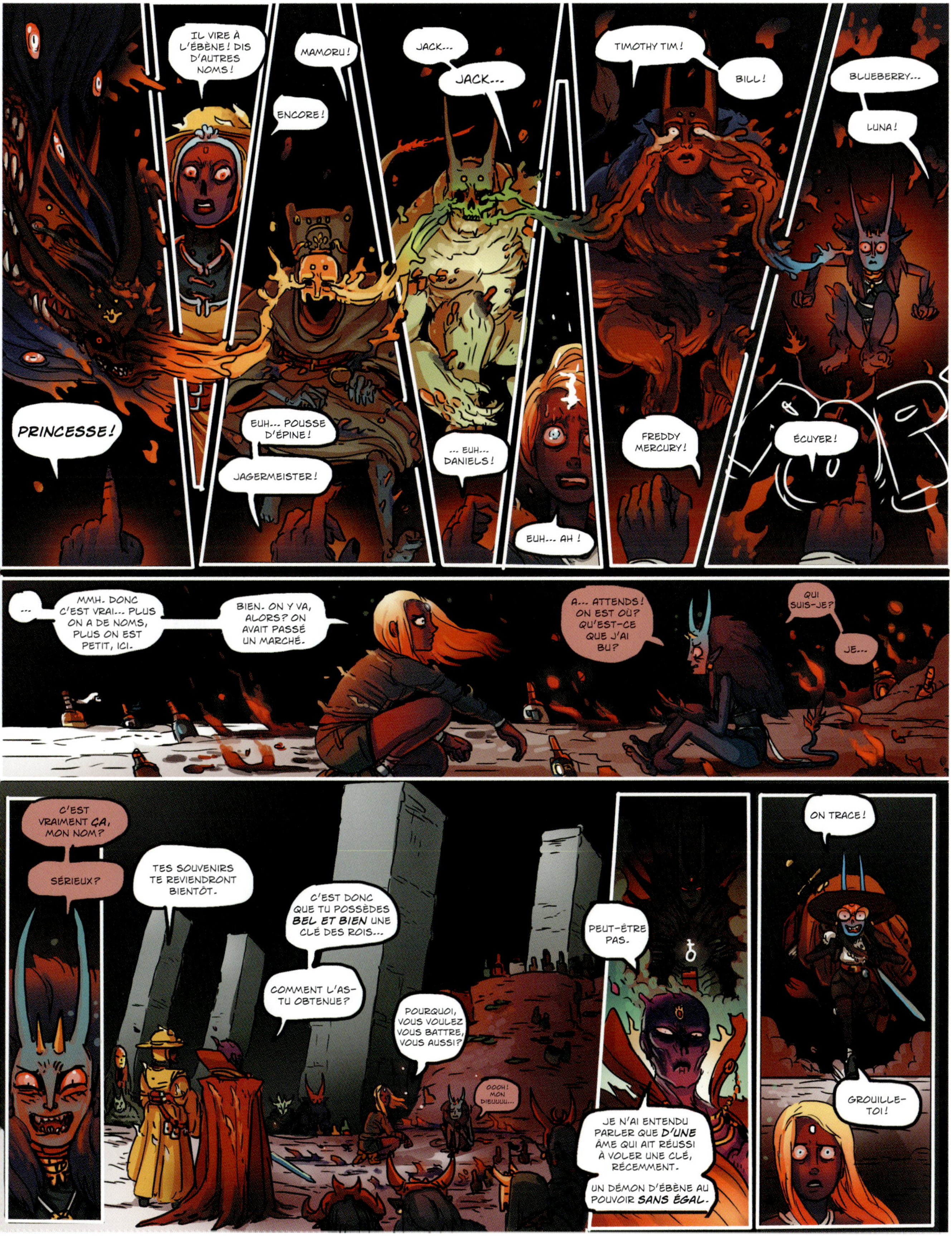

IL VIRE À L'ÉBÈNE ! DIS D'AUTRES NOMS !
PRINCESSE !
MAMORU !
ENCORE !
EUH... POUSSE D'ÉPINE !
JAGERMEISTER !
JACK...
JACK...
... EUH... DANIELS !
EUH... AH !
TIMOTHY TIM !
BILL !
FREDDY MERCURY !
BLUEBERRY...
LUNA !
ÉCUYER !
...
MMH. DONC C'EST VRAI... PLUS ON A DE NOMS, PLUS ON EST PETIT, ICI.
BIEN. ON Y VA, ALORS ? ON AVAIT PASSÉ UN MARCHÉ.
A... ATTENDS ! ON EST OÙ ? QU'EST-CE QUE J'AI BU ?
QUI SUIS-JE ?
JE...
C'EST VRAIMENT ÇA, MON NOM ?
SÉRIEUX ?
TES SOUVENIRS TE REVIENDRONT BIENTÔT.
C'EST DONC QUE TU POSSÈDES BEL ET BIEN UNE CLÉ DES ROIS...
COMMENT L'AS-TU OBTENUE ?
POURQUOI, VOUS VOULEZ VOUS BATTRE, VOUS AUSSI ?
OOOH ! MON DIEUUUU...
PEUT-ÊTRE PAS.
JE N'AI ENTENDU PARLER QUE D'UNE ÂME QUI AIT RÉUSSI À VOLER UNE CLÉ, RÉCEMMENT.
UN DÉMON D'ÉBÈNE AU POUVOIR SANS ÉGAL.
ON TRACE !
GROUILLE-TOI !

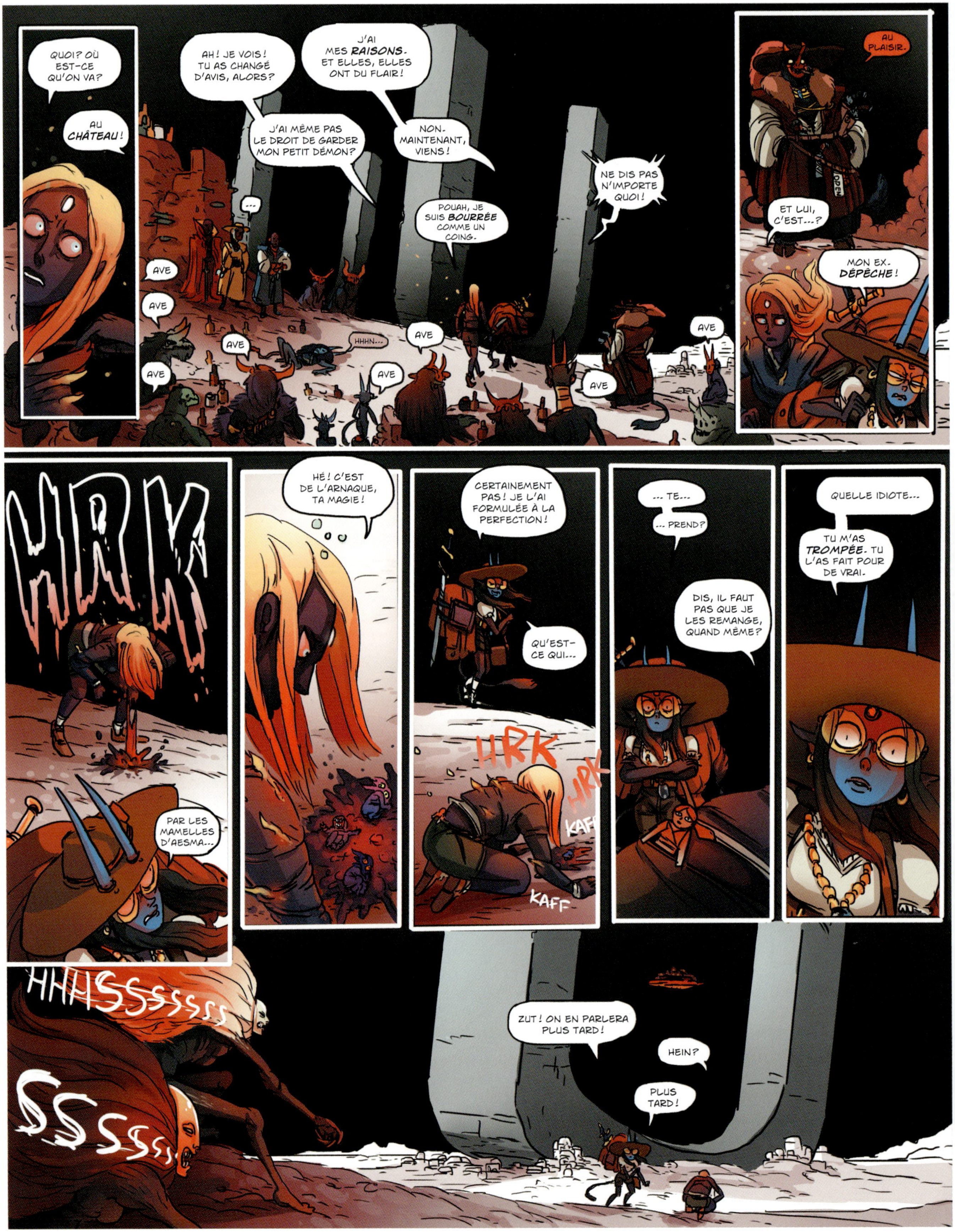
QUOI? OÙ EST-CE QU'ON VA?
AU CHÂTEAU!
AH! JE VOIS! TU AS CHANGÉ D'AVIS, ALORS?
J'AI MES **RAISONS**. ET ELLES, ELLES ONT DU FLAIR!
J'AI MÊME PAS LE DROIT DE GARDER MON PETIT DÉMON?
NON. MAINTENANT, VIENS!
...
POUAH, JE SUIS **BOURRÉE** COMME UN COING.
NE DIS PAS N'IMPORTE QUOI!
AVE
AVE
AVE
AVE
HHHN...
AVE
AVE
AVE
AVE
AU PLAISIR.
ET LUI, C'EST...?
MON EX. **DÉPÊCHE**!
HRK
PAR LES MAMELLES D'AESMA...
HÉ! C'EST DE L'ARNAQUE, TA MAGIE!
CERTAINEMENT PAS! JE L'AI FORMULÉE À LA PERFECTION!
QU'EST-CE QUI...
HRK
HRK
KAFF
KAFF
... TE...
... PREND?
DIS, IL FAUT PAS QUE JE LES REMANGE, QUAND MÊME?
QUELLE IDIOTE...
TU M'AS **TROMPÉE**. TU L'AS FAIT POUR DE VRAI.
HHHSSSSSSS
SSSSS
ZUT! ON EN PARLERA PLUS TARD!
HEIN?
PLUS TARD!

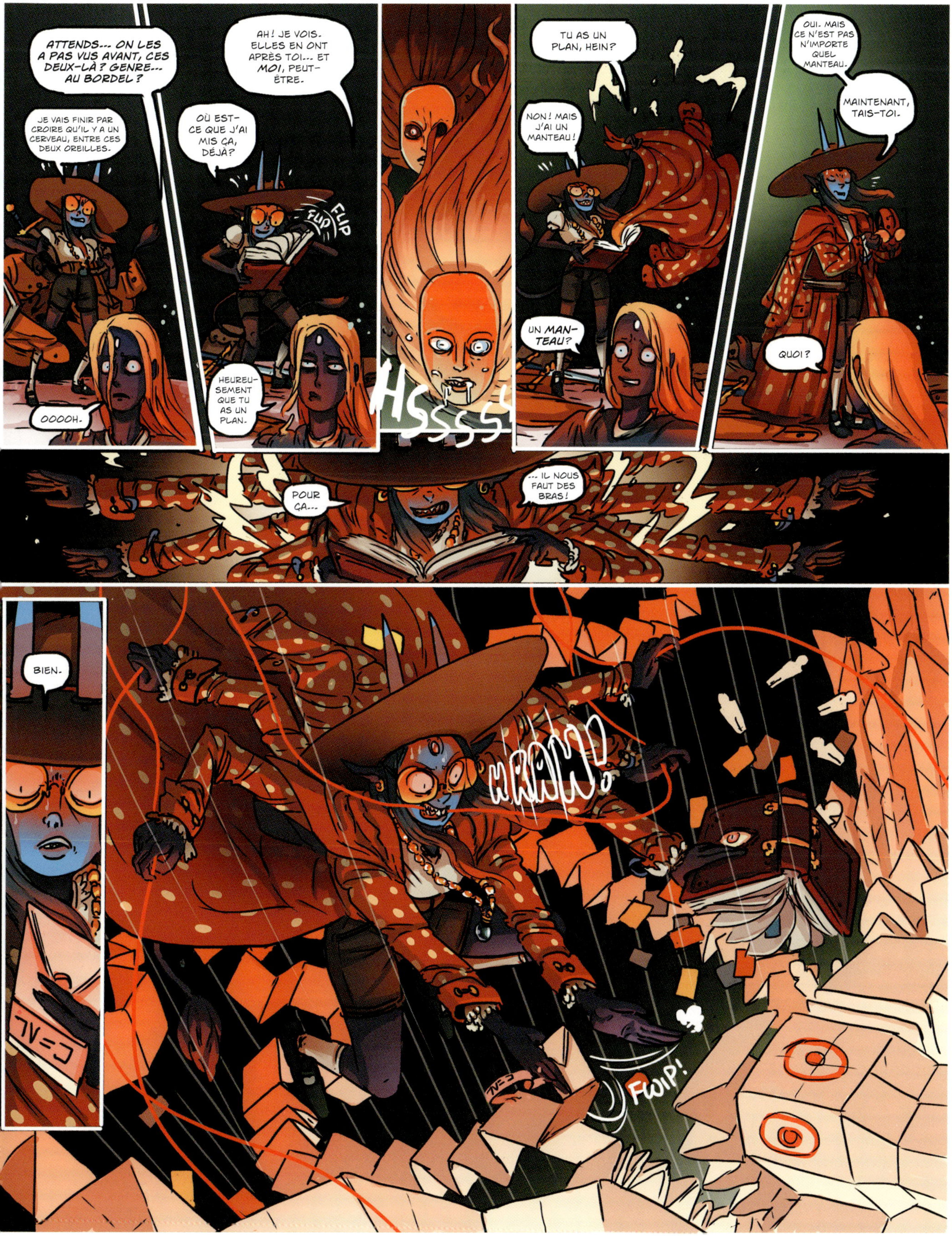
ATTENDS... ON LES A PAS VUS AVANT, CES DEUX-LÀ ? GENRE... AU BORDEL ?
JE VAIS FINIR PAR CROIRE QU'IL Y A UN CERVEAU, ENTRE CES DEUX OREILLES.
OOOOH.
AH ! JE VOIS. ELLES EN ONT APRÈS TOI... ET MOI, PEUT-ÊTRE.
OÙ EST-CE QUE J'AI MIS ÇA, DÉJÀ ?
FLIP FLIP
HEUREUSEMENT QUE TU AS UN PLAN.
HSSSSS
TU AS UN PLAN, HEIN ?
NON ! MAIS J'AI UN MANTEAU !
UN MANTEAU ?
OUI. MAIS CE N'EST PAS N'IMPORTE QUEL MANTEAU.
MAINTENANT, TAIS-TOI.
QUOI ?
POUR ÇA...
... IL NOUS FAUT DES BRAS !
BIEN.
HRAAH !
FWIP !

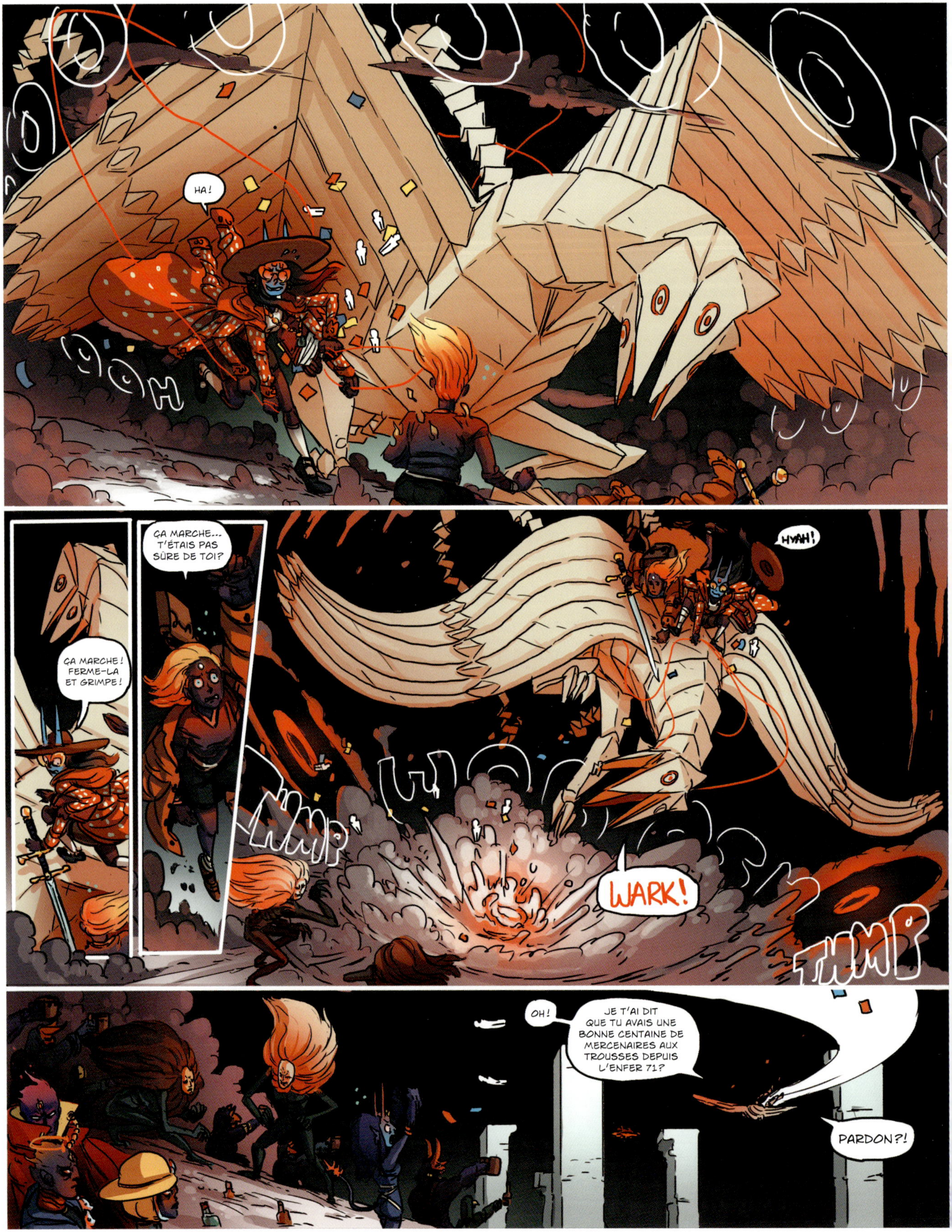
HA!
HOOH
ÇA MARCHE... T'ÉTAIS PAS SÛRE DE TOI?
ÇA MARCHE! FERME-LA ET GRIMPE!
HYAH!
THMP
WARK!
THMP
OH!
JE T'AI DIT QUE TU AVAIS UNE BONNE CENTAINE DE MERCENAIRES AUX TROUSSES DEPUIS L'ENFER 71?
PARDON?!

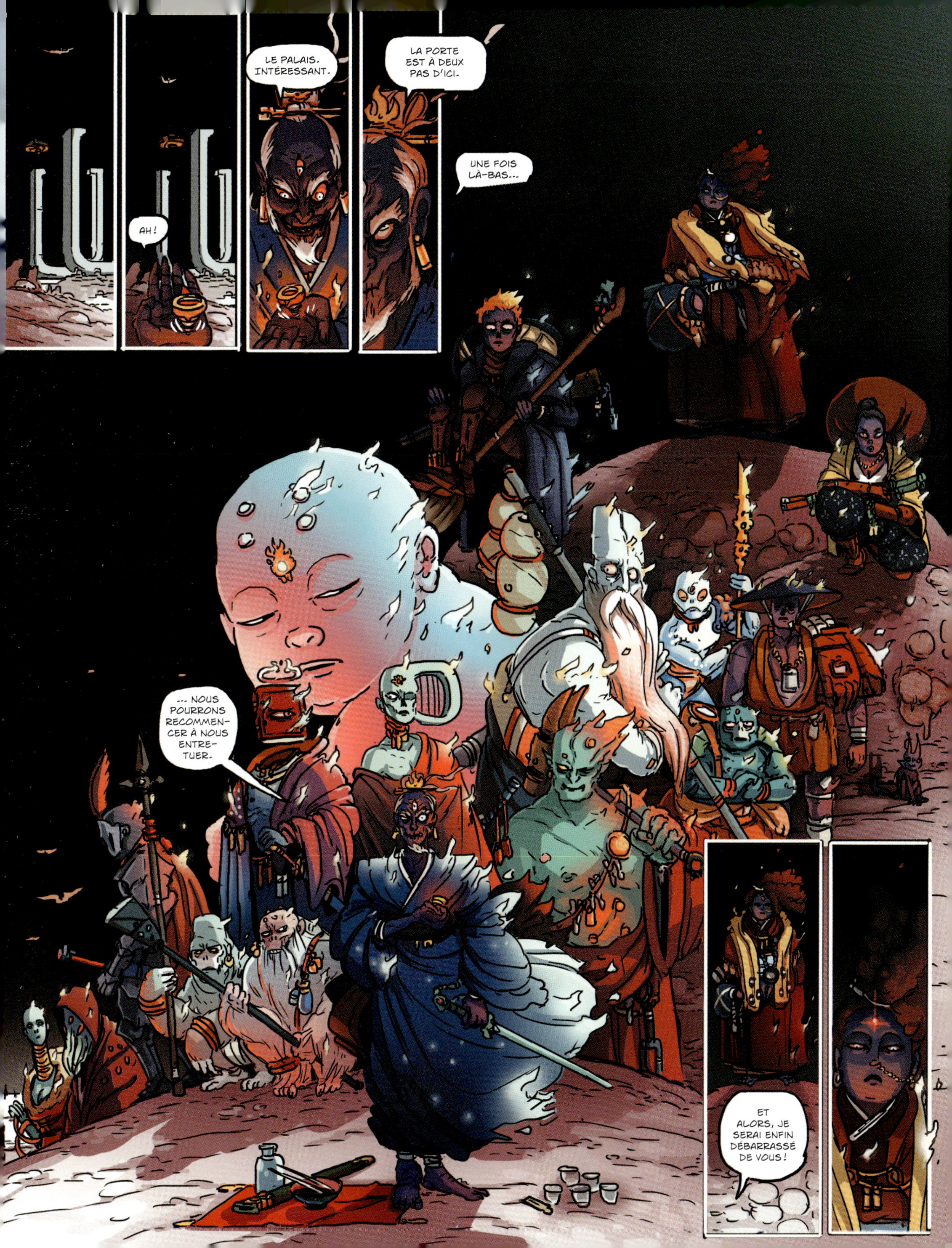
AH !
LE PALAIS. INTÉRESSANT.
LA PORTE EST À DEUX PAS D'ICI.
UNE FOIS LÀ-BAS...
... NOUS POURRONS RECOMMEN-CER À NOUS ENTRE-TUER.
ET ALORS, JE SERAI ENFIN DÉBARRASSÉ DE VOUS !

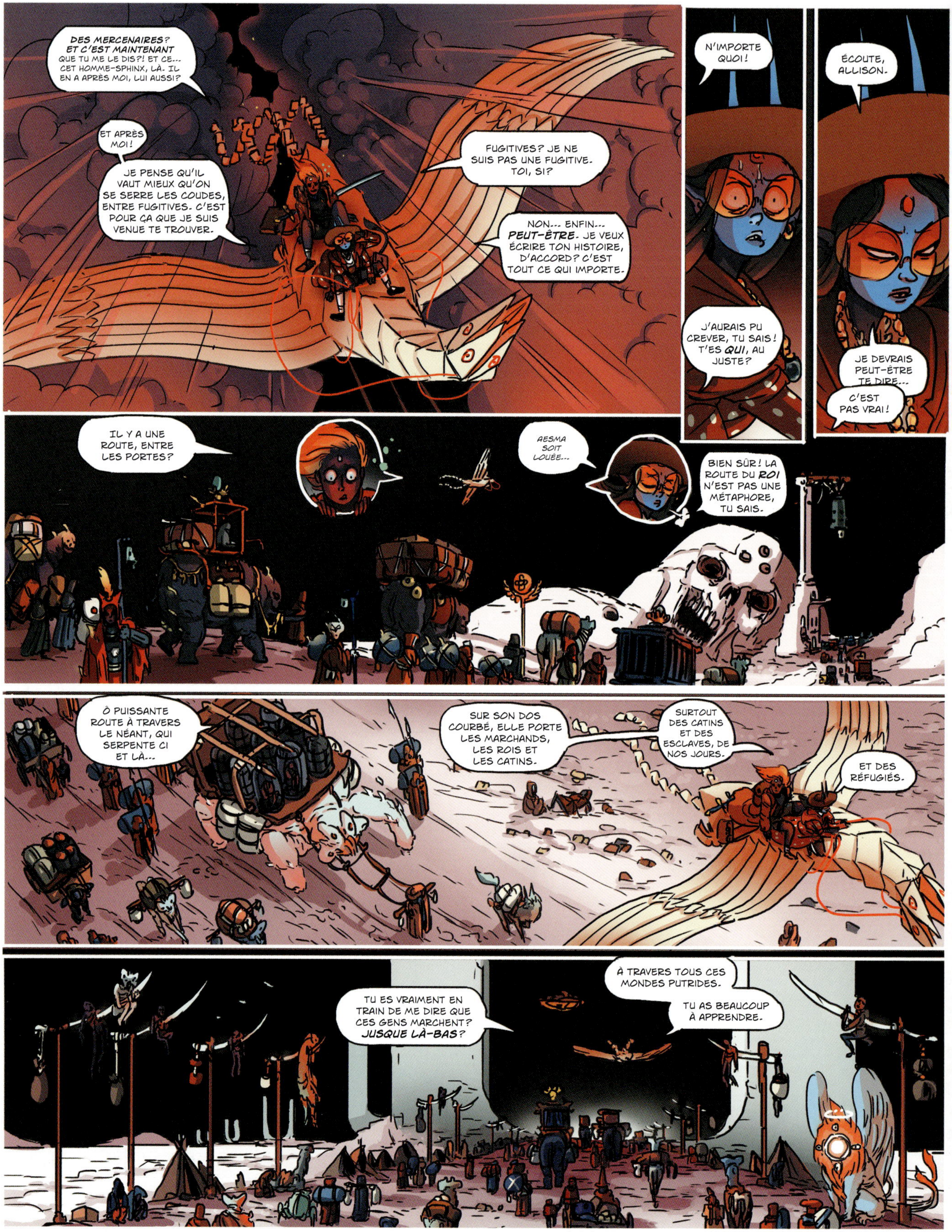
DES MERCENAIRES? ET C'EST MAINTENANT QUE TU ME LE DIS?! ET CE... CET HOMME-SPHINX, LÀ. IL EN A APRÈS MOI, LUI AUSSI?
ET APRÈS MOI!
JE PENSE QU'IL VAUT MIEUX QU'ON SE SERRE LES COUDES, ENTRE FUGITIVES. C'EST POUR ÇA QUE JE SUIS VENUE TE TROUVER.
FUGITIVES? JE NE SUIS PAS UNE FUGITIVE. TOI, SI?
NON... ENFIN... PEUT-ÊTRE. JE VEUX ÉCRIRE TON HISTOIRE, D'ACCORD? C'EST TOUT CE QUI IMPORTE.
N'IMPORTE QUOI!
J'AURAIS PU CREVER, TU SAIS! T'ES QUI, AU JUSTE?
ÉCOUTE, ALLISON.
JE DEVRAIS PEUT-ÊTRE TE DIRE...
C'EST PAS VRAI!
IL Y A UNE ROUTE, ENTRE LES PORTES?
AESMA SOIT LOUÉE...
BIEN SÛR! LA ROUTE DU ROI N'EST PAS UNE MÉTAPHORE, TU SAIS.
Ô PUISSANTE ROUTE À TRAVERS LE NÉANT, QUI SERPENTE CI ET LÀ...
SUR SON DOS COURBÉ, ELLE PORTE LES MARCHANDS, LES ROIS ET LES CATINS.
SURTOUT DES CATINS ET DES ESCLAVES, DE NOS JOURS.
ET DES RÉFUGIÉS.
TU ES VRAIMENT EN TRAIN DE ME DIRE QUE CES GENS MARCHENT? JUSQUE LÀ-BAS?
À TRAVERS TOUS CES MONDES PUTRIDES.
TU AS BEAUCOUP À APPRENDRE.

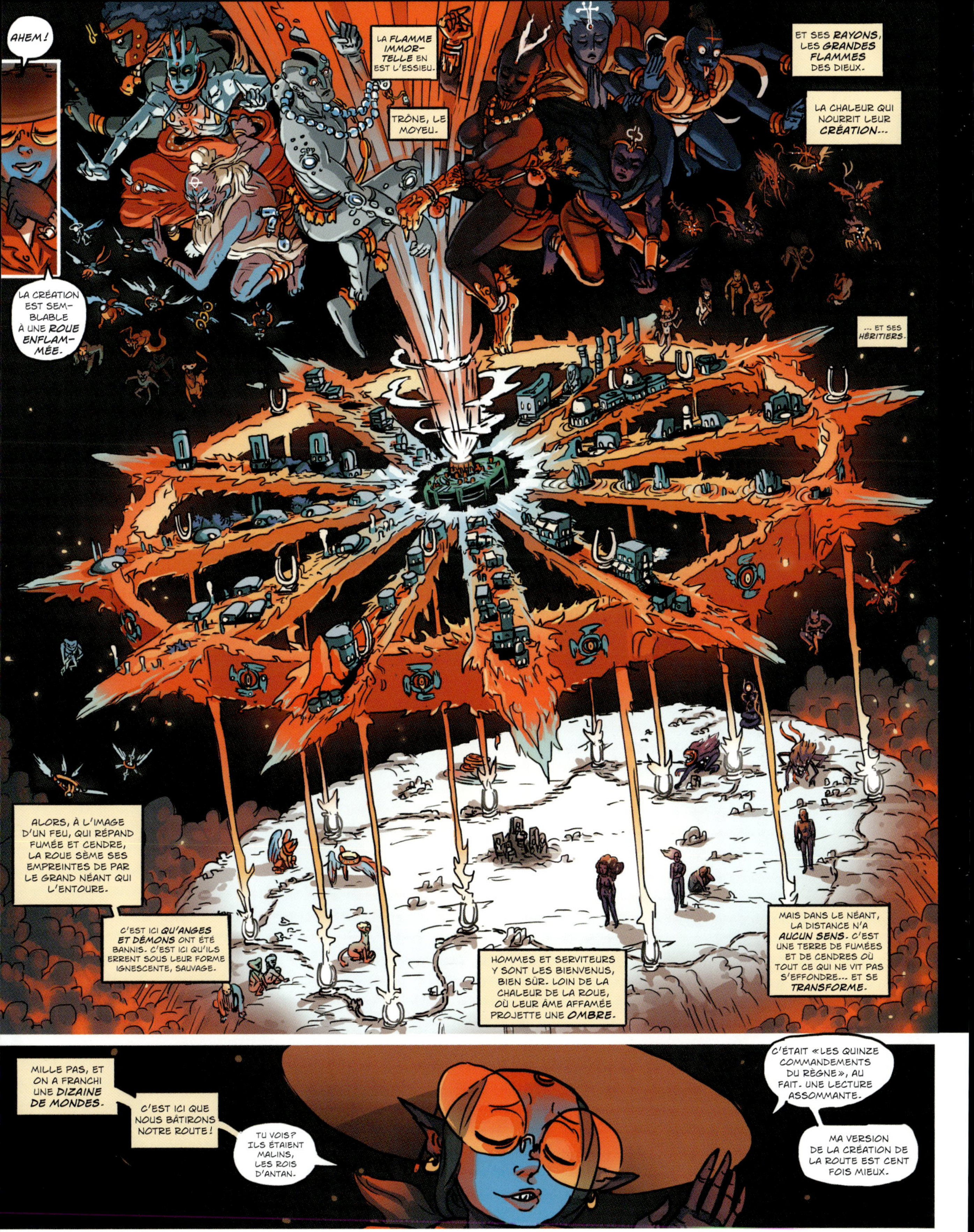
AHEM !
LA CRÉATION EST SEMBLABLE À UNE ROUE ENFLAMMÉE.
LA FLAMME IMMORTELLE EN EST L'ESSIEU.
TRÔNE, LE MOYEU.
ET SES RAYONS, LES GRANDES FLAMMES DES DIEUX.
LA CHALEUR QUI NOURRIT LEUR CRÉATION...
... ET SES HÉRITIERS.
ALORS, À L'IMAGE D'UN FEU, QUI RÉPAND FUMÉE ET CENDRE, LA ROUE SÈME SES EMPREINTES DE PAR LE GRAND NÉANT QUI L'ENTOURE.
C'EST ICI QU'ANGES ET DÉMONS ONT ÉTÉ BANNIS. C'EST ICI QU'ILS ERRENT SOUS LEUR FORME IGNESCENTE, SAUVAGE.
HOMMES ET SERVITEURS Y SONT LES BIENVENUS, BIEN SÛR. LOIN DE LA CHALEUR DE LA ROUE, OÙ LEUR ÂME AFFAMÉE PROJETTE UNE OMBRE.
MAIS DANS LE NÉANT, LA DISTANCE N'A AUCUN SENS. C'EST UNE TERRE DE FUMÉES ET DE CENDRES OÙ TOUT CE QUI NE VIT PAS S'EFFONDRE... ET SE TRANSFORME.
MILLE PAS, ET ON A FRANCHI UNE DIZAINE DE MONDES.
C'EST ICI QUE NOUS BÂTIRONS NOTRE ROUTE !
TU VOIS? ILS ÉTAIENT MALINS, LES ROIS D'ANTAN.
C'ÉTAIT « LES QUINZE COMMANDEMENTS DU RÈGNE », AU FAIT. UNE LECTURE ASSOMMANTE.
MA VERSION DE LA CRÉATION DE LA ROUTE EST CENT FOIS MIEUX.

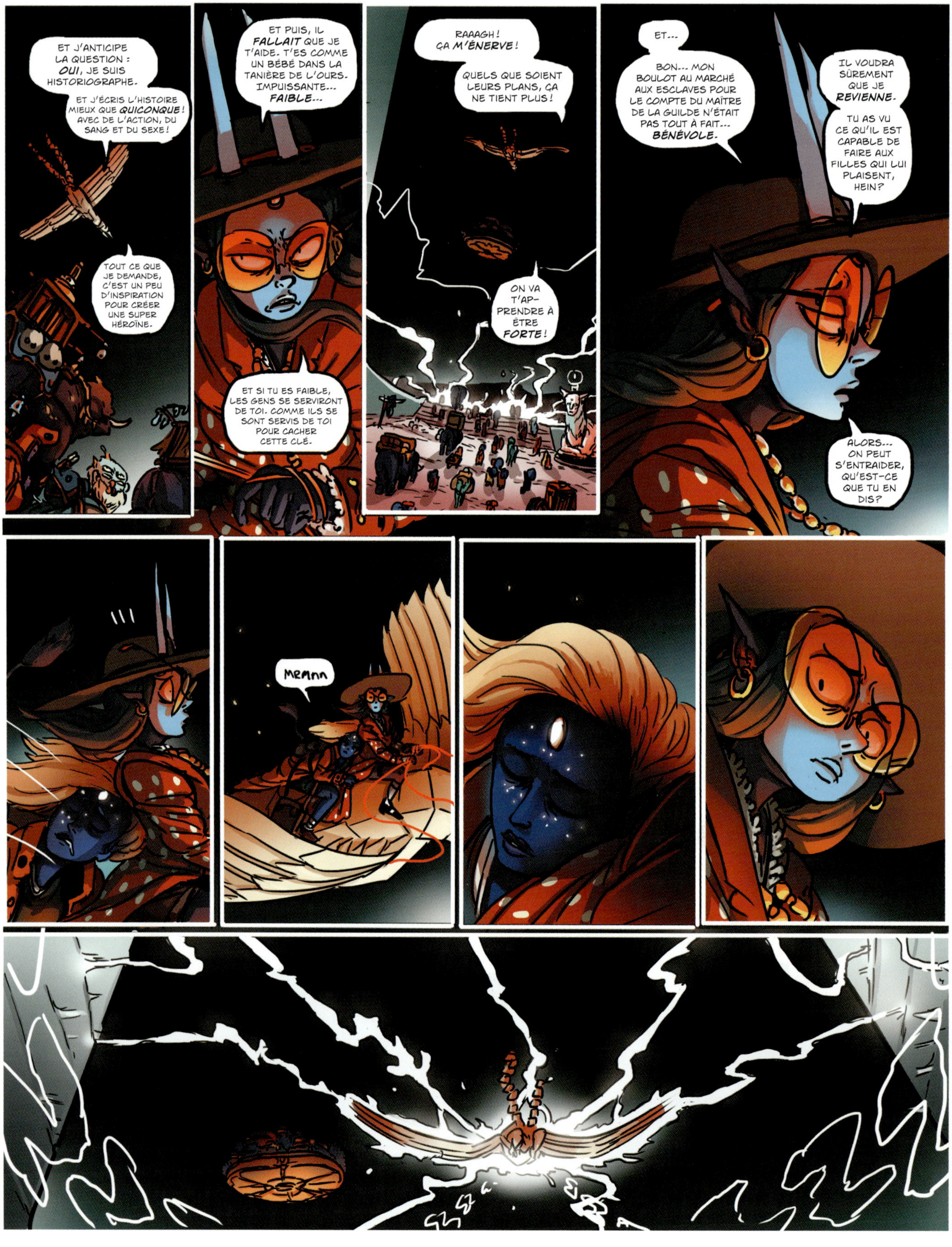

ET J'ANTICIPE LA QUESTION : OUI, JE SUIS HISTORIOGRAPHE.
ET J'ÉCRIS L'HISTOIRE MIEUX QUE QUICONQUE ! AVEC DE L'ACTION, DU SANG ET DU SEXE !
TOUT CE QUE JE DEMANDE, C'EST UN PEU D'INSPIRATION POUR CRÉER UNE SUPER HÉROÏNE.
ET PUIS, IL FALLAIT QUE JE T'AIDE. T'ES COMME UN BÉBÉ DANS LA TANIÈRE DE L'OURS. IMPUISSANTE... FAIBLE...
ET SI TU ES FAIBLE, LES GENS SE SERVIRONT DE TOI. COMME ILS SE SONT SERVIS DE TOI POUR CACHER CETTE CLÉ.
RAAAGH ! ÇA M'ÉNERVE !
QUELS QUE SOIENT LEURS PLANS, ÇA NE TIENT PLUS !
ON VA T'AP-PRENDRE À ÊTRE FORTE !
ET...
BON... MON BOULOT AU MARCHÉ AUX ESCLAVES POUR LE COMPTE DU MAÎTRE DE LA GUILDE N'ÉTAIT PAS TOUT À FAIT... BÉNÉVOLE.
IL VOUDRA SÛREMENT QUE JE REVIENNE.
TU AS VU CE QU'IL EST CAPABLE DE FAIRE AUX FILLES QUI LUI PLAISENT, HEIN?
ALORS... ON PEUT S'ENTRAIDER, QU'EST-CE QUE TU EN DIS?
MRMNN

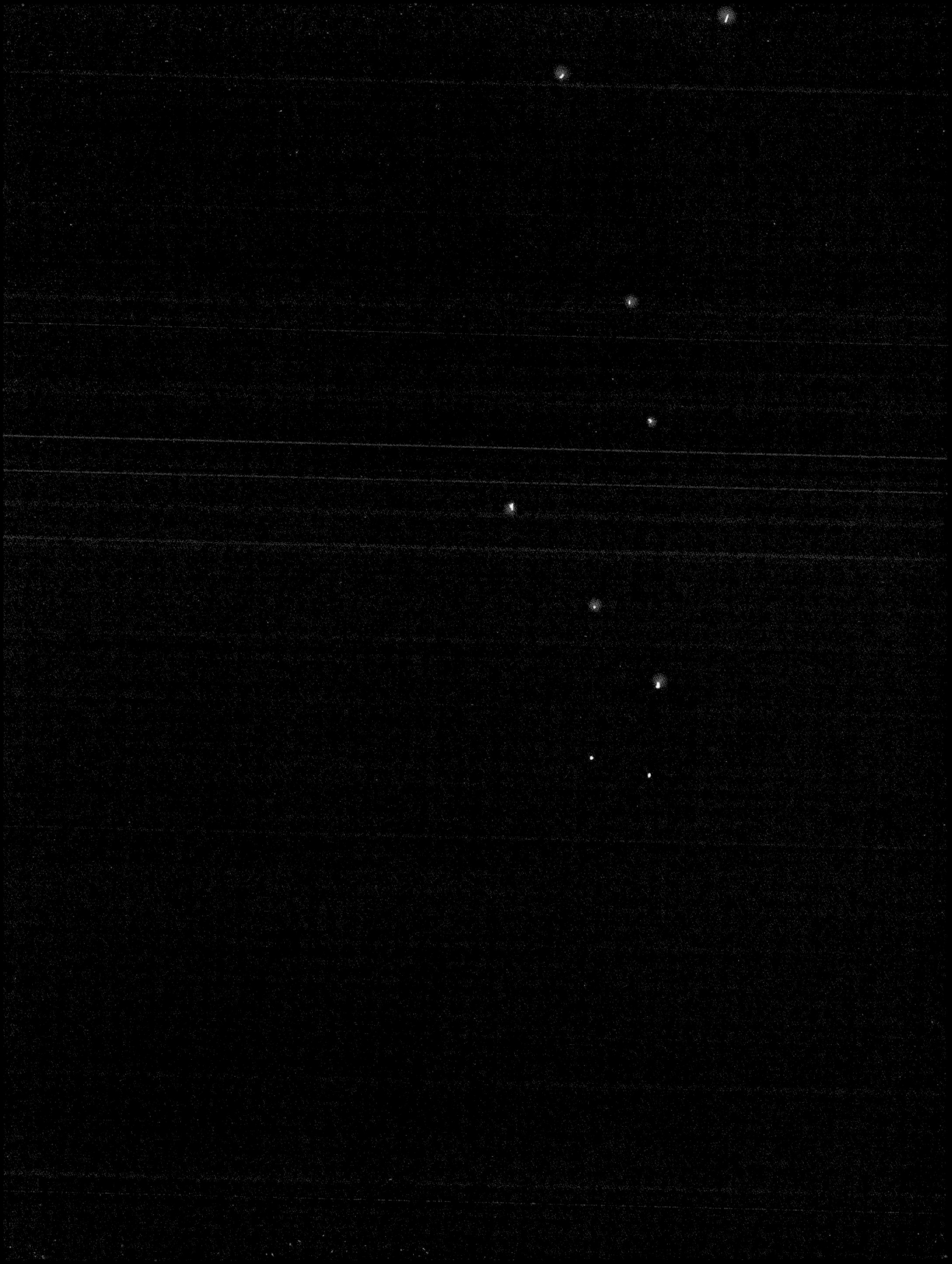

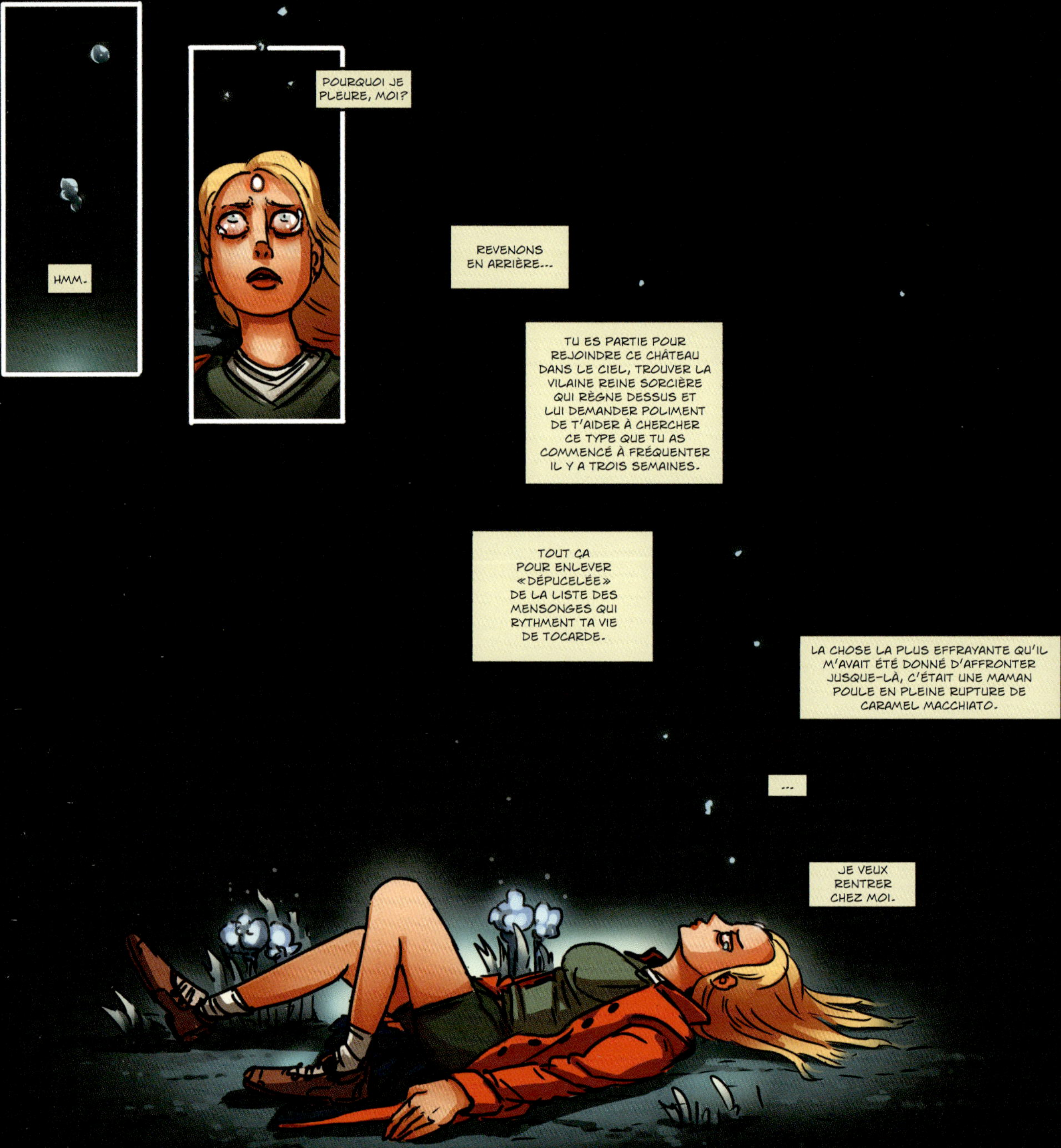
HMM.
POURQUOI JE PLEURE, MOI?
REVENONS EN ARRIÈRE...
TU ES PARTIE POUR REJOINDRE CE CHÂTEAU DANS LE CIEL, TROUVER LA VILAINE REINE SORCIÈRE QUI RÈGNE DESSUS ET LUI DEMANDER POLIMENT DE T'AIDER À CHERCHER CE TYPE QUE TU AS COMMENCÉ À FRÉQUENTER IL Y A TROIS SEMAINES.
TOUT ÇA POUR ENLEVER «DÉPUCELÉE» DE LA LISTE DES MENSONGES QUI RYTHMENT TA VIE DE TOCARDE.
LA CHOSE LA PLUS EFFRAYANTE QU'IL M'AVAIT ÉTÉ DONNÉ D'AFFRONTER JUSQUE-LÀ, C'ÉTAIT UNE MAMAN POULE EN PLEINE RUPTURE DE CARAMEL MACCHIATO.
...
JE VEUX RENTRER CHEZ MOI.

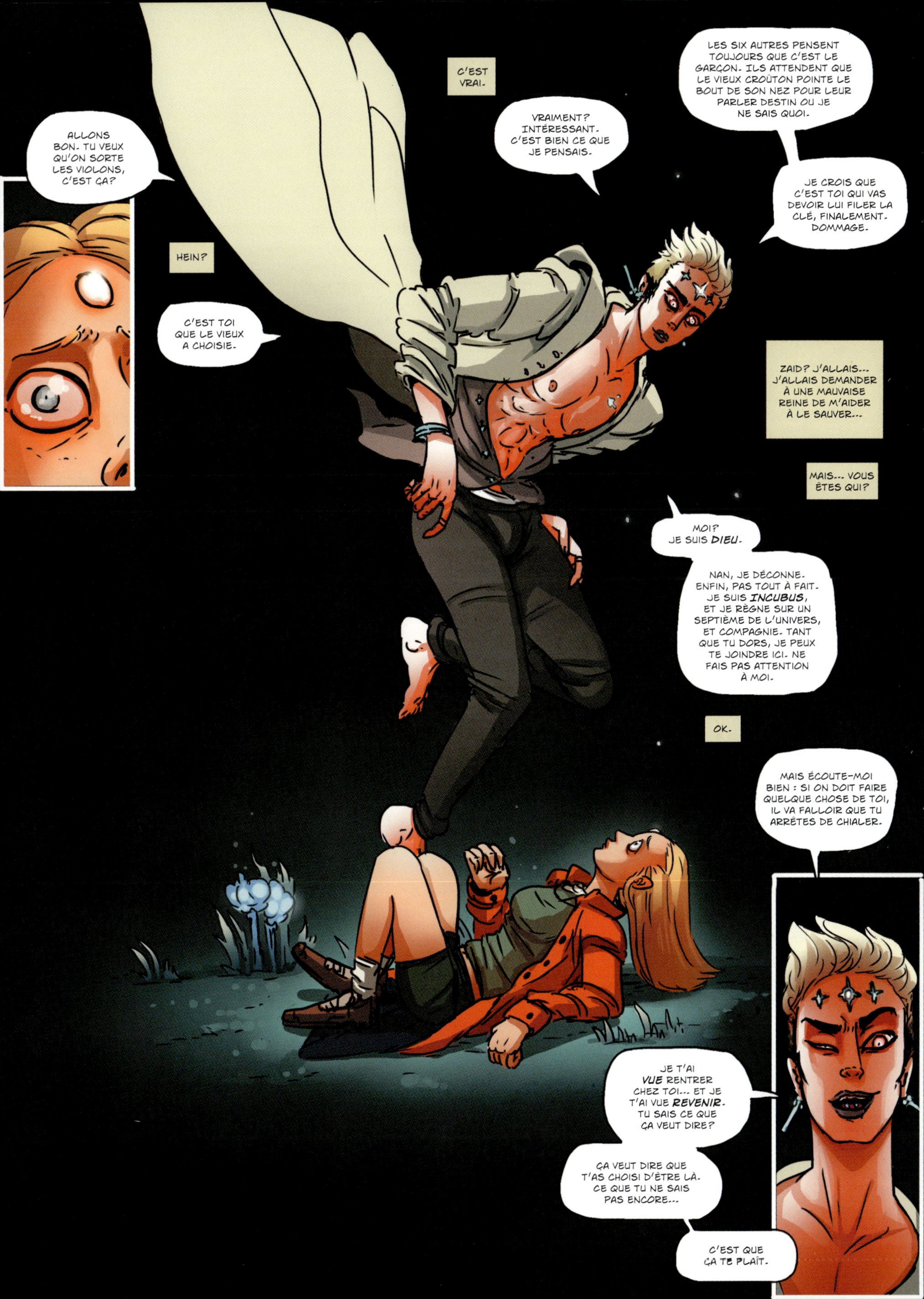
ALLONS BON. TU VEUX QU'ON SORTE LES VIOLONS, C'EST ÇA?
C'EST VRAI.
VRAIMENT? INTÉRESSANT. C'EST BIEN CE QUE JE PENSAIS.
LES SIX AUTRES PENSENT TOUJOURS QUE C'EST LE GARÇON. ILS ATTENDENT QUE LE VIEUX CROÛTON POINTE LE BOUT DE SON NEZ POUR LEUR PARLER DESTIN OU JE NE SAIS QUOI.
JE CROIS QUE C'EST TOI QUI VAS DEVOIR LUI FILER LA CLÉ, FINALEMENT. DOMMAGE.
HEIN?
C'EST TOI QUE LE VIEUX A CHOISIE.
ZAID? J'ALLAIS... J'ALLAIS DEMANDER À UNE MAUVAISE REINE DE M'AIDER À LE SAUVER...
MAIS... VOUS ÊTES QUI?
MOI? JE SUIS DIEU.
NAN, JE DÉCONNE. ENFIN, PAS TOUT À FAIT. JE SUIS INCUBUS, ET JE RÈGNE SUR UN SEPTIÈME DE L'UNIVERS, ET COMPAGNIE. TANT QUE TU DORS, JE PEUX TE JOINDRE ICI. NE FAIS PAS ATTENTION À MOI.
OK.
MAIS ÉCOUTE-MOI BIEN : SI ON DOIT FAIRE QUELQUE CHOSE DE TOI, IL VA FALLOIR QUE TU ARRÊTES DE CHIALER.
JE T'AI VUE RENTRER CHEZ TOI... ET JE T'AI VUE REVENIR. TU SAIS CE QUE ÇA VEUT DIRE?
ÇA VEUT DIRE QUE T'AS CHOISI D'ÊTRE LÀ. CE QUE TU NE SAIS PAS ENCORE...
C'EST QUE ÇA TE PLAÎT.

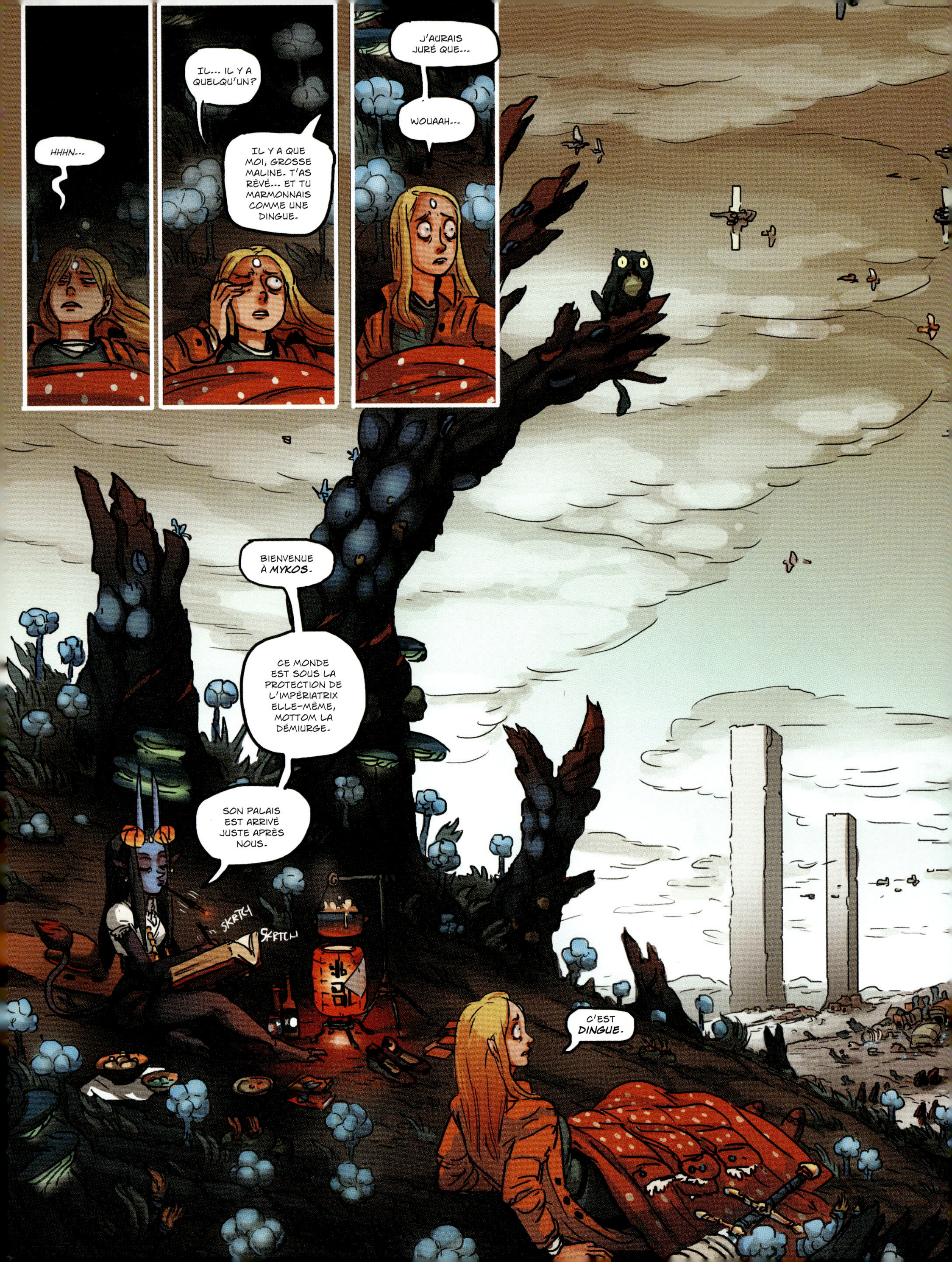
HHHN...
IL... IL Y A QUELQU'UN?
IL Y A QUE MOI, GROSSE MALINE. T'AS RÊVÉ... ET TU MARMONNAIS COMME UNE DINGUE.
J'AURAIS JURÉ QUE...
WOUAAH...
BIENVENUE À MYKOS.
CE MONDE EST SOUS LA PROTECTION DE L'IMPÉRIATRIX ELLE-MÊME, MOTTOM LA DÉMIURGE.
SON PALAIS EST ARRIVÉ JUSTE APRÈS NOUS.
SKRTCH
SKRTCH
C'EST DINGUE.

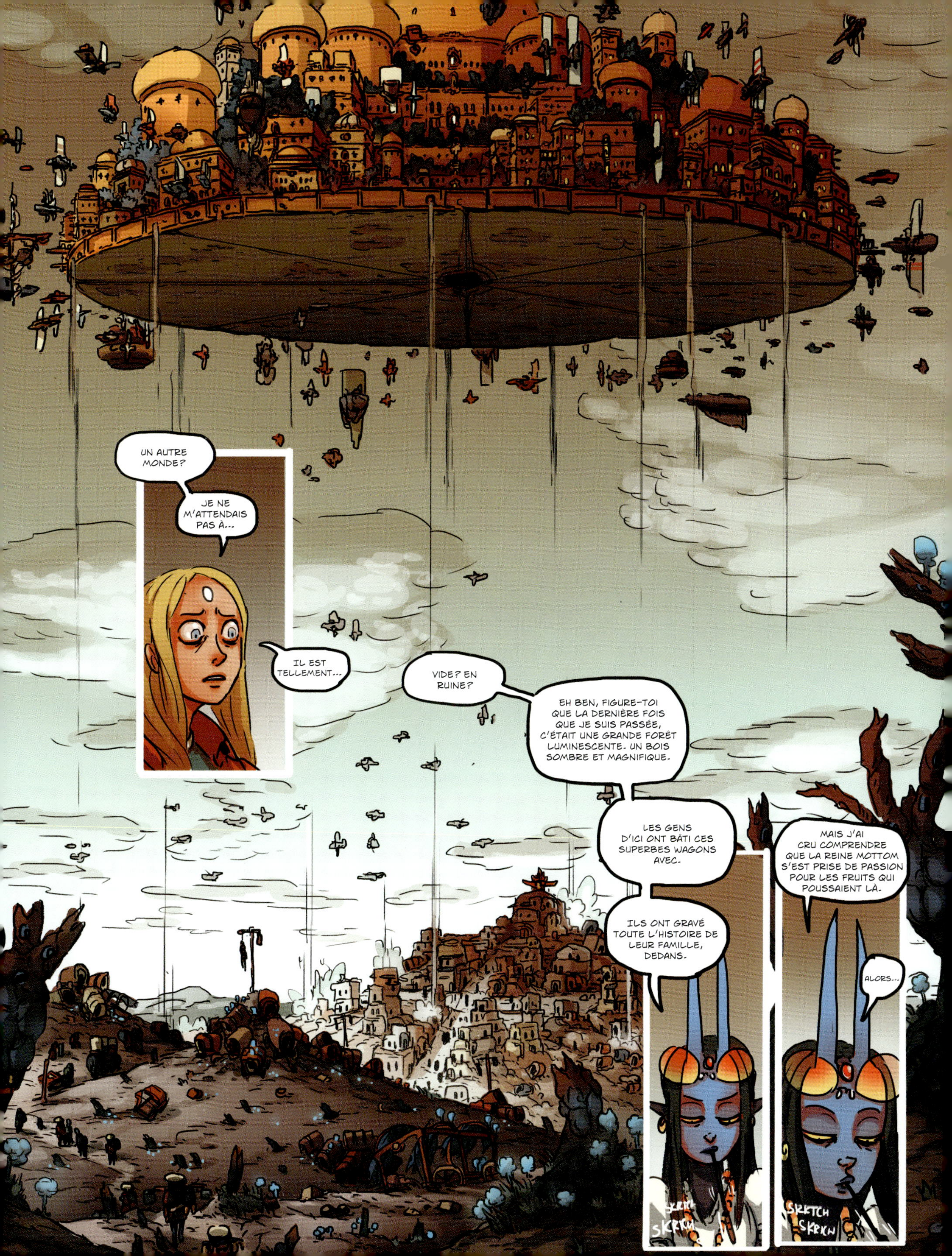
UN AUTRE MONDE?
JE NE M'ATTENDAIS PAS À...
IL EST TELLEMENT...
VIDE? EN RUINE?
EH BEN, FIGURE-TOI QUE LA DERNIÈRE FOIS QUE JE SUIS PASSÉE, C'ÉTAIT UNE GRANDE FORÊT LUMINESCENTE. UN BOIS SOMBRE ET MAGNIFIQUE.
LES GENS D'ICI ONT BÂTI CES SUPERBES WAGONS AVEC.
ILS ONT GRAVÉ TOUTE L'HISTOIRE DE LEUR FAMILLE, DEDANS.
SKRTCH SKRKN
MAIS J'AI CRU COMPRENDRE QUE LA REINE MOTTOM S'EST PRISE DE PASSION POUR LES FRUITS QUI POUSSAIENT LÀ.
ALORS...
SKRTCH SKRKN

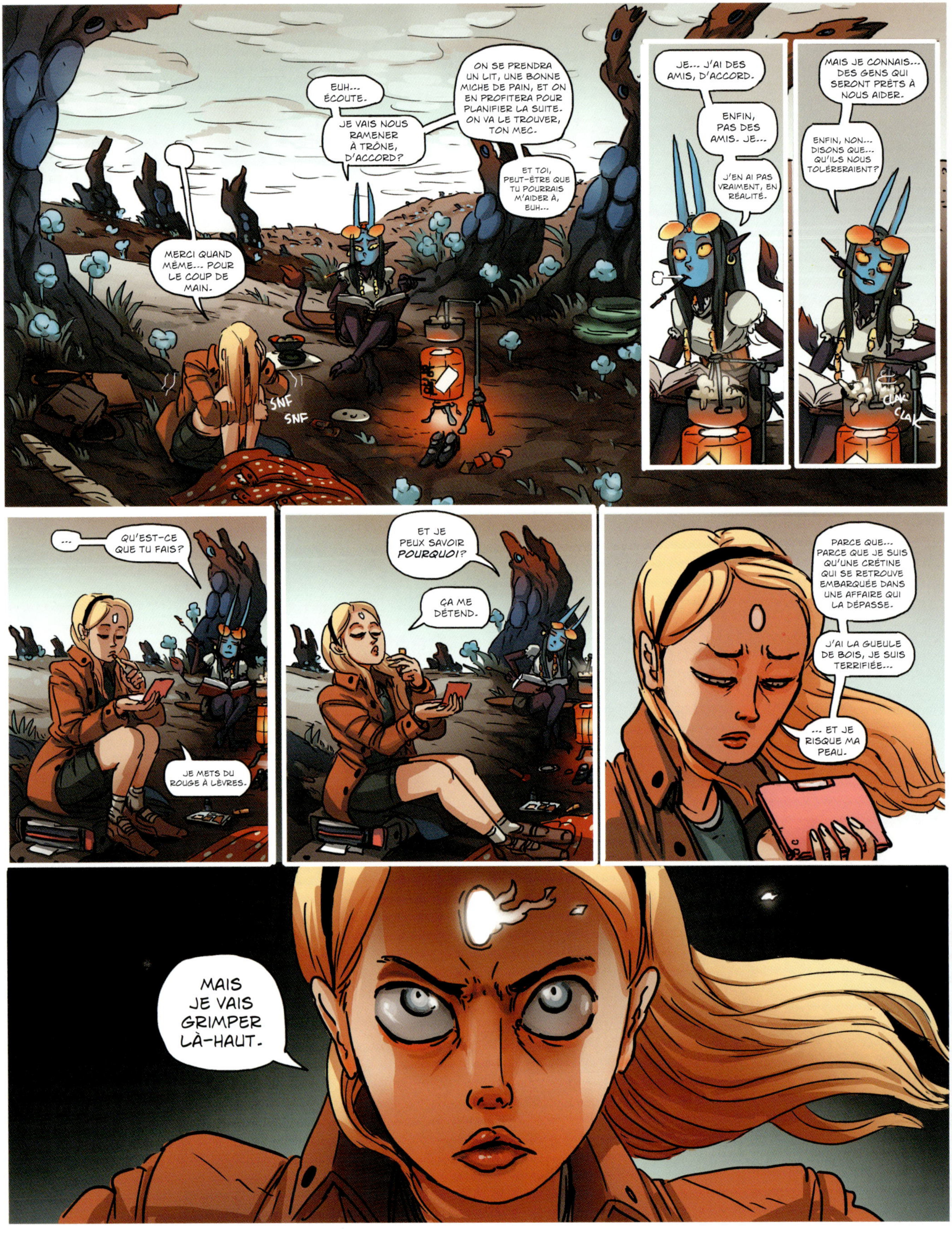
MERCI QUAND MÊME... POUR LE COUP DE MAIN.
SNF SNF
EUH... ÉCOUTE.
JE VAIS NOUS RAMENER À TRÔNE, D'ACCORD?
ON SE PRENDRA UN LIT, UNE BONNE MICHE DE PAIN, ET ON EN PROFITERA POUR PLANIFIER LA SUITE. ON VA LE TROUVER, TON MEC.
ET TOI, PEUT-ÊTRE QUE TU POURRAIS M'AIDER À, EUH...
JE... J'AI DES AMIS, D'ACCORD.
ENFIN, PAS DES AMIS. JE...
J'EN AI PAS VRAIMENT, EN RÉALITÉ.
MAIS JE CONNAIS... DES GENS QUI SERONT PRÊTS À NOUS AIDER.
ENFIN, NON... DISONS QUE... QU'ILS NOUS TOLÉRERAIENT?
CLAK CLAK
...
QU'EST-CE QUE TU FAIS?
JE METS DU ROUGE À LÈVRES.
ET JE PEUX SAVOIR POURQUOI?
ÇA ME DÉTEND.
PARCE QUE... PARCE QUE JE SUIS QU'UNE CRÉTINE QUI SE RETROUVE EMBARQUÉE DANS UNE AFFAIRE QUI LA DÉPASSE.
J'AI LA GUEULE DE BOIS, JE SUIS TERRIFIÉE...
... ET JE RISQUE MA PEAU.
MAIS JE VAIS GRIMPER LÀ-HAUT.

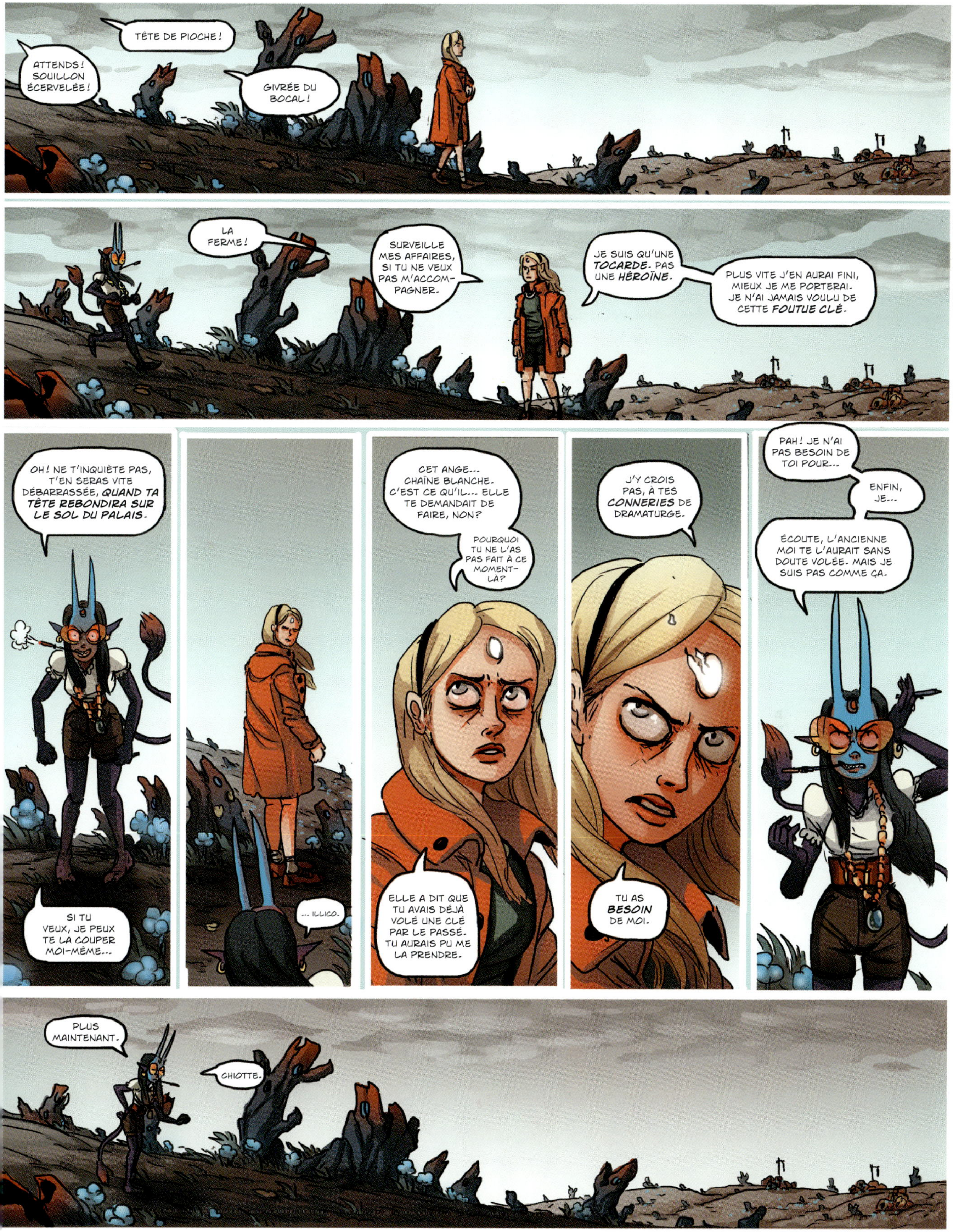
ATTENDS ! SOUILLON ÉCERVELÉE !
TÊTE DE PIOCHE !
GIVRÉE DU BOCAL !
LA FERME !
SURVEILLE MES AFFAIRES, SI TU NE VEUX PAS M'ACCOMPAGNER.
JE SUIS QU'UNE TOCARDE. PAS UNE HÉROÏNE.
PLUS VITE J'EN AURAI FINI, MIEUX JE ME PORTERAI. JE N'AI JAMAIS VOULU DE CETTE FOUTUE CLÉ.
OH ! NE T'INQUIÈTE PAS, T'EN SERAS VITE DÉBARRASSÉE, QUAND TA TÊTE REBONDIRA SUR LE SOL DU PALAIS.
SI TU VEUX, JE PEUX TE LA COUPER MOI-MÊME...
... ILLICO.
CET ANGE... CHAÎNE BLANCHE. C'EST CE QU'IL... ELLE TE DEMANDAIT DE FAIRE, NON?
POURQUOI TU NE L'AS PAS FAIT À CE MOMENT-LÀ?
ELLE A DIT QUE TU AVAIS DÉJÀ VOLÉ UNE CLÉ PAR LE PASSÉ. TU AURAIS PU ME LA PRENDRE.
J'Y CROIS PAS, À TES CONNERIES DE DRAMATURGE.
TU AS BESOIN DE MOI.
PAH ! JE N'AI PAS BESOIN DE TOI POUR...
ENFIN, JE...
ÉCOUTE, L'ANCIENNE MOI TE L'AURAIT SANS DOUTE VOLÉE. MAIS JE SUIS PAS COMME ÇA.
PLUS MAINTENANT.
CHIOTTE.

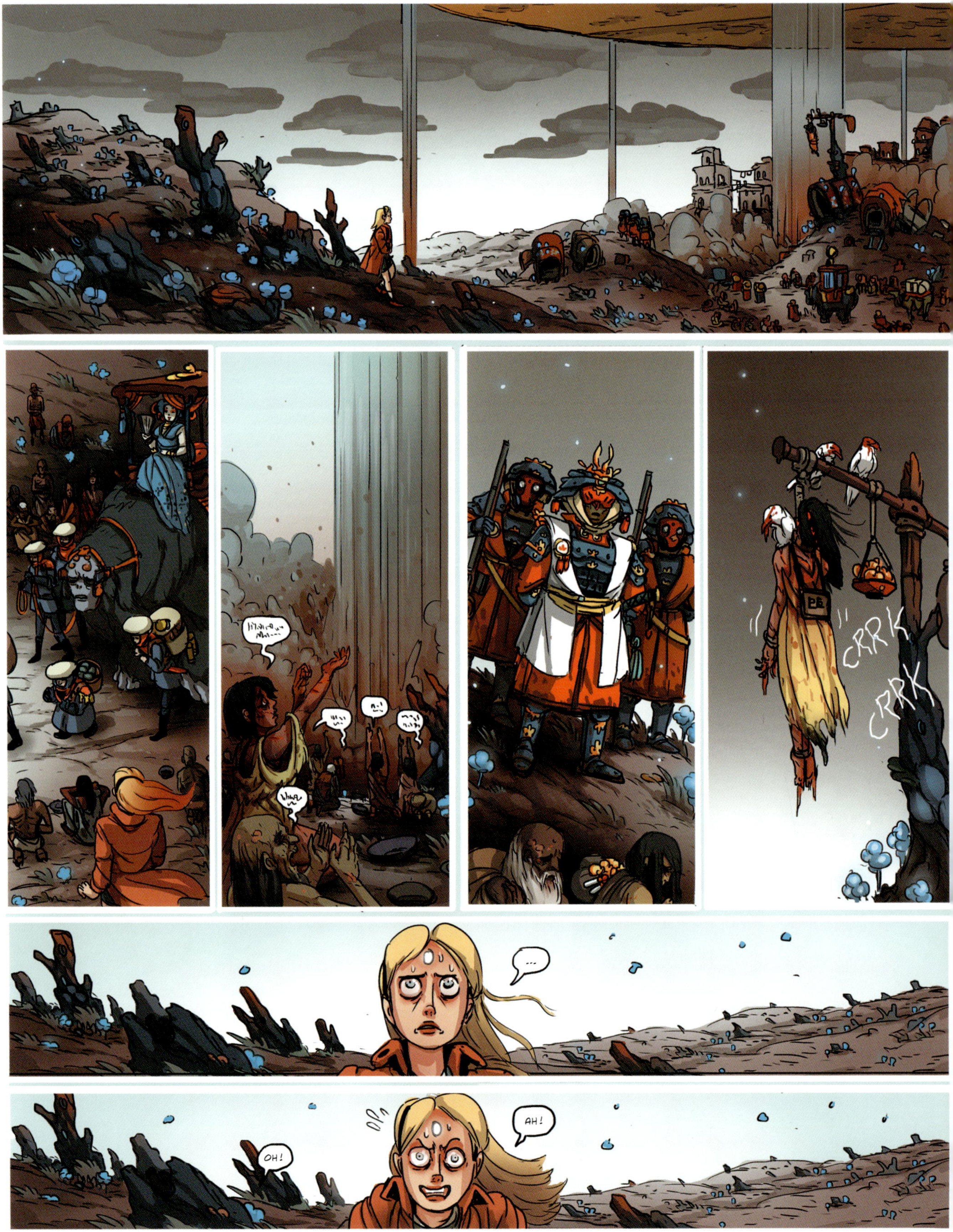
CRRK
CRRK
...
OH!
AH!

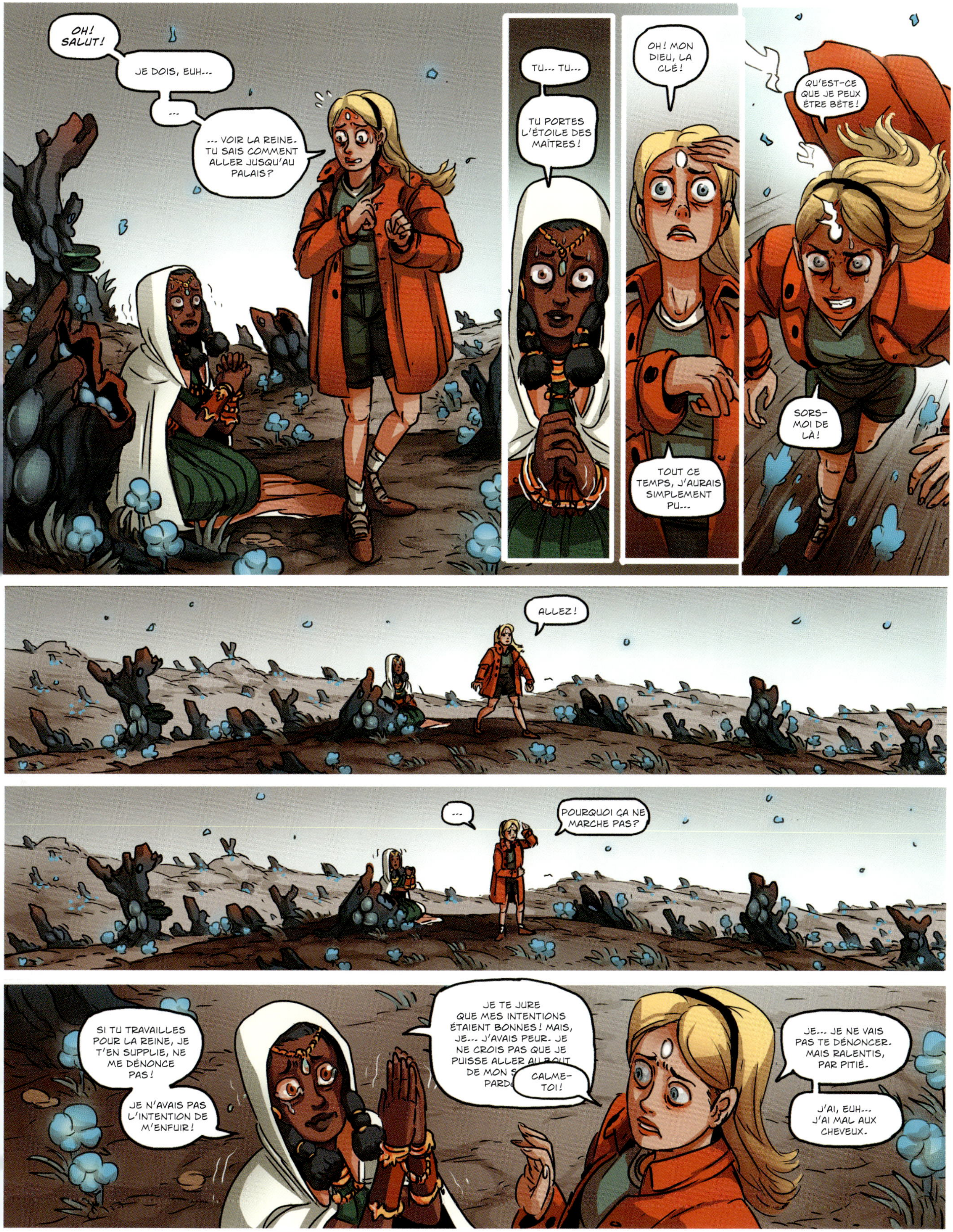

OH! SALUT!
JE DOIS, EUH...
...
... VOIR LA REINE. TU SAIS COMMENT ALLER JUSQU'AU PALAIS?
TU... TU...
TU PORTES L'ÉTOILE DES MAÎTRES!
OH! MON DIEU, LA CLÉ!
TOUT CE TEMPS, J'AURAIS SIMPLEMENT PU...
QU'EST-CE QUE JE PEUX ÊTRE BÊTE!
SORS-MOI DE LÀ!
ALLEZ!
...
POURQUOI ÇA NE MARCHE PAS?
SI TU TRAVAILLES POUR LA REINE, JE T'EN SUPPLIE, NE ME DÉNONCE PAS!
JE N'AVAIS PAS L'INTENTION DE M'ENFUIR!
JE TE JURE QUE MES INTENTIONS ÉTAIENT BONNES! MAIS, JE... J'AVAIS PEUR. JE NE CROIS PAS QUE JE PUISSE ALLER AU BOUT DE MON
CALME-TOI!
JE... JE NE VAIS PAS TE DÉNONCER. MAIS RALENTIS, PAR PITIÉ.
J'AI, EUH... J'AI MAL AUX CHEVEUX.

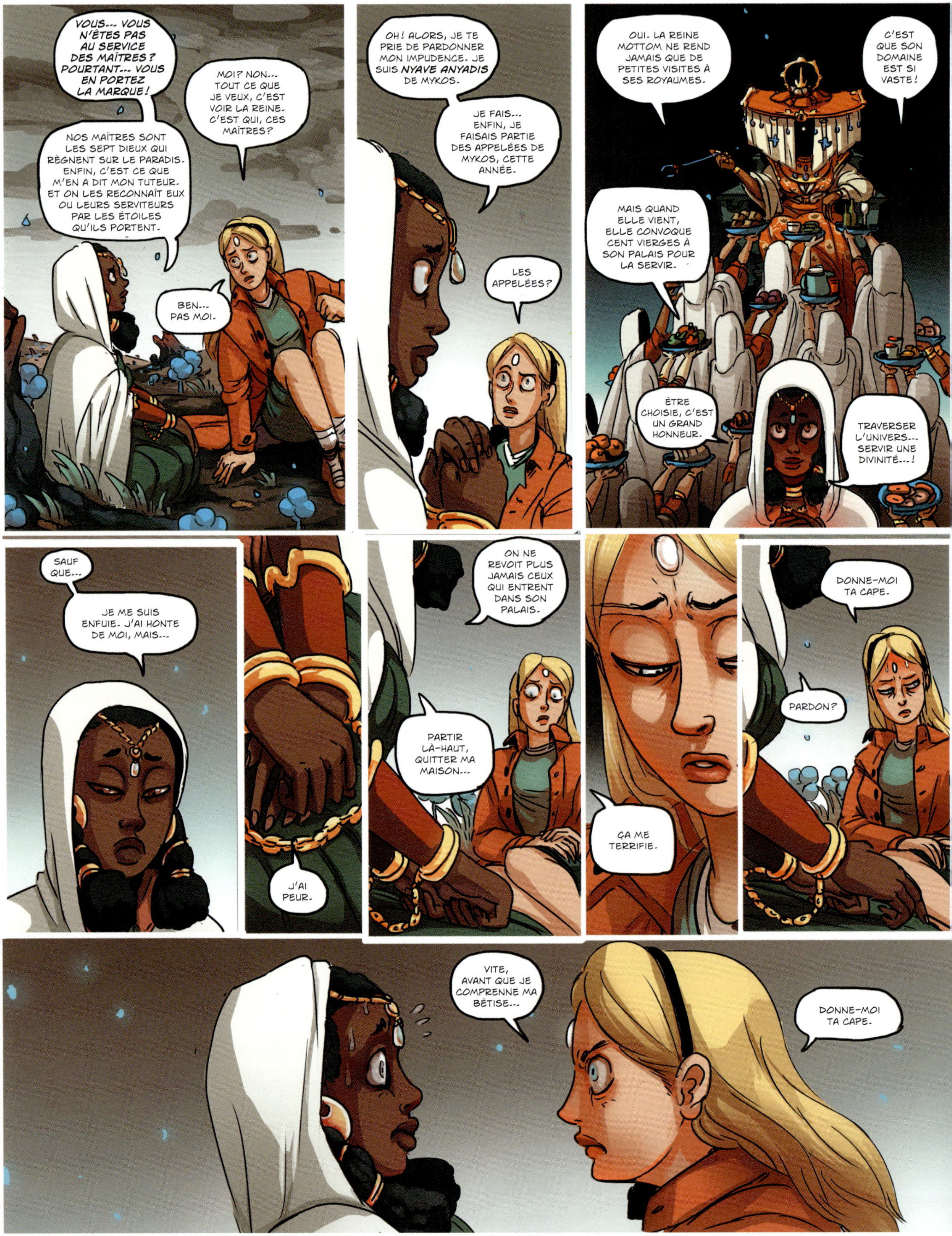
VOUS... VOUS N'ÊTES PAS AU SERVICE DES MAÎTRES ? POURTANT... VOUS EN PORTEZ LA MARQUE !
MOI ? NON... TOUT CE QUE JE VEUX, C'EST VOIR LA REINE. C'EST QUI, CES MAÎTRES ?
NOS MAÎTRES SONT LES SEPT DIEUX QUI RÈGNENT SUR LE PARADIS. ENFIN, C'EST CE QUE M'EN A DIT MON TUTEUR. ET ON LES RECONNAÎT EUX OU LEURS SERVITEURS PAR LES ÉTOILES QU'ILS PORTENT.
BEN... PAS MOI.
OH ! ALORS, JE TE PRIE DE PARDONNER MON IMPUDENCE. JE SUIS NYAVE ANYADIS DE MYKOS.
JE FAIS... ENFIN, JE FAISAIS PARTIE DES APPELÉES DE MYKOS, CETTE ANNÉE.
LES APPELÉES ?
OUI. LA REINE MOTTOM NE REND JAMAIS QUE DE PETITES VISITES À SES ROYAUMES.
C'EST QUE SON DOMAINE EST SI VASTE !
MAIS QUAND ELLE VIENT, ELLE CONVOQUE CENT VIERGES À SON PALAIS POUR LA SERVIR.
ÊTRE CHOISIE, C'EST UN GRAND HONNEUR.
TRAVERSER L'UNIVERS... SERVIR UNE DIVINITÉ... !
SAUF QUE...
JE ME SUIS ENFUIE. J'AI HONTE DE MOI, MAIS...
J'AI PEUR.
ON NE REVOIT PLUS JAMAIS CEUX QUI ENTRENT DANS SON PALAIS.
PARTIR LÀ-HAUT, QUITTER MA MAISON...
ÇA ME TERRIFIE.
DONNE-MOI TA CAPE.
PARDON ?
VITE, AVANT QUE JE COMPRENNE MA BÊTISE...
DONNE-MOI TA CAPE.

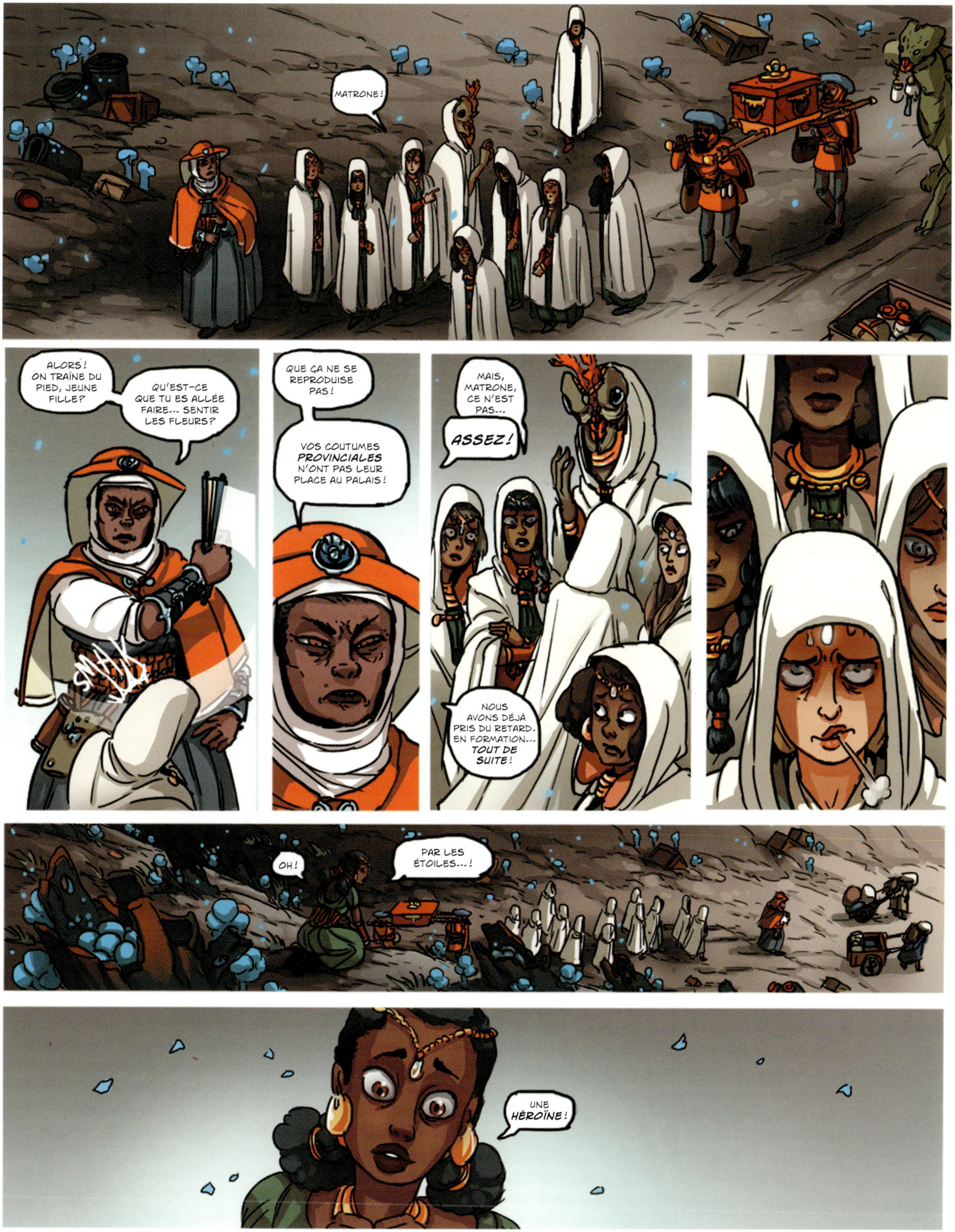
MATRONE !
ALORS ! ON TRAÎNE DU PIED, JEUNE FILLE ?
QU'EST-CE QUE TU ES ALLÉE FAIRE... SENTIR LES FLEURS ?
SMACK
QUE ÇA NE SE REPRODUISE PAS !
VOS COUTUMES PROVINCIALES N'ONT PAS LEUR PLACE AU PALAIS !
MAIS, MATRONE, CE N'EST PAS...
ASSEZ !
NOUS AVONS DÉJÀ PRIS DU RETARD. EN FORMATION... TOUT DE SUITE !
OH !
PAR LES ÉTOILES... !
UNE HÉROÏNE !

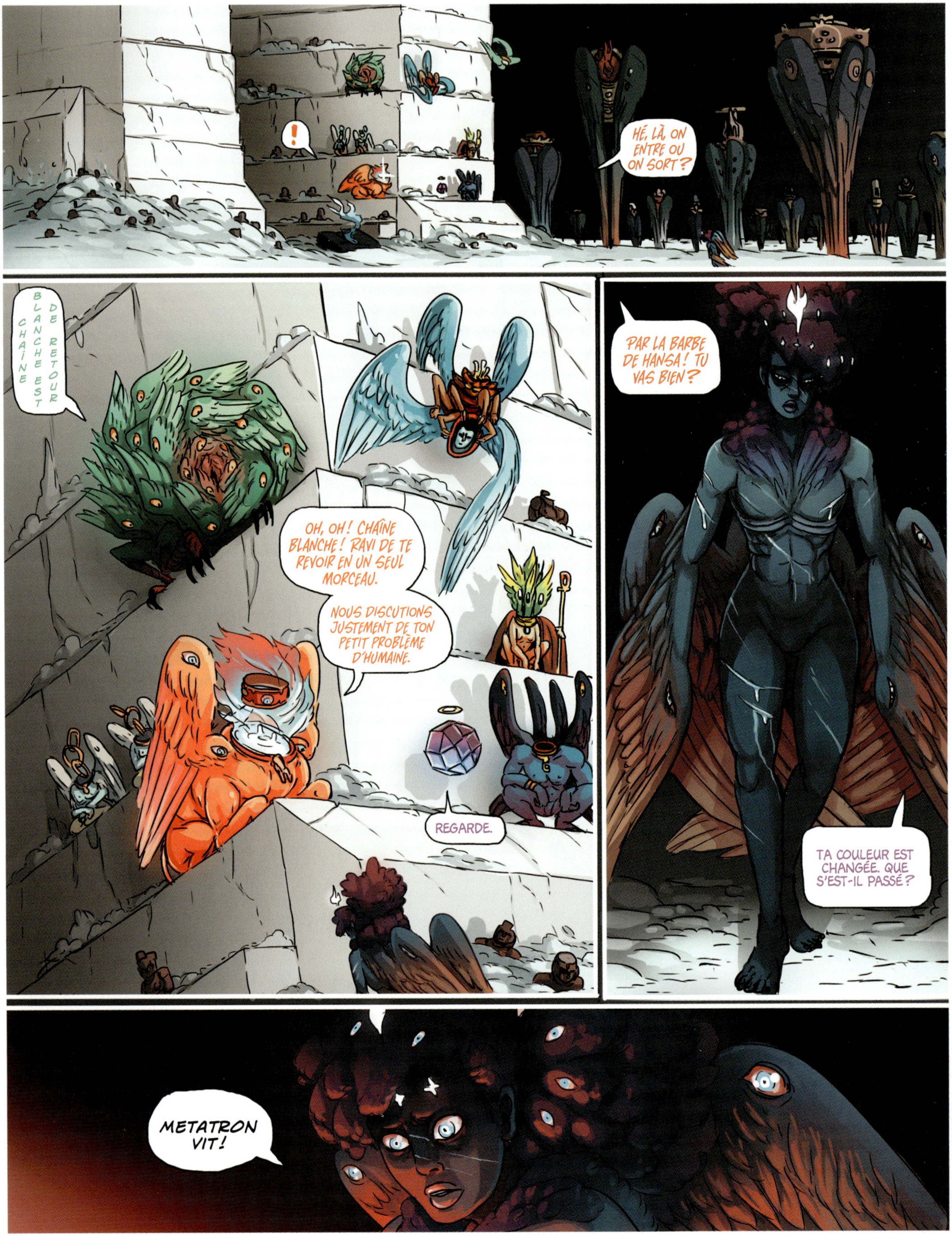
!
HÉ, LÀ, ON ENTRE OU ON SORT ?
CHAÎNE BLANCHE EST DE RETOUR
OH, OH ! CHAÎNE BLANCHE ! RAVI DE TE REVOIR EN UN SEUL MORCEAU.
NOUS DISCUTIONS JUSTEMENT DE TON PETIT PROBLÈME D'HUMAINE.
REGARDE.
PAR LA BARBE DE HANSA ! TU VAS BIEN ?
TA COULEUR EST CHANGÉE. QUE S'EST-IL PASSÉ ?
METATRON VIT !

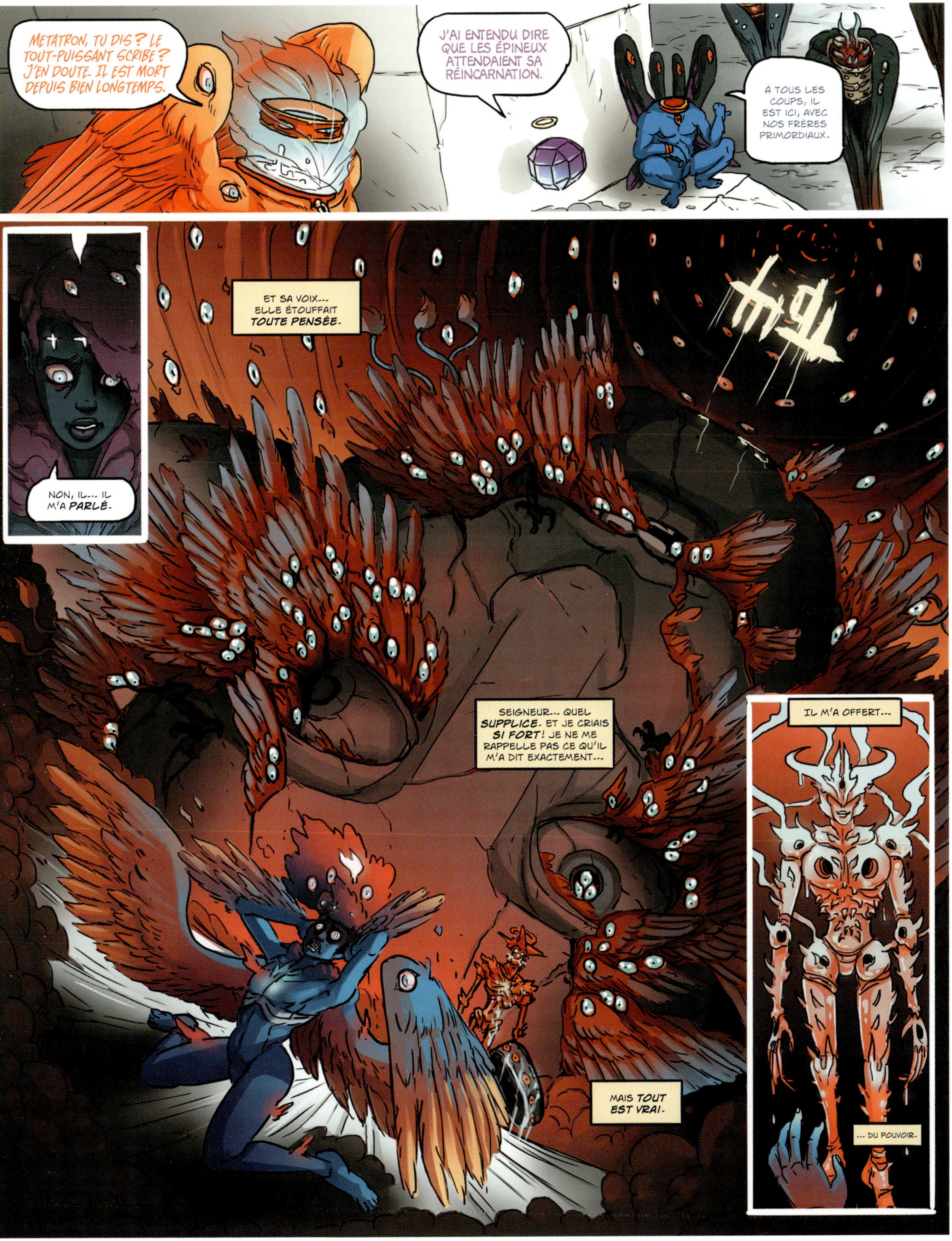

METATRON, TU DIS ? LE TOUT-PUISSANT SCRIBE ? J'EN DOUTE. IL EST MORT DEPUIS BIEN LONGTEMPS.
J'AI ENTENDU DIRE QUE LES ÉPINEUX ATTENDAIENT SA RÉINCARNATION.
À TOUS LES COUPS, IL EST ICI, AVEC NOS FRÈRES PRIMORDIAUX.
NON, IL... IL M'A PARLÉ.
ET SA VOIX... ELLE ÉTOUFFAIT TOUTE PENSÉE.
SEIGNEUR... QUEL SUPPLICE. ET JE CRIAIS SI FORT ! JE NE ME RAPPELLE PAS CE QU'IL M'A DIT EXACTEMENT...
MAIS TOUT EST VRAI.
IL M'A OFFERT...
... DU POUVOIR.

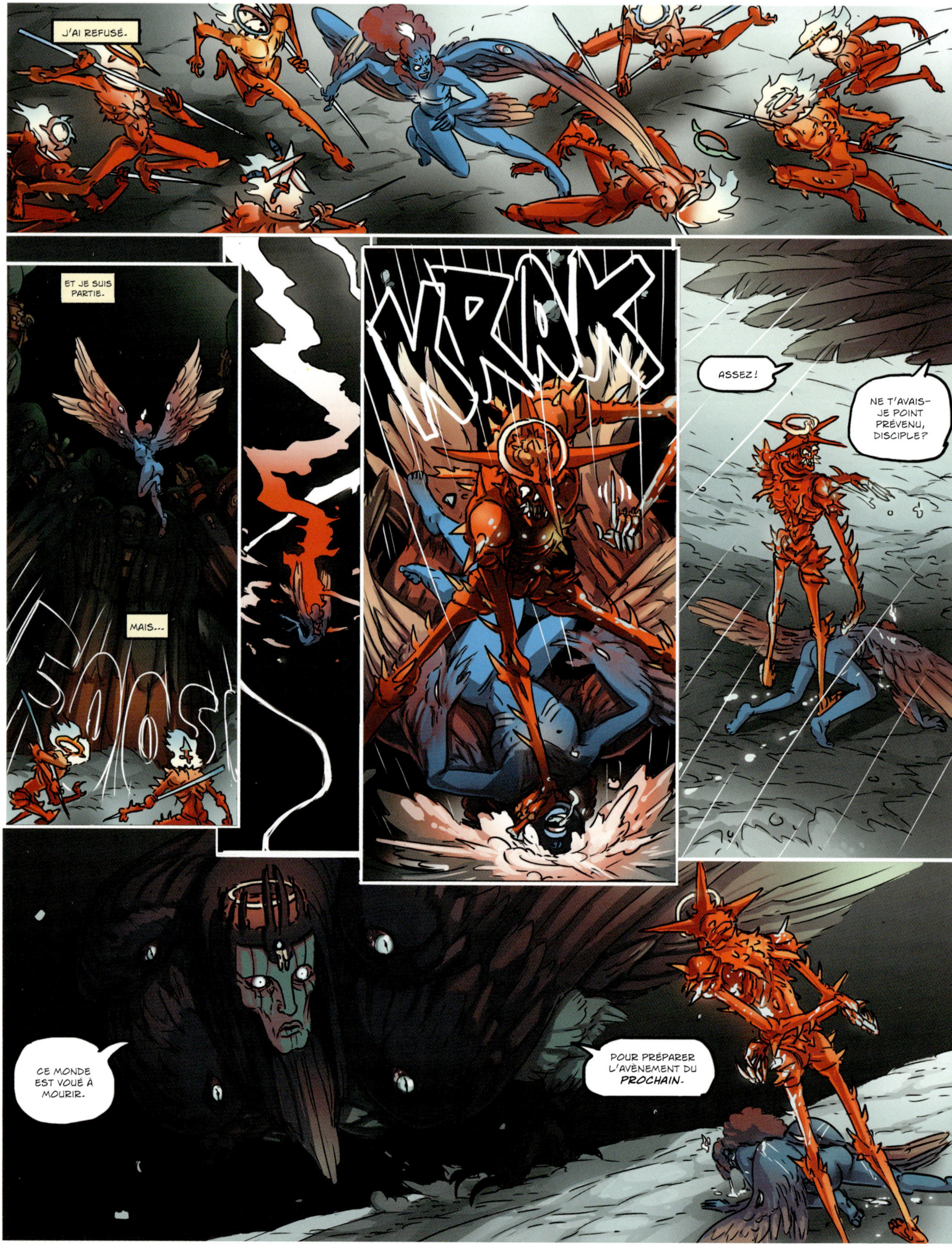
J'AI REFUSÉ.
ET JE SUIS PARTIE.
MAIS...
SOOOSH
VRAK
ASSEZ !
NE T'AVAIS-JE POINT PRÉVENU, DISCIPLE ?
CE MONDE EST VOUÉ À MOURIR.
POUR PRÉPARER L'AVÈNEMENT DU PROCHAIN.

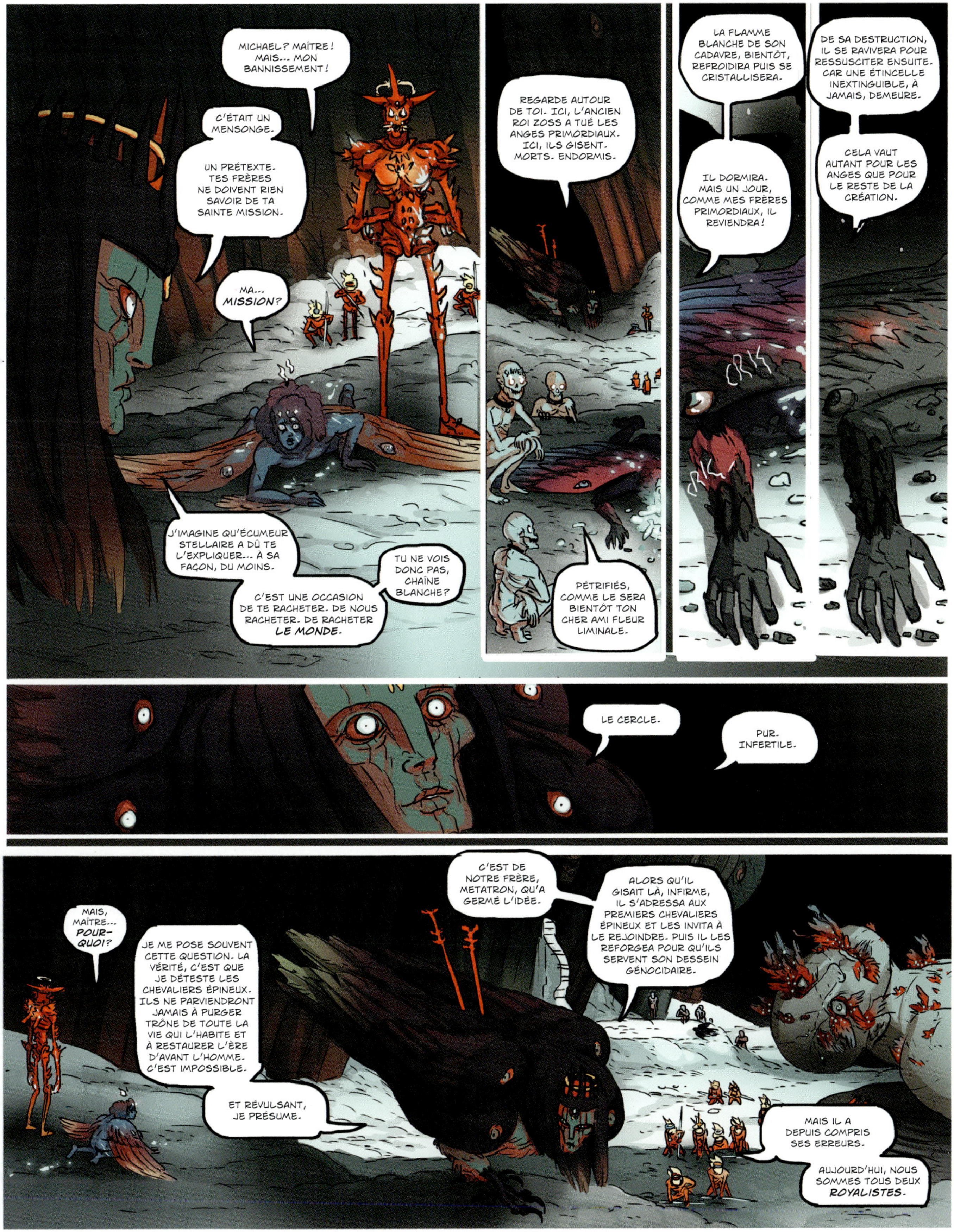
MICHAEL? MAÎTRE! MAIS... MON BANNISSEMENT!
C'ÉTAIT UN MENSONGE.
UN PRÉTEXTE. TES FRÈRES NE DOIVENT RIEN SAVOIR DE TA SAINTE MISSION.
MA... MISSION?
J'IMAGINE QU'ÉCUMEUR STELLAIRE A DÛ TE L'EXPLIQUER... À SA FAÇON, DU MOINS.
C'EST UNE OCCASION DE TE RACHETER. DE NOUS RACHETER. DE RACHETER LE MONDE.
TU NE VOIS DONC PAS, CHAÎNE BLANCHE?
REGARDE AUTOUR DE TOI. ICI, L'ANCIEN ROI ZOSS A TUÉ LES ANGES PRIMORDIAUX. ICI, ILS GISENT. MORTS. ENDORMIS.
PÉTRIFIÉS, COMME LE SERA BIENTÔT TON CHER AMI FLEUR LIMINALE.
LA FLAMME BLANCHE DE SON CADAVRE, BIENTÔT, REFROIDIRA PUIS SE CRISTALLISERA.
IL DORMIRA. MAIS UN JOUR, COMME MES FRÈRES PRIMORDIAUX, IL REVIENDRA!
CRIK
CRIK
DE SA DESTRUCTION, IL SE RAVIVERA POUR RESSUSCITER ENSUITE. CAR UNE ÉTINCELLE INEXTINGUIBLE, À JAMAIS, DEMEURE.
CELA VAUT AUTANT POUR LES ANGES QUE POUR LE RESTE DE LA CRÉATION.
LE CERCLE.
PUR. INFERTILE.
MAIS, MAÎTRE... POURQUOI?
JE ME POSE SOUVENT CETTE QUESTION. LA VÉRITÉ, C'EST QUE JE DÉTESTE LES CHEVALIERS ÉPINEUX. ILS NE PARVIENDRONT JAMAIS À PURGER TRÔNE DE TOUTE LA VIE QUI L'HABITE ET À RESTAURER L'ÈRE D'AVANT L'HOMME. C'EST IMPOSSIBLE.
ET RÉVULSANT, JE PRÉSUME.
C'EST DE NOTRE FRÈRE, METATRON, QU'A GERMÉ L'IDÉE.
ALORS QU'IL GISAIT LÀ, INFIRME, IL S'ADRESSA AUX PREMIERS CHEVALIERS ÉPINEUX ET LES INVITA À LE REJOINDRE. PUIS IL LES REFORGEA POUR QU'ILS SERVENT SON DESSEIN GÉNOCIDAIRE.
MAIS IL A DEPUIS COMPRIS SES ERREURS.
AUJOURD'HUI, NOUS SOMMES TOUS DEUX ROYALISTES.

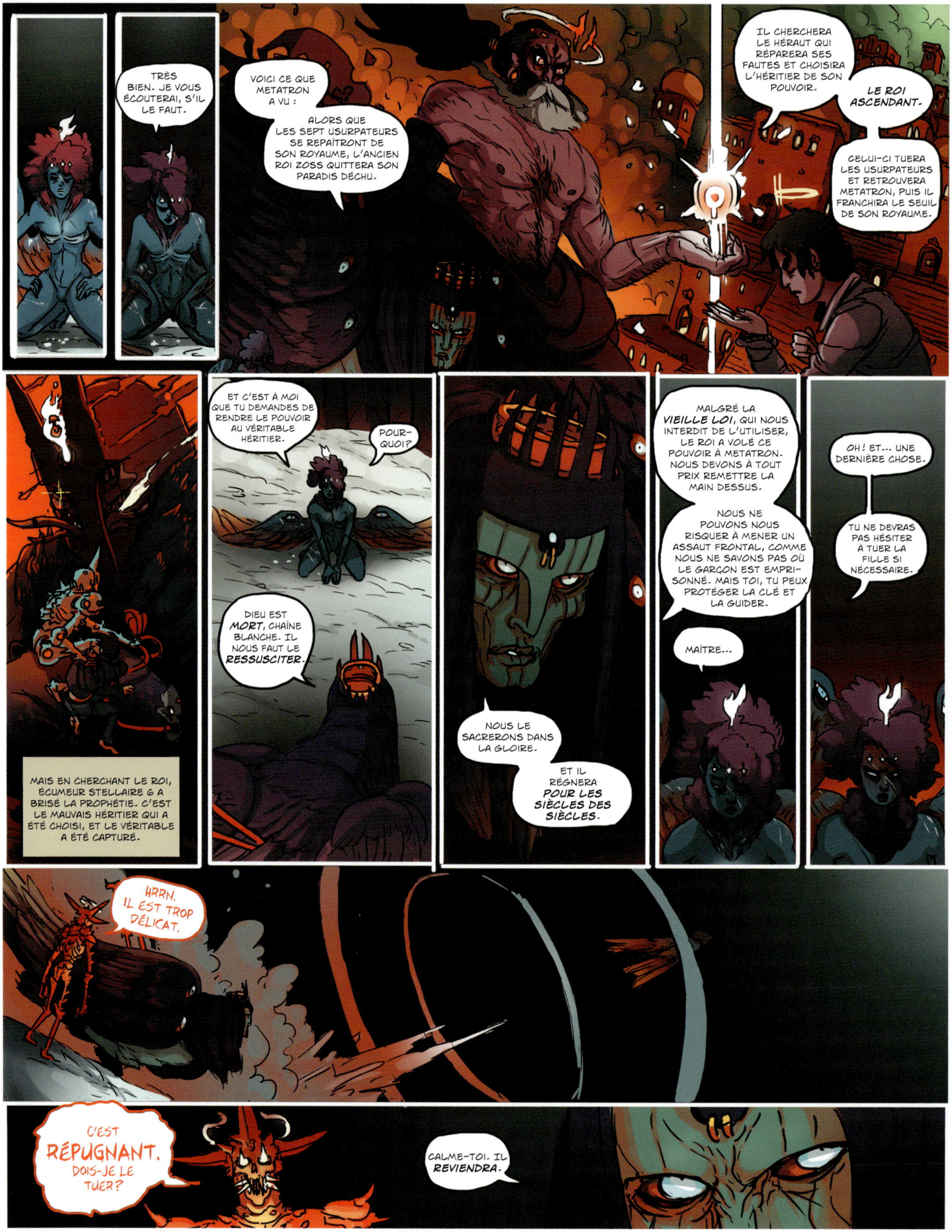

TRÈS BIEN. JE VOUS ÉCOUTERAI, S'IL LE FAUT.
VOICI CE QUE METATRON A VU :
ALORS QUE LES SEPT USURPATEURS SE REPAÎTRONT DE SON ROYAUME, L'ANCIEN ROI ZOSS QUITTERA SON PARADIS DÉCHU.
IL CHERCHERA LE HÉRAUT QUI RÉPARERA SES FAUTES ET CHOISIRA L'HÉRITIER DE SON POUVOIR.
LE ROI ASCENDANT.
CELUI-CI TUERA LES USURPATEURS ET RETROUVERA METATRON, PUIS IL FRANCHIRA LE SEUIL DE SON ROYAUME.
MAIS EN CHERCHANT LE ROI, ÉCUMEUR STELLAIRE 6 A BRISÉ LA PROPHÉTIE. C'EST LE MAUVAIS HÉRITIER QUI A ÉTÉ CHOISI, ET LE VÉRITABLE A ÉTÉ CAPTURÉ.
ET C'EST À MOI QUE TU DEMANDES DE RENDRE LE POUVOIR AU VÉRITABLE HÉRITIER.
POURQUOI?
DIEU EST MORT, CHAÎNE BLANCHE. IL NOUS FAUT LE RESSUSCITER.
NOUS LE SACRERONS DANS LA GLOIRE.
ET IL RÉGNERA POUR LES SIÈCLES DES SIÈCLES.
MALGRÉ LA VIEILLE LOI, QUI NOUS INTERDIT DE L'UTILISER, LE ROI A VOLÉ CE POUVOIR À METATRON. NOUS DEVONS À TOUT PRIX REMETTRE LA MAIN DESSUS.
NOUS NE POUVONS NOUS RISQUER À MENER UN ASSAUT FRONTAL, COMME NOUS NE SAVONS PAS OÙ LE GARÇON EST EMPRISONNÉ. MAIS TOI, TU PEUX PROTÉGER LA CLÉ ET LA GUIDER.
MAÎTRE...
OH ! ET... UNE DERNIÈRE CHOSE.
TU NE DEVRAS PAS HÉSITER À TUER LA FILLE SI NÉCESSAIRE.
HRRN. IL EST TROP DÉLICAT.
C'EST RÉPUGNANT. DOIS-JE LE TUER?
CALME-TOI. IL REVIENDRA.

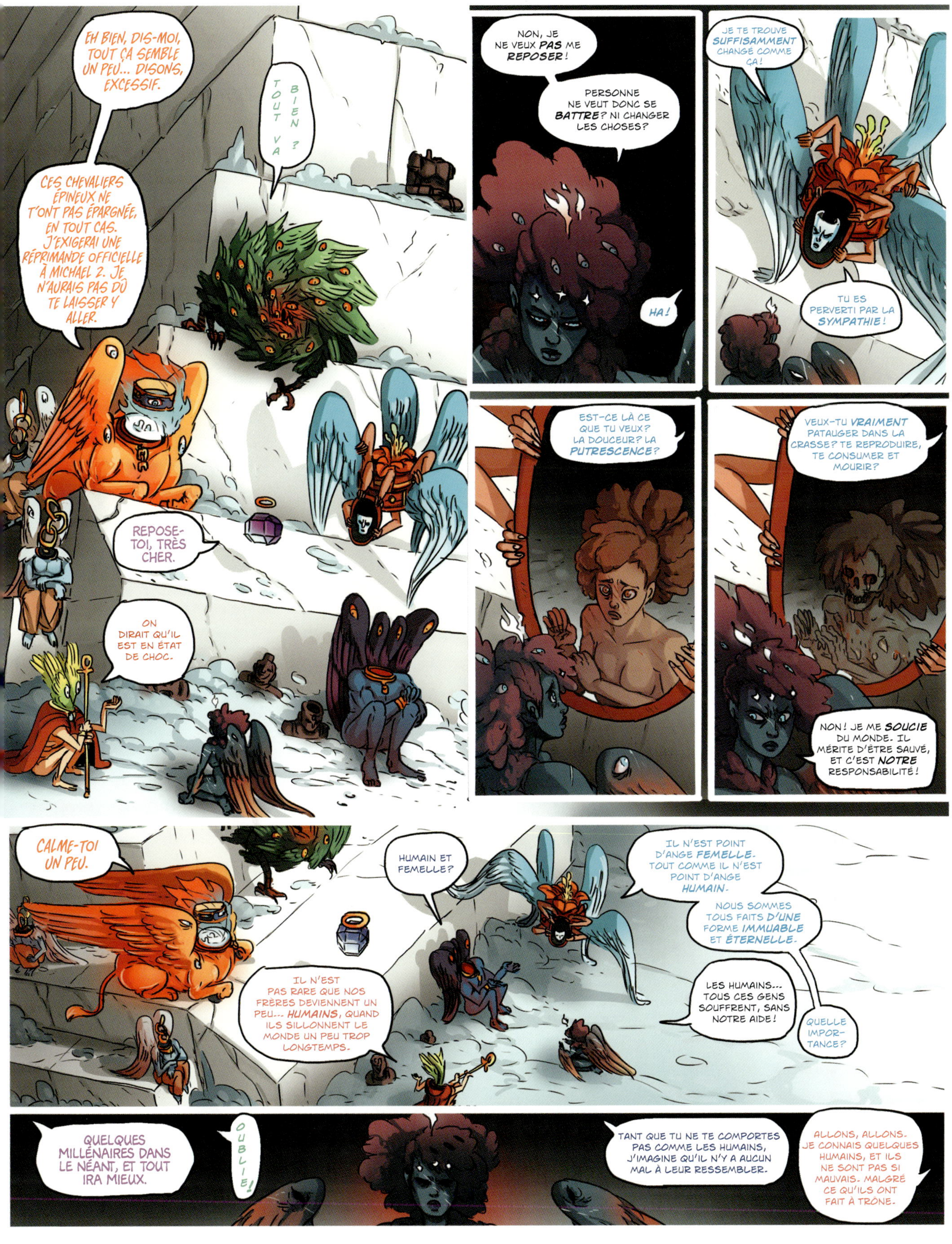
EH BIEN, DIS-MOI, TOUT ÇA SEMBLE UN PEU... DISONS, EXCESSIF.
TOUT VA BIEN ?
CES CHEVALIERS ÉPINEUX NE T'ONT PAS ÉPARGNÉE, EN TOUT CAS. J'EXIGERAI UNE RÉPRIMANDE OFFICIELLE À MICHAEL 2. JE N'AURAIS PAS DÛ TE LAISSER Y ALLER.
REPOSE-TOI, TRÈS CHER.
ON DIRAIT QU'IL EST EN ÉTAT DE CHOC.
NON, JE NE VEUX PAS ME REPOSER !
PERSONNE NE VEUT DONC SE BATTRE ? NI CHANGER LES CHOSES ?
HA !
JE TE TROUVE SUFFISAMMENT CHANGÉ COMME ÇA !
TU ES PERVERTI PAR LA SYMPATHIE !
EST-CE LÀ CE QUE TU VEUX ? LA DOUCEUR ? LA PUTRESCENCE ?
VEUX-TU VRAIMENT PATAUGER DANS LA CRASSE ? TE REPRODUIRE, TE CONSUMER ET MOURIR ?
NON ! JE ME SOUCIE DU MONDE. IL MÉRITE D'ÊTRE SAUVÉ, ET C'EST NOTRE RESPONSABILITÉ !
CALME-TOI UN PEU.
HUMAIN ET FEMELLE ?
IL N'EST PAS RARE QUE NOS FRÈRES DEVIENNENT UN PEU... HUMAINS, QUAND ILS SILLONNENT LE MONDE UN PEU TROP LONGTEMPS.
IL N'EST POINT D'ANGE FEMELLE. TOUT COMME IL N'EST POINT D'ANGE HUMAIN.
NOUS SOMMES TOUS FAITS D'UNE FORME IMMUABLE ET ÉTERNELLE.
LES HUMAINS... TOUS CES GENS SOUFFRENT, SANS NOTRE AIDE !
QUELLE IMPORTANCE ?
QUELQUES MILLÉNAIRES DANS LE NÉANT, ET TOUT IRA MIEUX.
OUBLIE !
TANT QUE TU NE TE COMPORTES PAS COMME LES HUMAINS, J'IMAGINE QU'IL N'Y A AUCUN MAL À LEUR RESSEMBLER.
ALLONS, ALLONS. JE CONNAIS QUELQUES HUMAINS, ET ILS NE SONT PAS SI MAUVAIS. MALGRÉ CE QU'ILS ONT FAIT À TRÔNE.

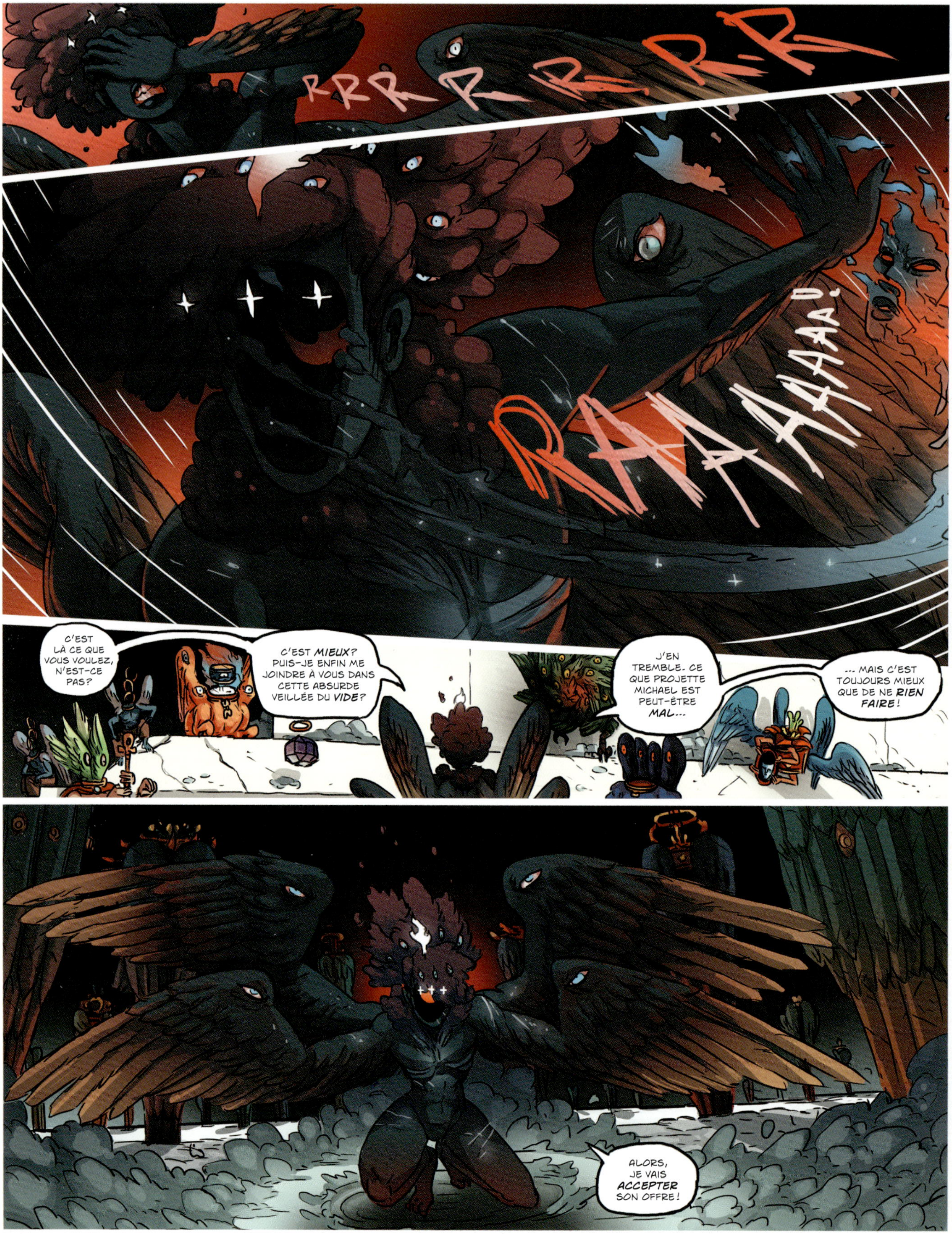
RRRR-R-R-R
RAAAAAAAA!!
C'EST LÀ CE QUE VOUS VOULEZ, N'EST-CE PAS?
C'EST MIEUX? PUIS-JE ENFIN ME JOINDRE À VOUS DANS CETTE ABSURDE VEILLÉE DU VIDE?
J'EN TREMBLE. CE QUE PROJETTE MICHAEL EST PEUT-ÊTRE MAL...
... MAIS C'EST TOUJOURS MIEUX QUE DE NE RIEN FAIRE!
ALORS, JE VAIS ACCEPTER SON OFFRE!

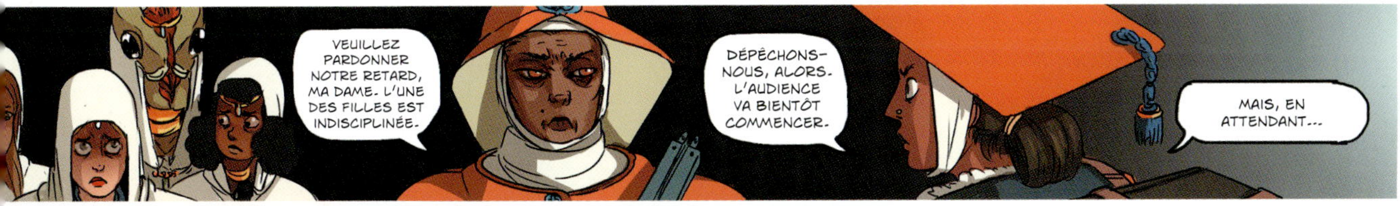
VEUILLEZ PARDONNER NOTRE RETARD, MA DAME. L'UNE DES FILLES EST INDISCIPLINÉE.
DÉPÊCHONS-NOUS, ALORS. L'AUDIENCE VA BIENTÔT COMMENCER.
MAIS, EN ATTENDANT...

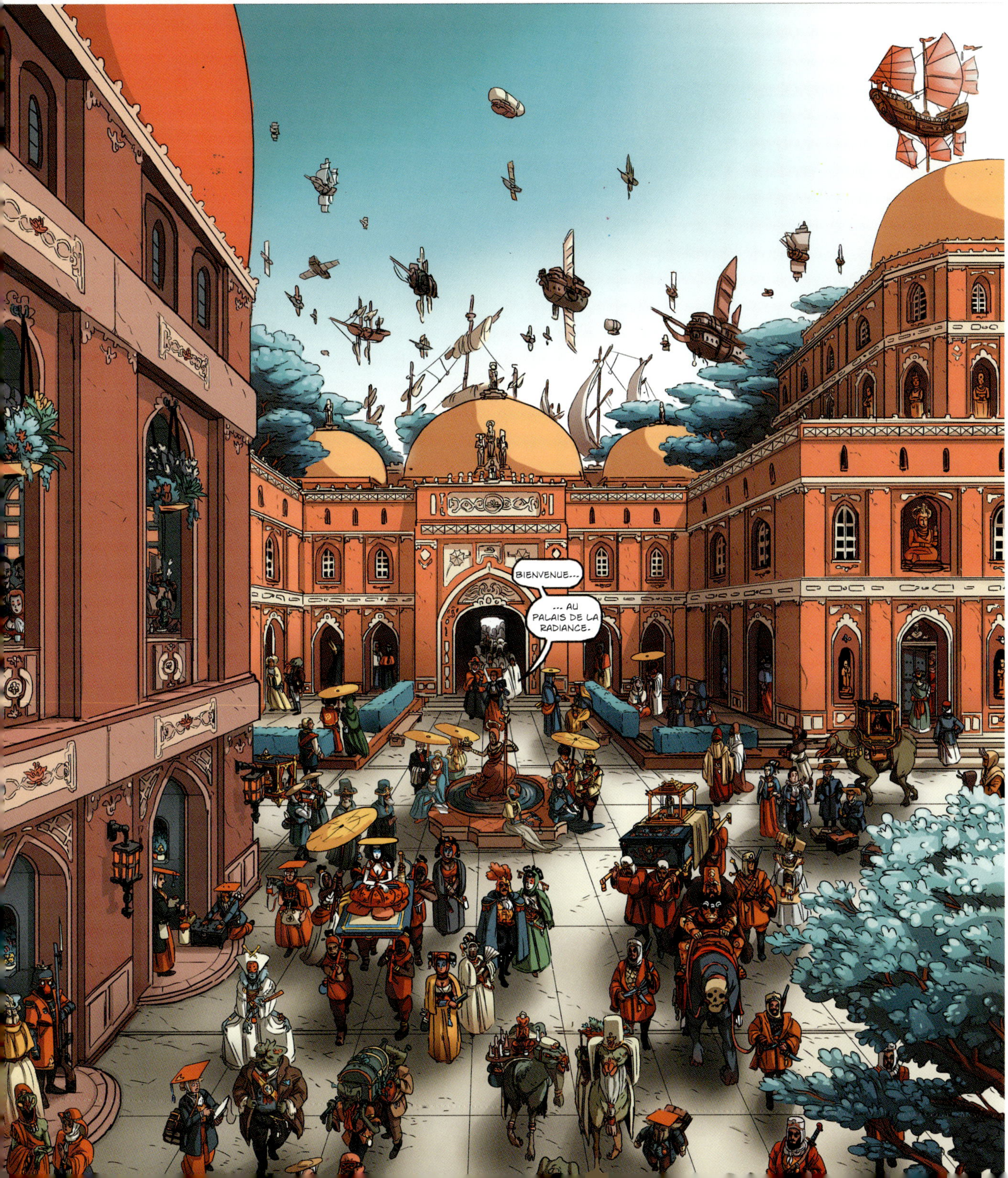
BIENVENUE...
... AU PALAIS DE LA RADIANCE.

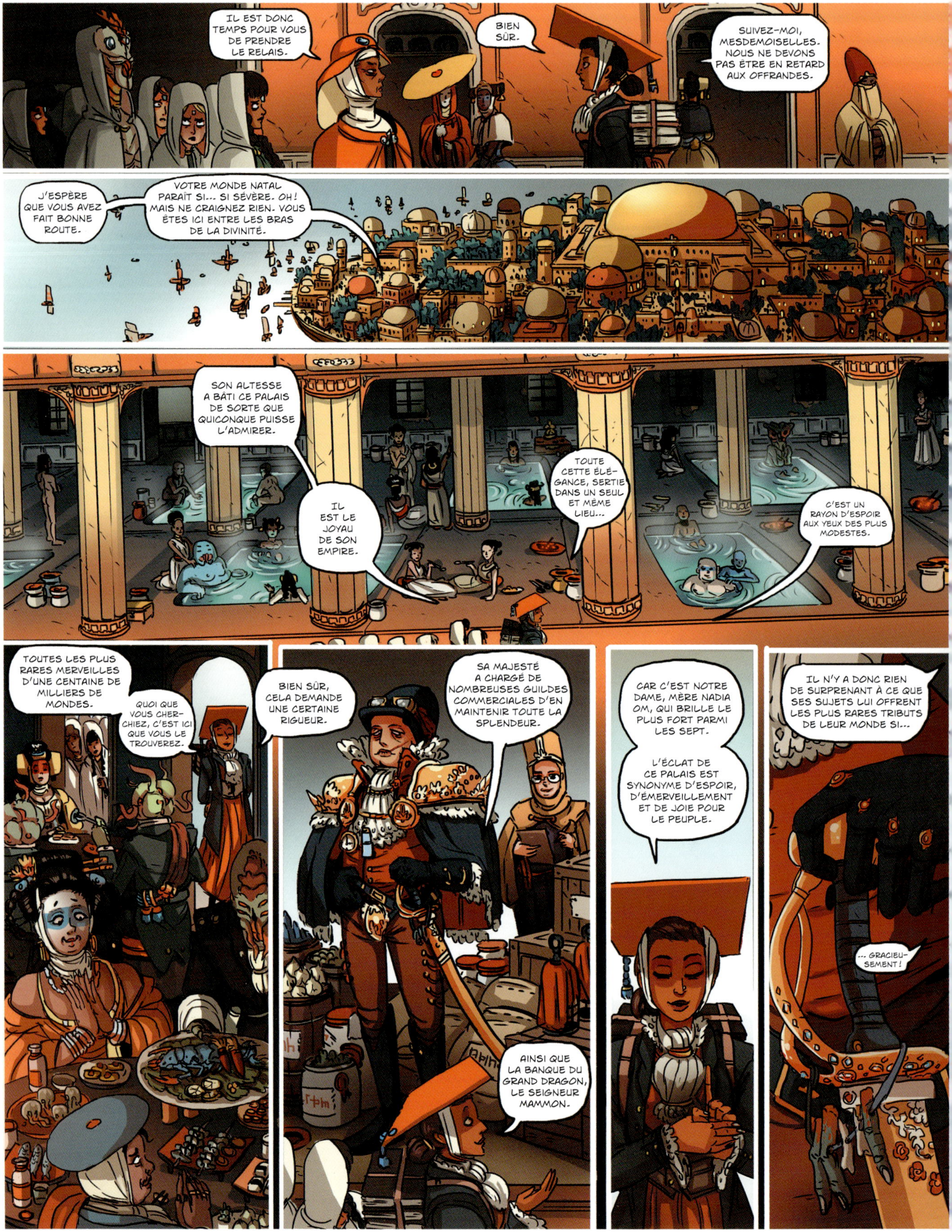
IL EST DONC TEMPS POUR VOUS DE PRENDRE LE RELAIS.
BIEN SÛR.
SUIVEZ-MOI, MESDEMOISELLES. NOUS NE DEVONS PAS ÊTRE EN RETARD AUX OFFRANDES.
J'ESPÈRE QUE VOUS AVEZ FAIT BONNE ROUTE.
VOTRE MONDE NATAL PARAÎT SI... SI SÉVÈRE. OH ! MAIS NE CRAIGNEZ RIEN. VOUS ÊTES ICI ENTRE LES BRAS DE LA DIVINITÉ.
SON ALTESSE A BÂTI CE PALAIS DE SORTE QUE QUICONQUE PUISSE L'ADMIRER.
IL EST LE JOYAU DE SON EMPIRE.
TOUTE CETTE ÉLÉGANCE, SERTIE DANS UN SEUL ET MÊME LIEU...
C'EST UN RAYON D'ESPOIR AUX YEUX DES PLUS MODESTES.
TOUTES LES PLUS RARES MERVEILLES D'UNE CENTAINE DE MILLIERS DE MONDES.
QUOI QUE VOUS CHERCHIEZ, C'EST ICI QUE VOUS LE TROUVEREZ.
BIEN SÛR, CELA DEMANDE UNE CERTAINE RIGUEUR.
SA MAJESTÉ A CHARGÉ DE NOMBREUSES GUILDES COMMERCIALES D'EN MAINTENIR TOUTE LA SPLENDEUR.
AINSI QUE LA BANQUE DU GRAND DRAGON, LE SEIGNEUR MAMMON.
CAR C'EST NOTRE DAME, MÈRE NADIA OM, QUI BRILLE LE PLUS FORT PARMI LES SEPT.
L'ÉCLAT DE CE PALAIS EST SYNONYME D'ESPOIR, D'ÉMERVEILLEMENT ET DE JOIE POUR LE PEUPLE.
IL N'Y A DONC RIEN DE SURPRENANT À CE QUE SES SUJETS LUI OFFRENT LES PLUS RARES TRIBUTS DE LEUR MONDE SI...
... GRACIEUSEMENT !

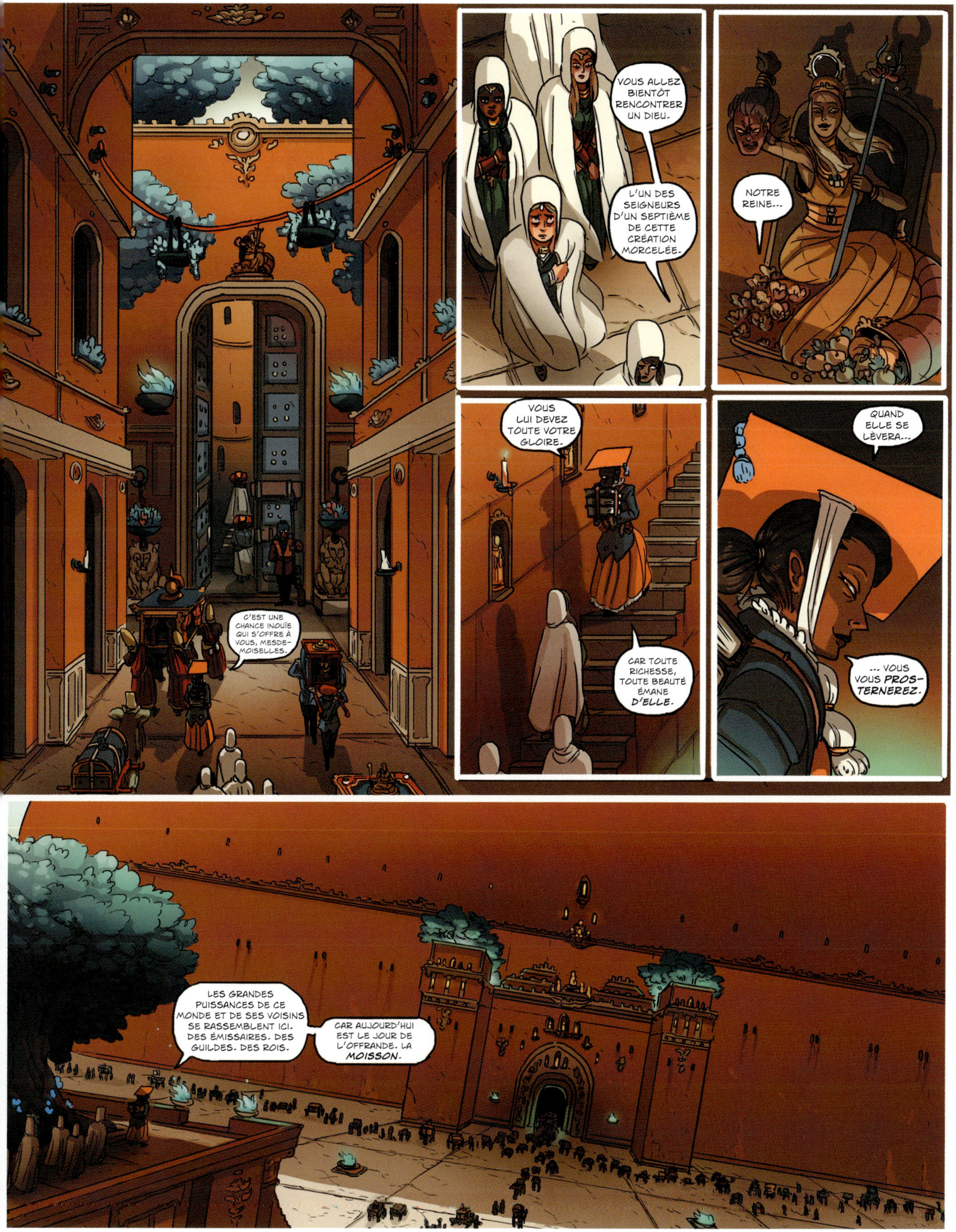
C'EST UNE CHANCE INOUÏE QUI S'OFFRE À VOUS, MESDE-MOISELLES.
VOUS ALLEZ BIENTÔT RENCONTRER UN DIEU.
L'UN DES SEIGNEURS D'UN SEPTIÈME DE CETTE CRÉATION MORCELÉE.
NOTRE REINE...
VOUS LUI DEVEZ TOUTE VOTRE GLOIRE.
CAR TOUTE RICHESSE, TOUTE BEAUTÉ ÉMANE **D'ELLE**.
QUAND ELLE SE LÈVERA...
... VOUS VOUS **PROS-TERNEREZ**.
LES GRANDES PUISSANCES DE CE MONDE ET DE SES VOISINS SE RASSEMBLENT ICI. DES ÉMISSAIRES. DES GUILDES. DES ROIS.
CAR AUJOURD'HUI EST LE JOUR DE L'OFFRANDE. LA **MOISSON**.

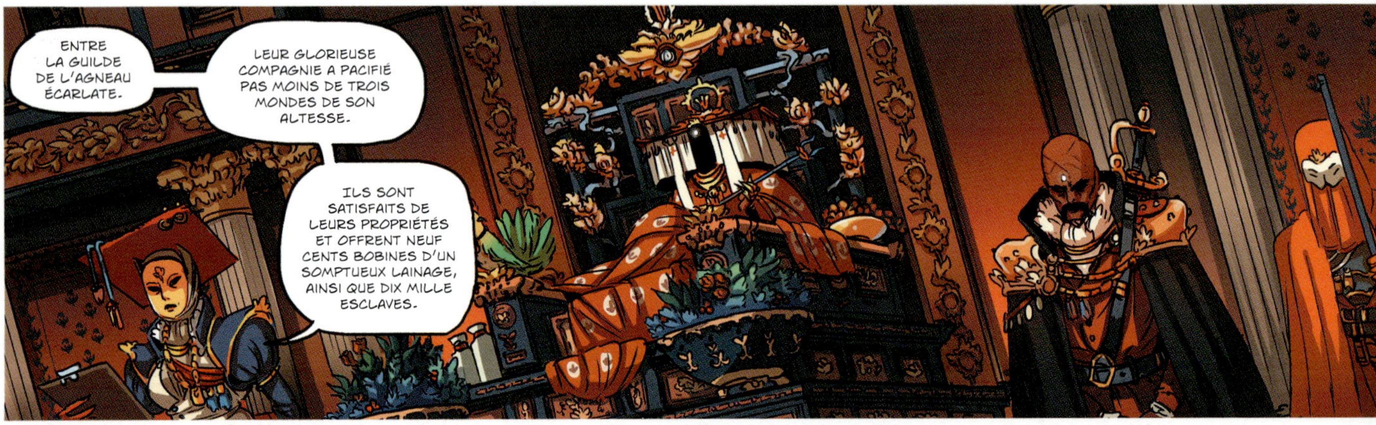
ENTRE LA GUILDE DE L'AGNEAU ÉCARLATE.
LEUR GLORIEUSE COMPAGNIE A PACIFIÉ PAS MOINS DE TROIS MONDES DE SON ALTESSE.
ILS SONT SATISFAITS DE LEURS PROPRIÉTÉS ET OFFRENT NEUF CENTS BOBINES D'UN SOMPTUEUX LAINAGE, AINSI QUE DIX MILLE ESCLAVES.

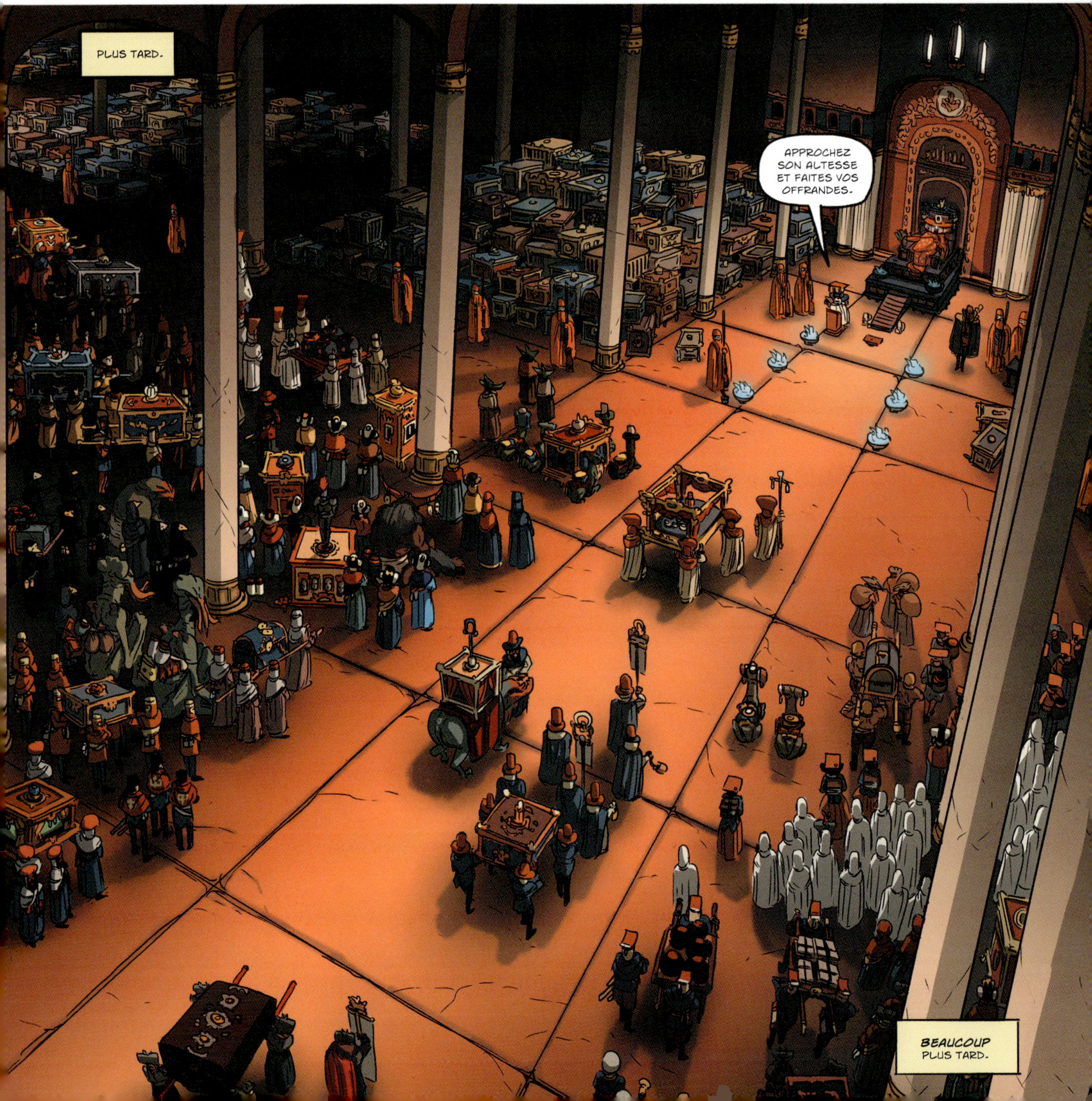
PLUS TARD.
APPROCHEZ SON ALTESSE ET FAITES VOS OFFRANDES.
BEAUCOUP PLUS TARD.

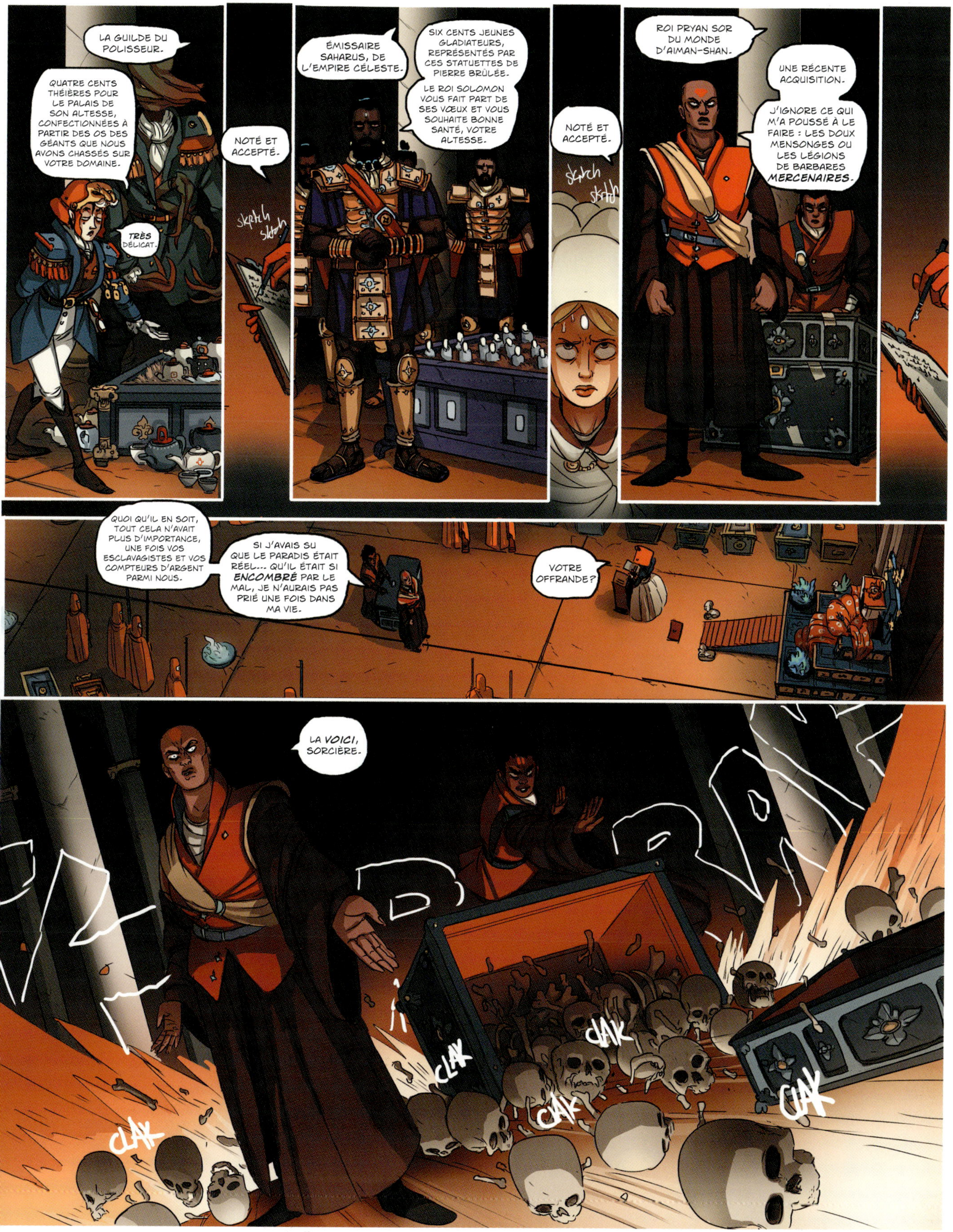

LA GUILDE DU POLISSEUR.
QUATRE CENTS THÉIÈRES POUR LE PALAIS DE SON ALTESSE, CONFECTIONNÉES À PARTIR DES OS DES GÉANTS QUE NOUS AVONS CHASSÉS SUR VOTRE DOMAINE.
TRÈS DÉLICAT.
NOTÉ ET ACCEPTÉ.
SKRITCH SKRITCH
ÉMISSAIRE SAHARUS, DE L'EMPIRE CÉLESTE.
SIX CENTS JEUNES GLADIATEURS, REPRÉSENTÉS PAR CES STATUETTES DE PIERRE BRÛLÉE.
LE ROI SOLOMON VOUS FAIT PART DE SES VŒUX ET VOUS SOUHAITE BONNE SANTÉ, VOTRE ALTESSE.
NOTÉ ET ACCEPTÉ.
SKRITCH SKRITCH
ROI PRYAN SOR DU MONDE D'AIMAN-SHAN.
UNE RÉCENTE ACQUISITION.
J'IGNORE CE QUI M'A POUSSÉ À LE FAIRE : LES DOUX MENSONGES OU LES LÉGIONS DE BARBARES MERCENAIRES.
QUOI QU'IL EN SOIT, TOUT CELA N'AVAIT PLUS D'IMPORTANCE, UNE FOIS VOS ESCLAVAGISTES ET VOS COMPTEURS D'ARGENT PARMI NOUS.
SI J'AVAIS SU QUE LE PARADIS ÉTAIT RÉEL... QU'IL ÉTAIT SI ENCOMBRÉ PAR LE MAL, JE N'AURAIS PAS PRIÉ UNE FOIS DANS MA VIE.
VOTRE OFFRANDE ?
LA VOICI, SORCIÈRE.
BRAM
CLAK
CLAK
CLAK
CLAK
CLAK

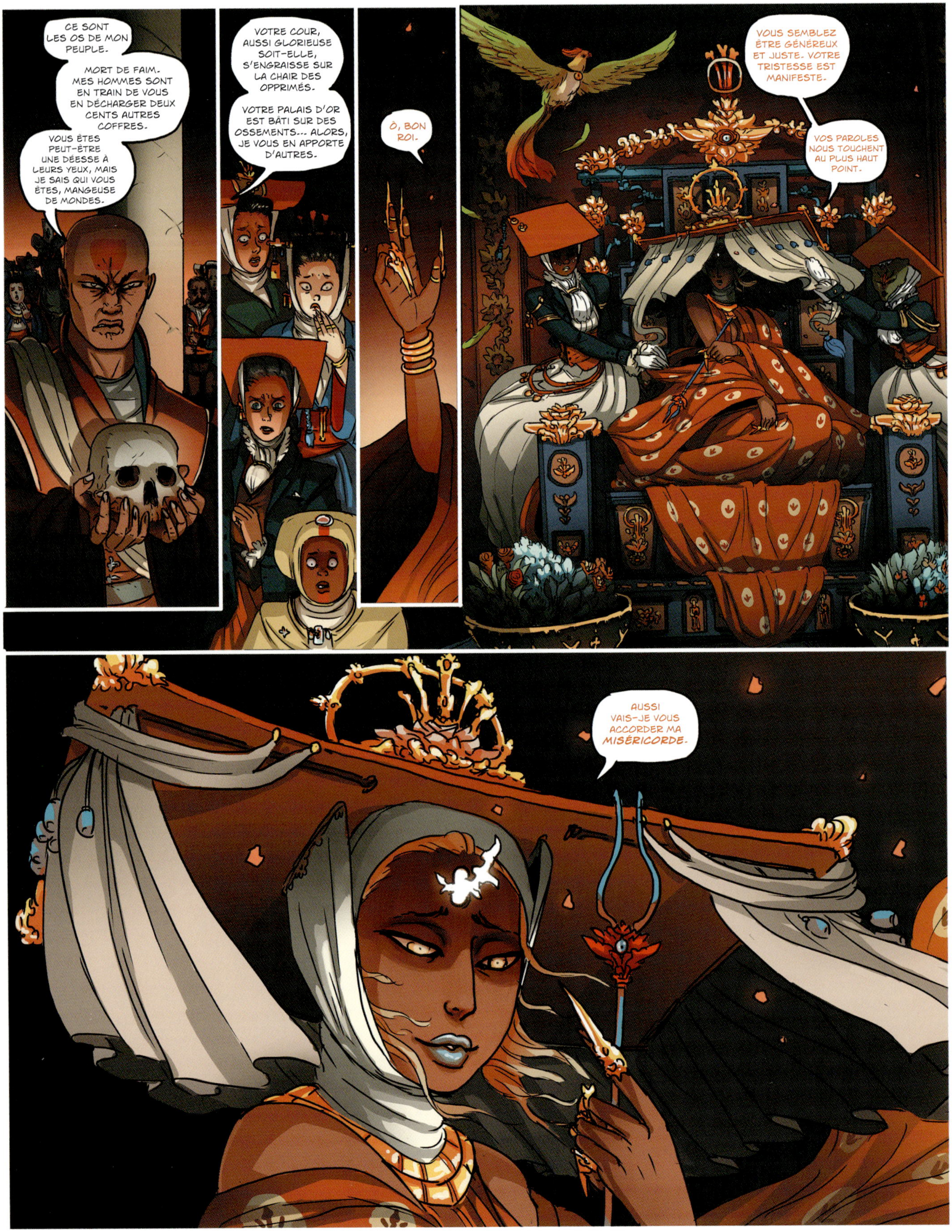
CE SONT LES OS DE MON PEUPLE.
MORT DE FAIM. MES HOMMES SONT EN TRAIN DE VOUS EN DÉCHARGER DEUX CENTS AUTRES COFFRES.
VOUS ÊTES PEUT-ÊTRE UNE DÉESSE À LEURS YEUX, MAIS JE SAIS QUI VOUS ÊTES, MANGEUSE DE MONDES.
VOTRE COUR, AUSSI GLORIEUSE SOIT-ELLE, S'ENGRAISSE SUR LA CHAIR DES OPPRIMÉS.
VOTRE PALAIS D'OR EST BÂTI SUR DES OSSEMENTS... ALORS, JE VOUS EN APPORTE D'AUTRES.
Ô, BON ROI.
VOUS SEMBLEZ ÊTRE GÉNÉREUX ET JUSTE. VOTRE TRISTESSE EST MANIFESTE.
VOS PAROLES NOUS TOUCHENT AU PLUS HAUT POINT.
AUSSI VAIS-JE VOUS ACCORDER MA MISÉRICORDE.

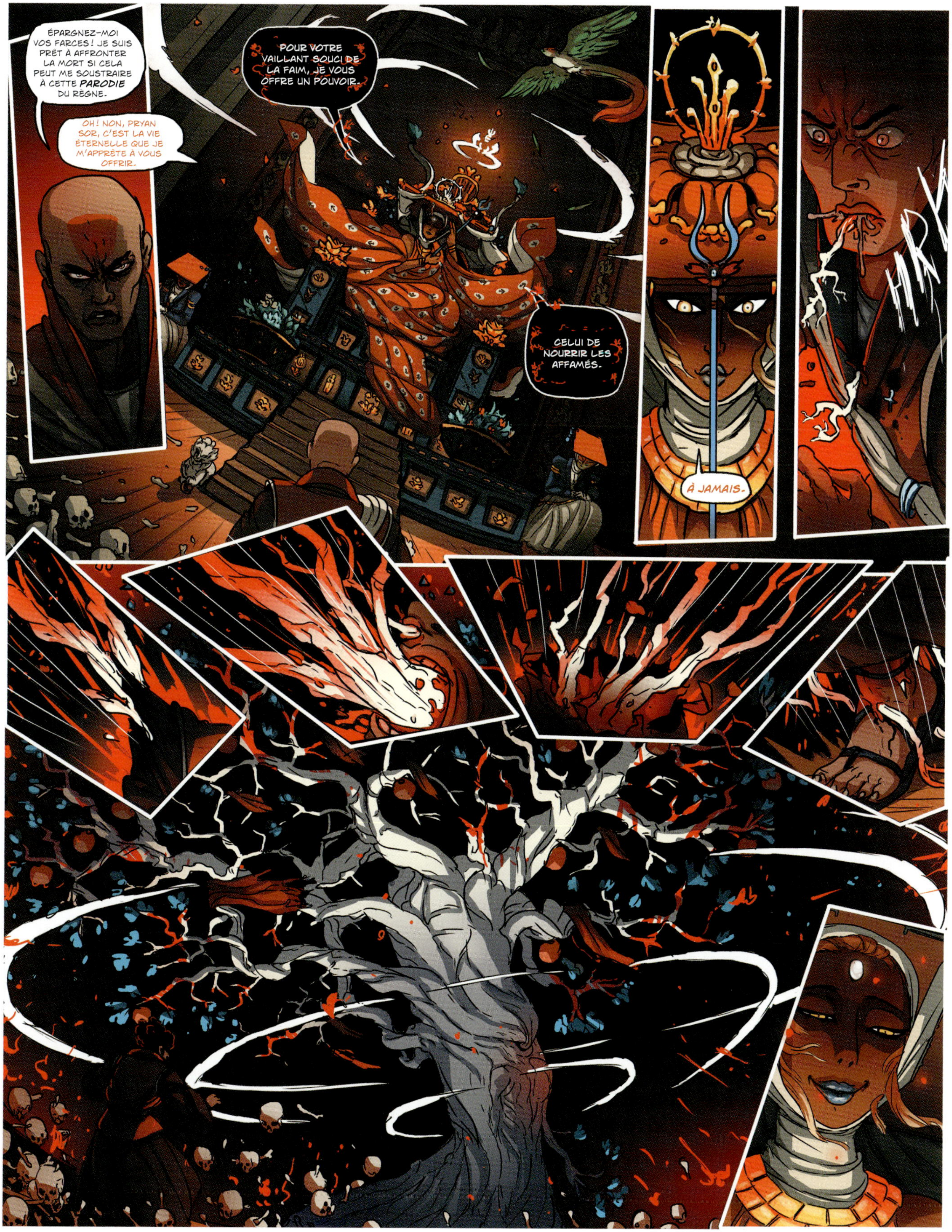
ÉPARGNEZ-MOI VOS FARCES ! JE SUIS PRÊT À AFFRONTER LA MORT SI CELA PEUT ME SOUSTRAIRE À CETTE **PARODIE** DU RÈGNE.
OH ! NON, PRYAN SOR, C'EST LA VIE ÉTERNELLE QUE JE M'APPRÊTE À VOUS OFFRIR.
POUR VOTRE VAILLANT SOUCI DE LA FAIM, JE VOUS OFFRE UN POUVOIR.
CELUI DE NOURRIR LES AFFAMÉS.
À JAMAIS.
HRK

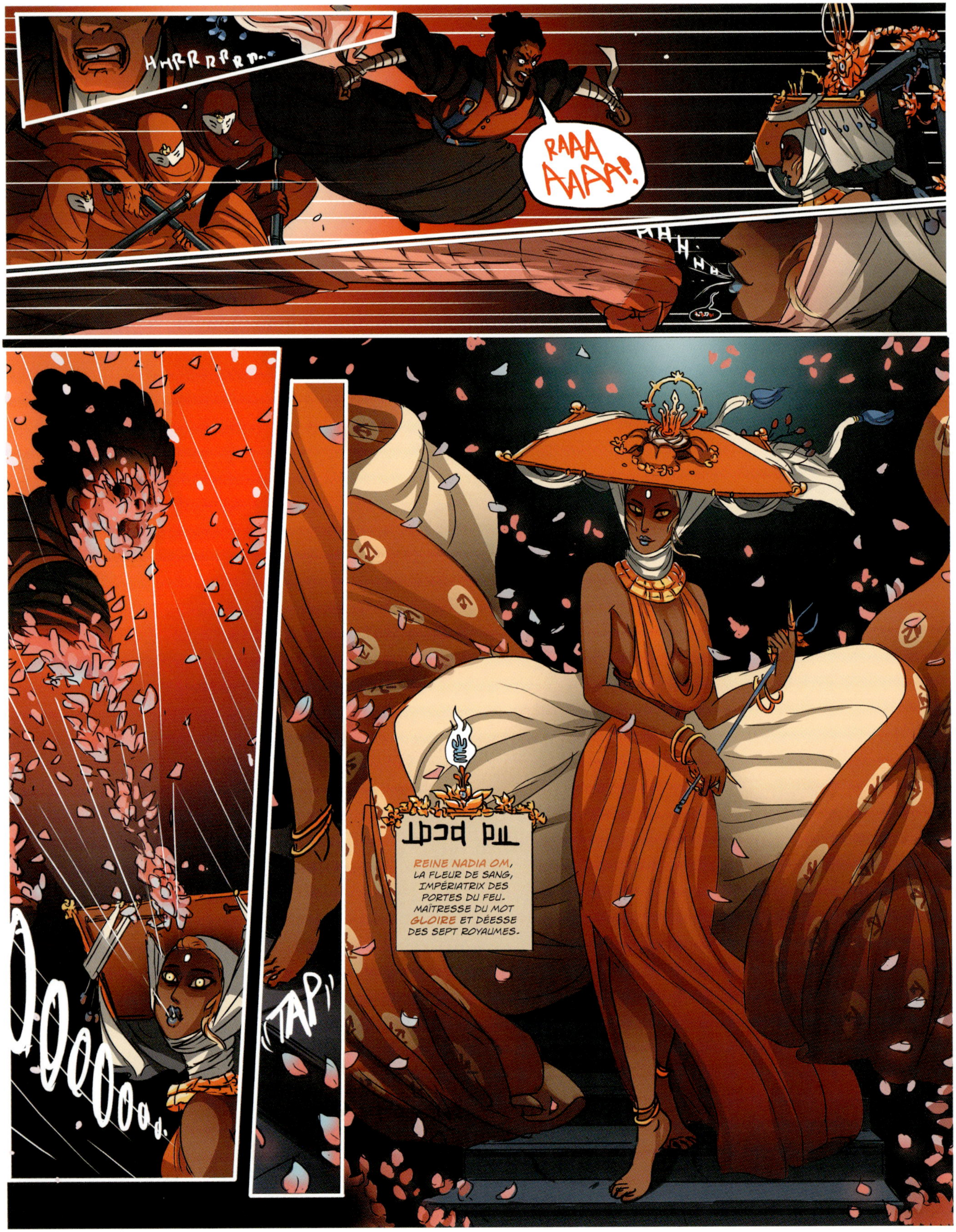
HHRRRRRR...
RAAA AAAA!
REINE NADIA OM, LA FLEUR DE SANG, IMPÉRIATRIX DES PORTES DU FEU. MAÎTRESSE DU MOT GLOIRE ET DÉESSE DES SEPT ROYAUMES.
TAP

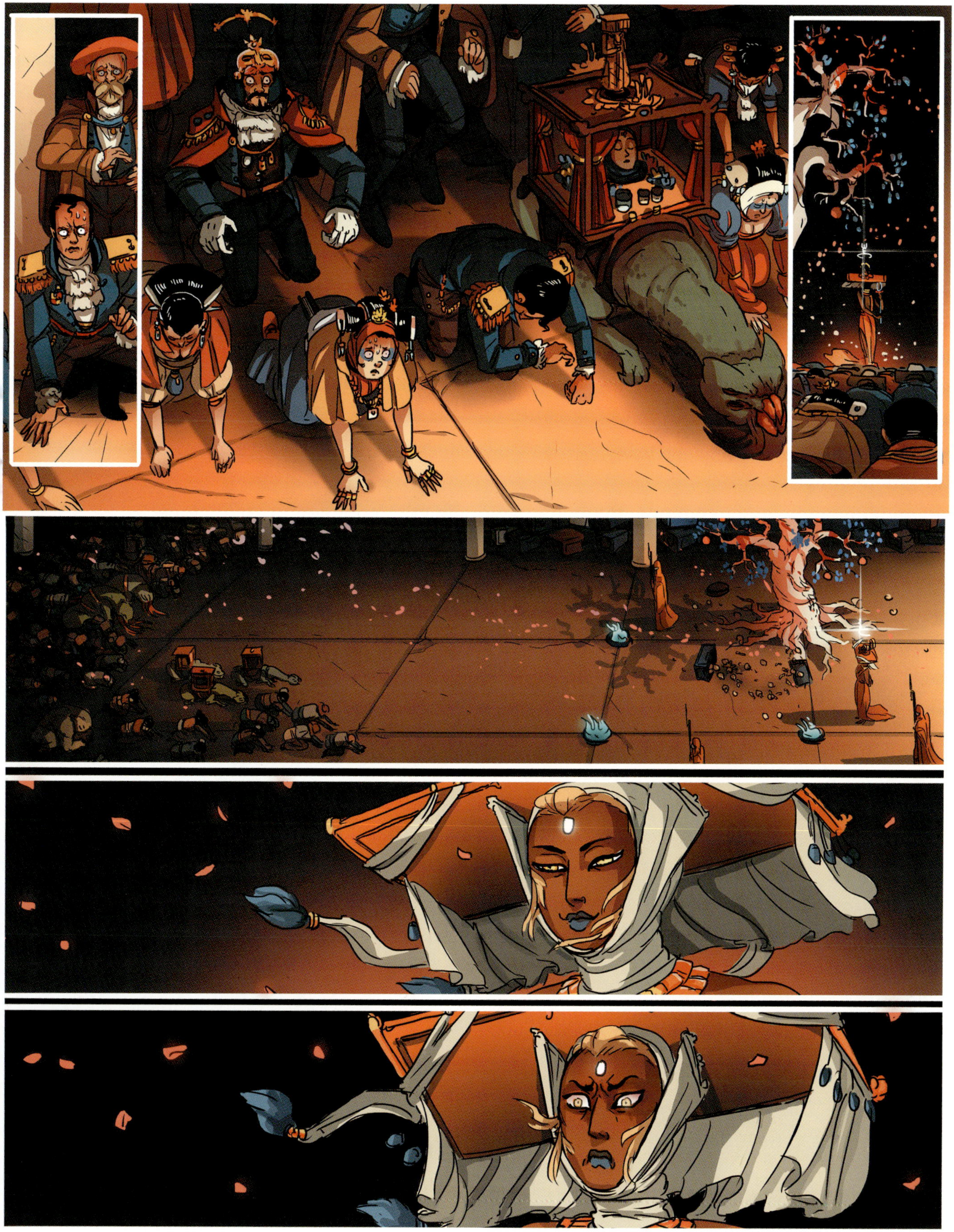

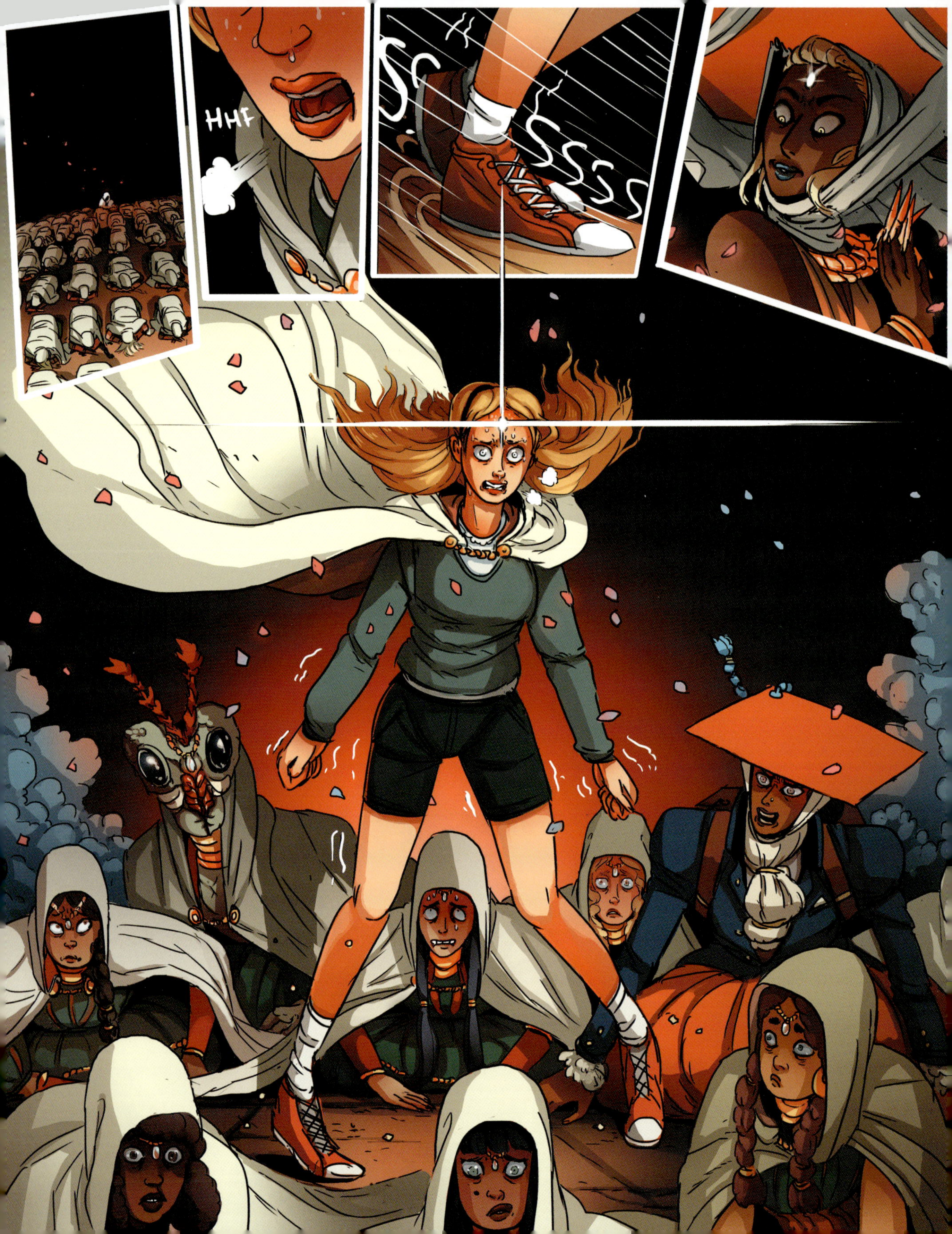
HHF
SCHSSSS

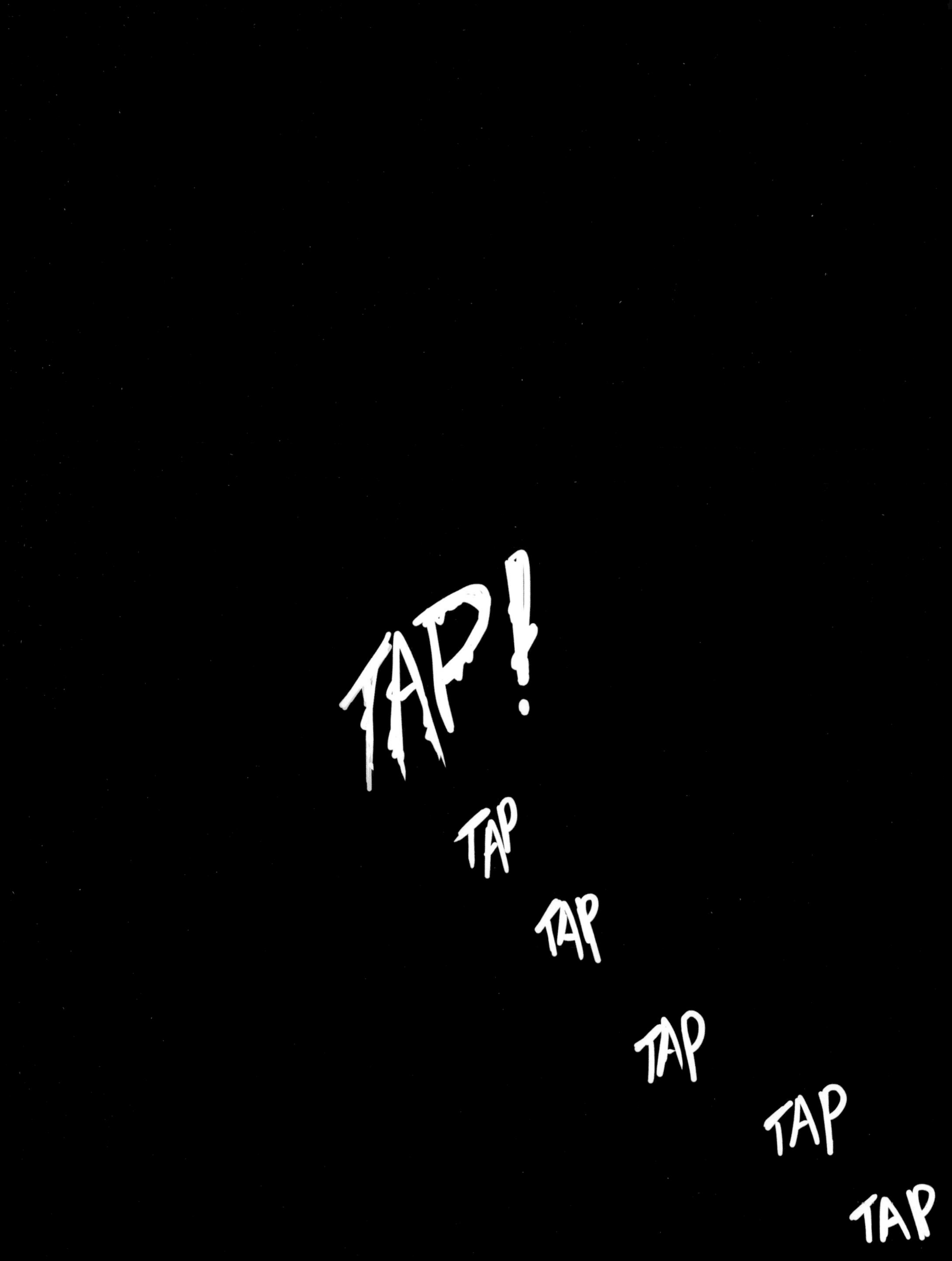
TAP!
TAP
TAP
TAP
TAP
TAP

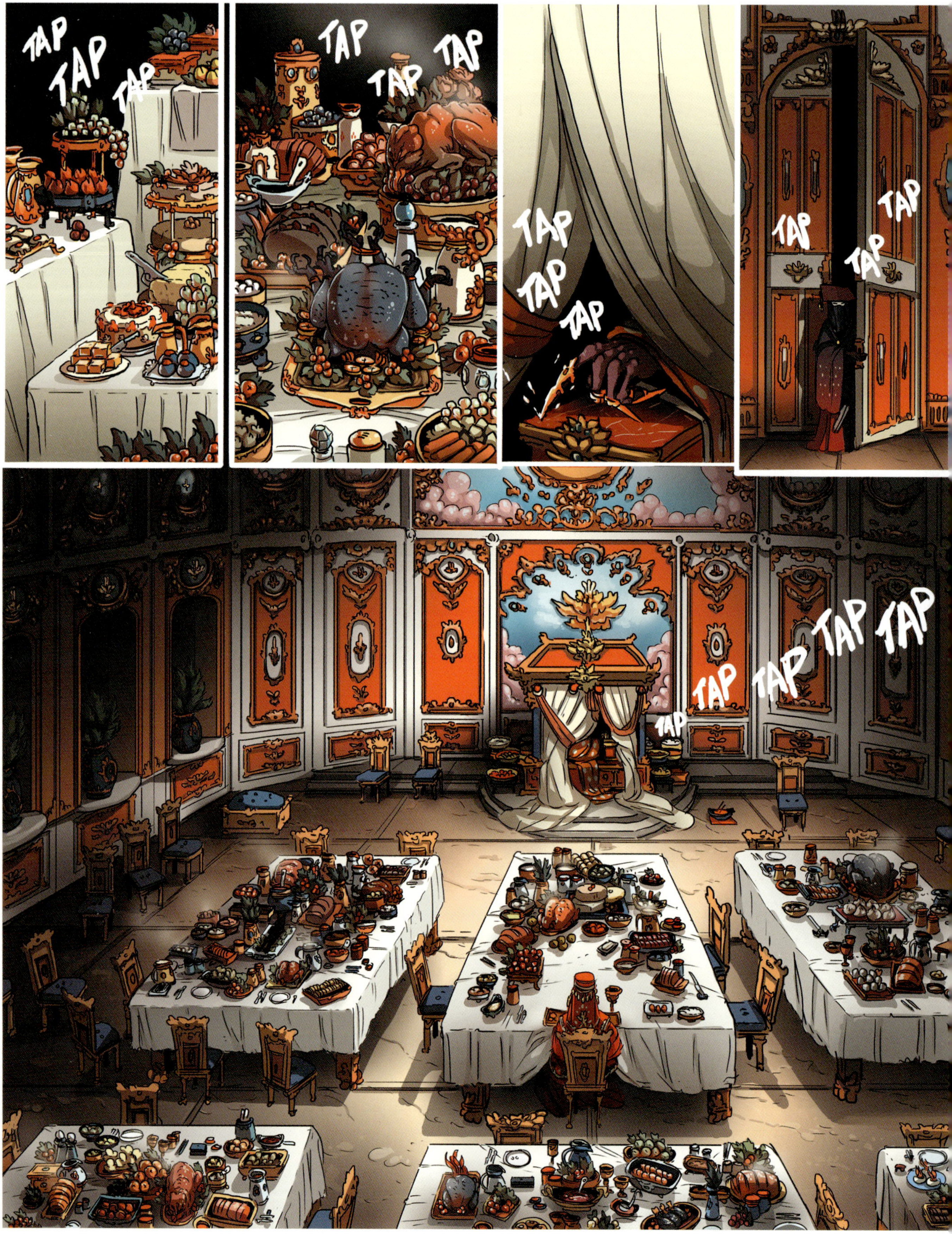

TAP
TAP
TAP
TAP
TAP TAP
TAP
TAP
TAP
TAP
TAP
TAP
TAP
TAP
TAP
TAP
TAP
TAP
TAP

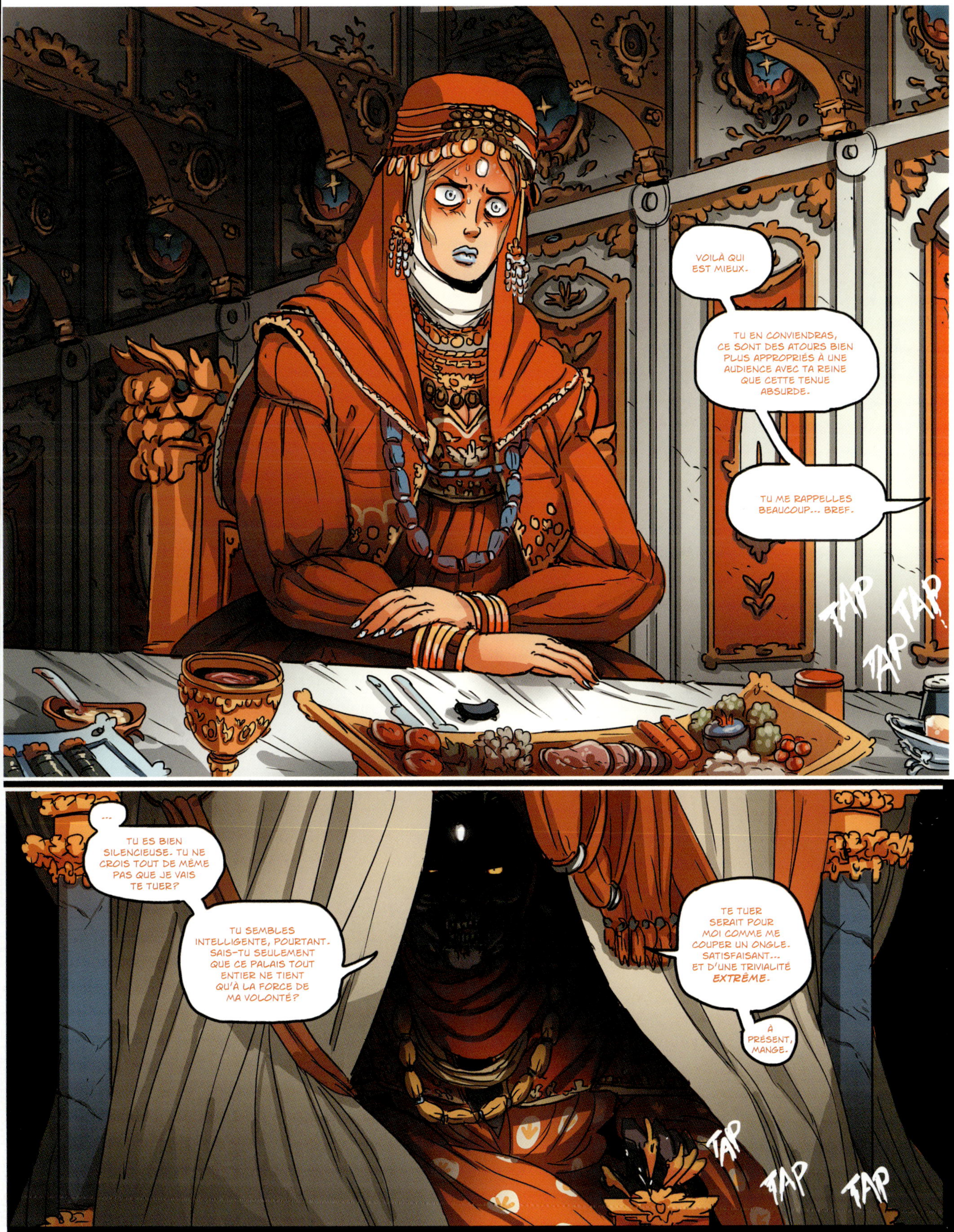
VOILÀ QUI EST MIEUX.
TU EN CONVIENDRAS, CE SONT DES ATOURS BIEN PLUS APPROPRIÉS À UNE AUDIENCE AVEC TA REINE QUE CETTE TENUE ABSURDE.
TU ME RAPPELLES BEAUCOUP... BREF.
TAP TAP TAP
...
TU ES BIEN SILENCIEUSE. TU NE CROIS TOUT DE MÊME PAS QUE JE VAIS TE TUER?
TU SEMBLES INTELLIGENTE, POURTANT. SAIS-TU SEULEMENT QUE CE PALAIS TOUT ENTIER NE TIENT QU'À LA FORCE DE MA VOLONTÉ?
TE TUER SERAIT POUR MOI COMME ME COUPER UN ONGLE. SATISFAISANT... ET D'UNE TRIVIALITÉ ***EXTRÊME***.
À PRÉSENT, MANGE.
TAP TAP TAP

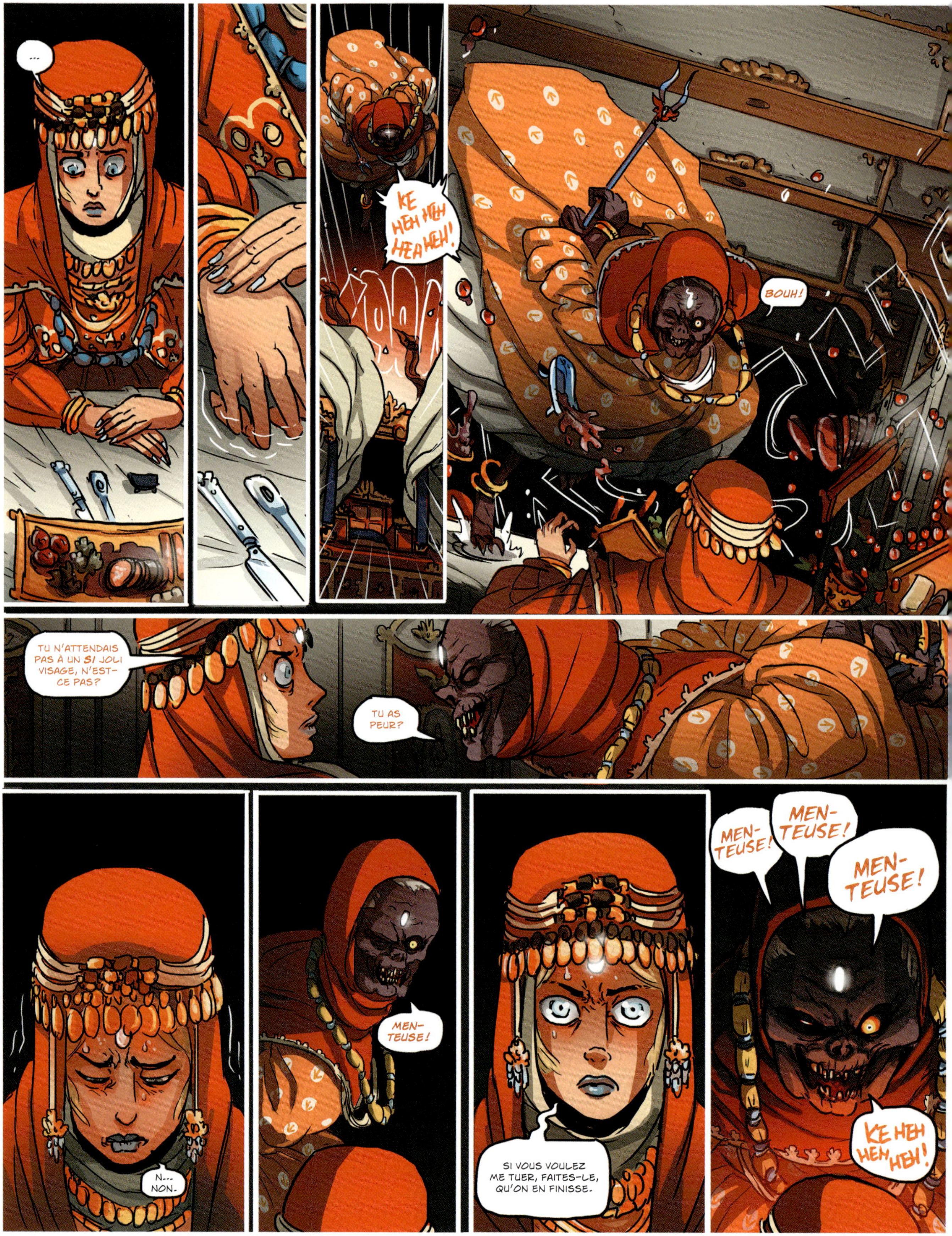
...
KE HEH HEH HEA HEH!
BOUH!
TU N'ATTENDAIS PAS À UN SI JOLI VISAGE, N'EST-CE PAS?
TU AS PEUR?
N... NON.
MEN-TEUSE!
SI VOUS VOULEZ ME TUER, FAITES-LE, QU'ON EN FINISSE.
MEN-TEUSE!
MEN-TEUSE!
MEN-TEUSE!
KE HEH HEH HEH!

MH.
VOUS COMPTEZ RECEVOIR TOUT LE MONDE DE CETTE MANIÈRE OU C'EST MOI QUI SUIS SPÉCIALE?
QUE TU ES INSOLENTE.
J'AIME ÇA.
ET JE N'AI PAS LA MOINDRE IDÉE DE CE QUE TU INSINUES.
CE FESTIN. VOUS N'AVEZ PAS FAIT INSTALLER TOUT ÇA SANS...
... RAISON?
VOUS... COMPTEZ JETER TOUT ÇA?
POURQUOI?
MAUVAISE QUESTION. «POURQUOI» EST LA QUESTION DU FAIBLE.
«POURQUOI PAS» EST LA BONNE QUESTION.
«POURQUOI PAS» COMME «POURQUOI NE MANGES-TU PAS?».
ET «POURQUOI NE PAS TE TUER?».
OH! JE LE DEVRAIS, C'EST CERTAIN. JE SAIS EXACTEMENT CE QUI SE CACHE DANS TA PETITE TÊTE. ELLE ME CHANTE UNE CHANSON.
UNE TERRIBLE CHANSON.
CLINK
CLIN
CLINK
CLAK
MAIS AVANT CELA... MES ESPIONS N'ONT RIEN SU ME DIRE DE TOI...
ALORS...
COMMENT ES-TU ENTRÉE EN POSSESSION DE LA CLÉ DU ROI DE TOUS LES ROIS?
LE ROI DE TOUS LES ROIS? JE... JE CROIS QU'IL ME L'A... DONNÉE?
OUI... OUI! JE LE SAVAIS!
JE NE M'ÉTAIS PAS TROMPÉE. IL A CHOISI UN HÉRITIER!
OUI... MAIS...
...
TU NE SERAIS PAS À LA RECHERCHE D'UN JEUNE HOMME, DIS-MOI?

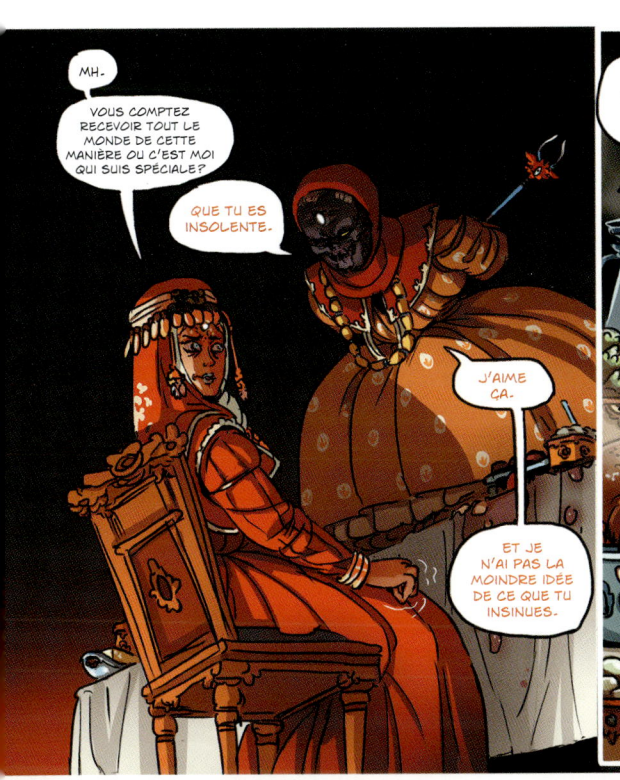

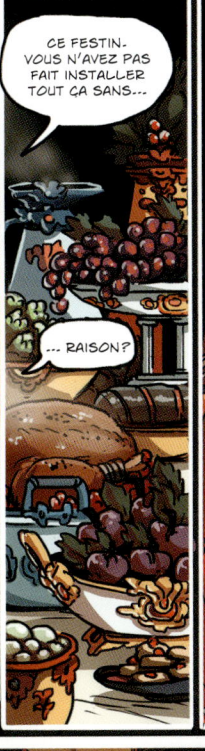

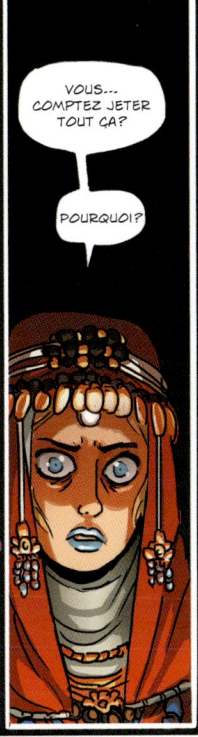

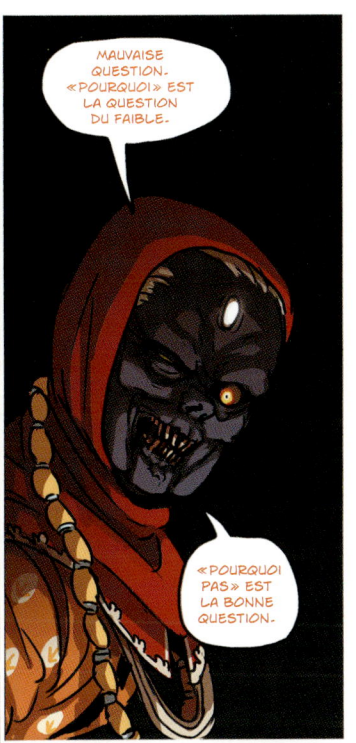

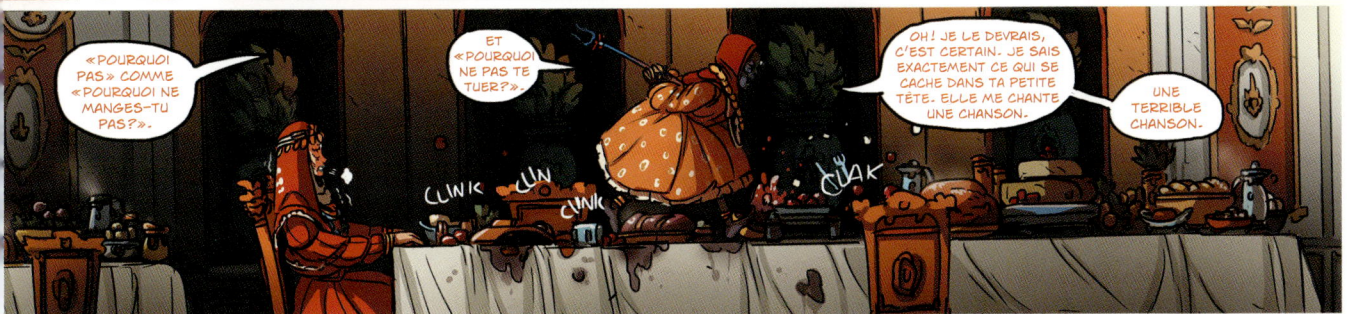

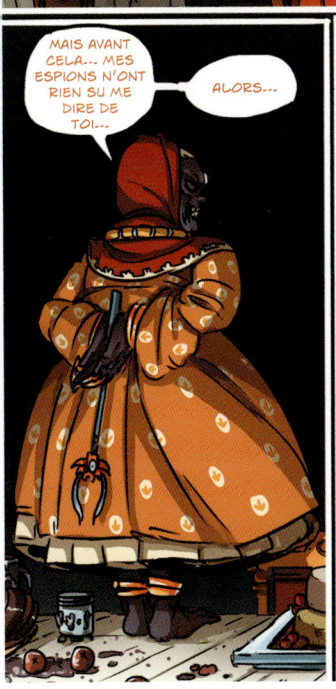

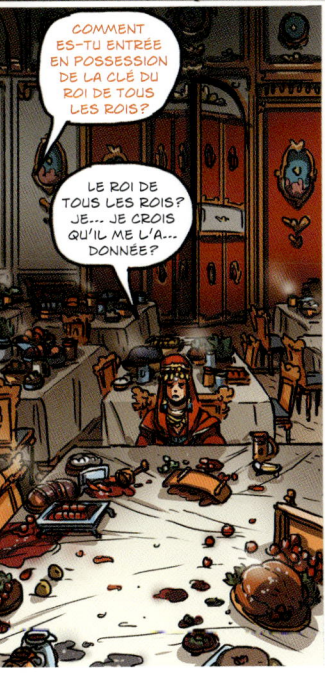

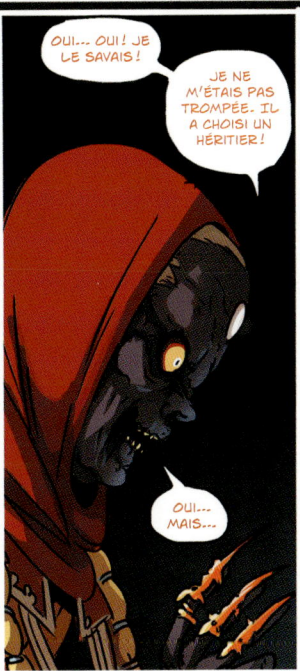

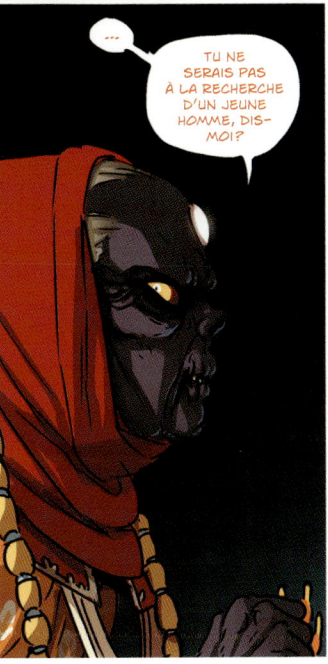

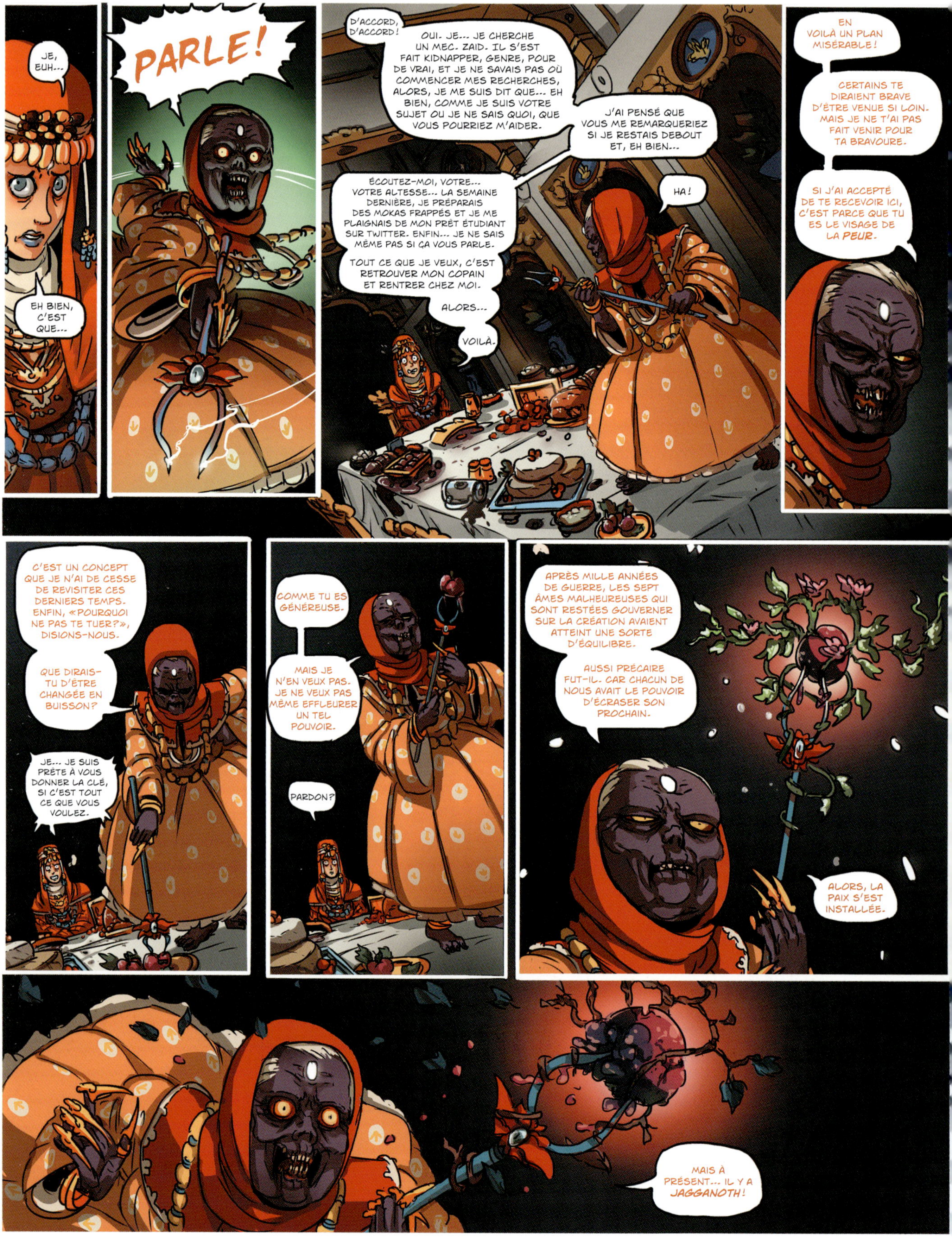
JE, EUH...
EH BIEN, C'EST QUE...
PARLE !
D'ACCORD, D'ACCORD !
OUI. JE... JE CHERCHE UN MEC. ZAID. IL S'EST FAIT KIDNAPPER, GENRE, POUR DE VRAI, ET JE NE SAVAIS PAS OÙ COMMENCER MES RECHERCHES, ALORS, JE ME SUIS DIT QUE... EH BIEN, COMME JE SUIS VOTRE SUJET OU JE NE SAIS QUOI, QUE VOUS POURRIEZ M'AIDER.
J'AI PENSÉ QUE VOUS ME REMARQUERIEZ SI JE RESTAIS DEBOUT ET, EH BIEN...
ÉCOUTEZ-MOI, VOTRE... VOTRE ALTESSE... LA SEMAINE DERNIÈRE, JE PRÉPARAIS DES MOKAS FRAPPÉS ET JE ME PLAIGNAIS DE MON PRÊT ÉTUDIANT SUR TWITTER. ENFIN... JE NE SAIS MÊME PAS SI ÇA VOUS PARLE.
TOUT CE QUE JE VEUX, C'EST RETROUVER MON COPAIN ET RENTRER CHEZ MOI.
HA !
ALORS...
VOILÀ.
EN VOILÀ UN PLAN MISÉRABLE !
CERTAINS TE DIRAIENT BRAVE D'ÊTRE VENUE SI LOIN. MAIS JE NE T'AI PAS FAIT VENIR POUR TA BRAVOURE.
SI J'AI ACCEPTÉ DE TE RECEVOIR ICI, C'EST PARCE QUE TU ES LE VISAGE DE LA PEUR.
C'EST UN CONCEPT QUE JE N'AI DE CESSE DE REVISITER CES DERNIERS TEMPS. ENFIN, « POURQUOI NE PAS TE TUER ? », DISIONS-NOUS.
QUE DIRAIS-TU D'ÊTRE CHANGÉE EN BUISSON ?
JE... JE SUIS PRÊTE À VOUS DONNER LA CLÉ, SI C'EST TOUT CE QUE VOUS VOULEZ.
COMME TU ES GÉNÉREUSE.
MAIS JE N'EN VEUX PAS. JE NE VEUX PAS MÊME EFFLEURER UN TEL POUVOIR.
PARDON ?
APRÈS MILLE ANNÉES DE GUERRE, LES SEPT ÂMES MALHEUREUSES QUI SONT RESTÉES GOUVERNER SUR LA CRÉATION AVAIENT ATTEINT UNE SORTE D'ÉQUILIBRE.
AUSSI PRÉCAIRE FUT-IL. CAR CHACUN DE NOUS AVAIT LE POUVOIR D'ÉCRASER SON PROCHAIN.
ALORS, LA PAIX S'EST INSTALLÉE.
MAIS À PRÉSENT... IL Y A JAGGANOTH !

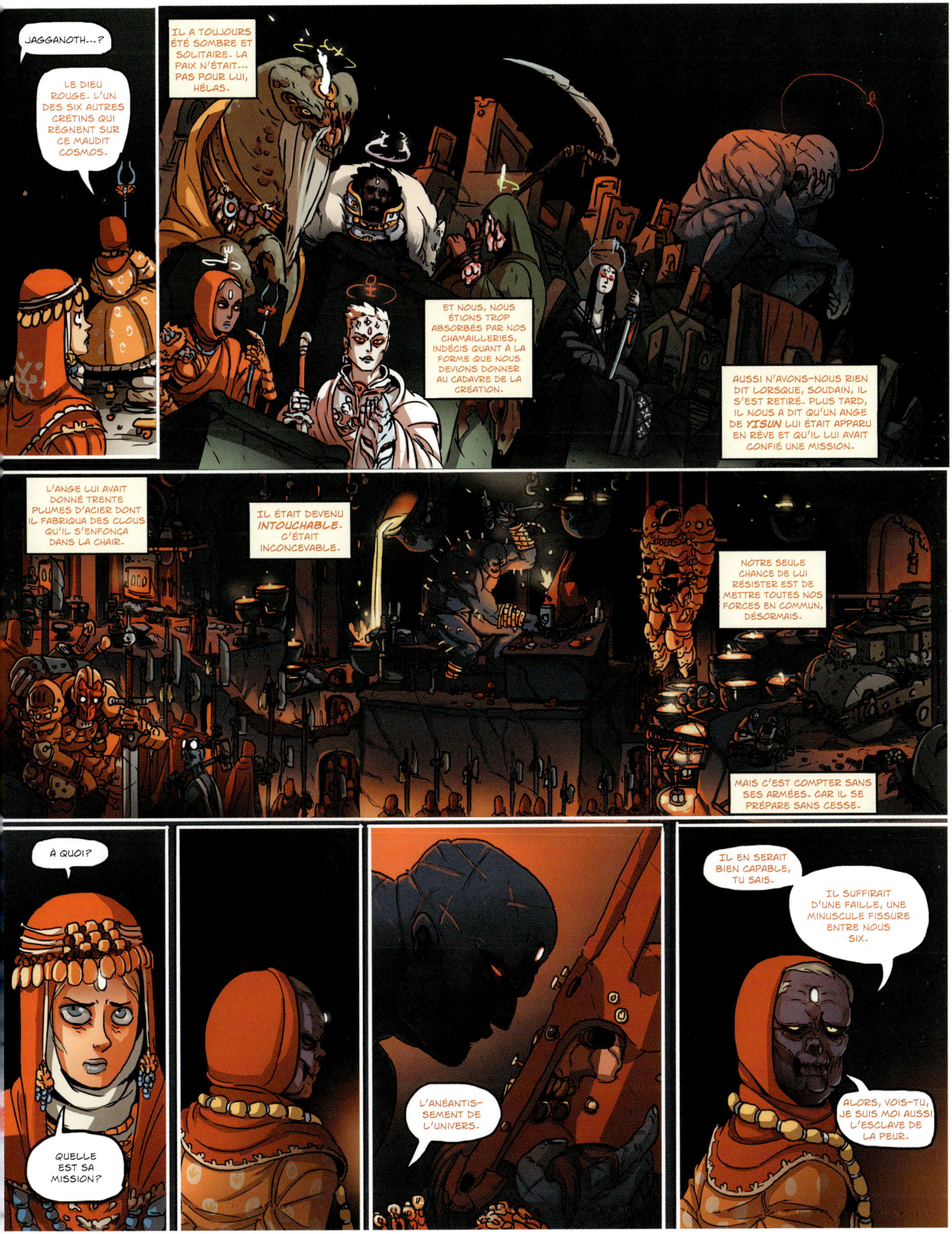
JAGGANOTH...?
LE DIEU ROUGE. L'UN DES SIX AUTRES CRÉTINS QUI RÈGNENT SUR CE MAUDIT COSMOS.
IL A TOUJOURS ÉTÉ SOMBRE ET SOLITAIRE. LA PAIX N'ÉTAIT... PAS POUR LUI, HÉLAS.
ET NOUS, NOUS ÉTIONS TROP ABSORBÉS PAR NOS CHAMAILLERIES, INDÉCIS QUANT À LA FORME QUE NOUS DEVIONS DONNER AU CADAVRE DE LA CRÉATION.
AUSSI N'AVONS-NOUS RIEN DIT LORSQUE, SOUDAIN, IL S'EST RETIRÉ. PLUS TARD, IL NOUS A DIT QU'UN ANGE DE YISUN LUI ÉTAIT APPARU EN RÊVE ET QU'IL LUI AVAIT CONFIÉ UNE MISSION.
L'ANGE LUI AVAIT DONNÉ TRENTE PLUMES D'ACIER DONT IL FABRIQUA DES CLOUS QU'IL S'ENFONÇA DANS LA CHAIR.
IL ÉTAIT DEVENU INTOUCHABLE. C'ÉTAIT INCONCEVABLE.
NOTRE SEULE CHANCE DE LUI RÉSISTER EST DE METTRE TOUTES NOS FORCES EN COMMUN, DÉSORMAIS.
MAIS C'EST COMPTER SANS SES ARMÉES. CAR IL SE PRÉPARE SANS CESSE.
À QUOI?
QUELLE EST SA MISSION?
L'ANÉANTISSEMENT DE L'UNIVERS.
IL EN SERAIT BIEN CAPABLE, TU SAIS.
IL SUFFIRAIT D'UNE FAILLE, UNE MINUSCULE FISSURE ENTRE NOUS SIX.
ALORS, VOIS-TU, JE SUIS MOI AUSSI L'ESCLAVE DE LA PEUR.

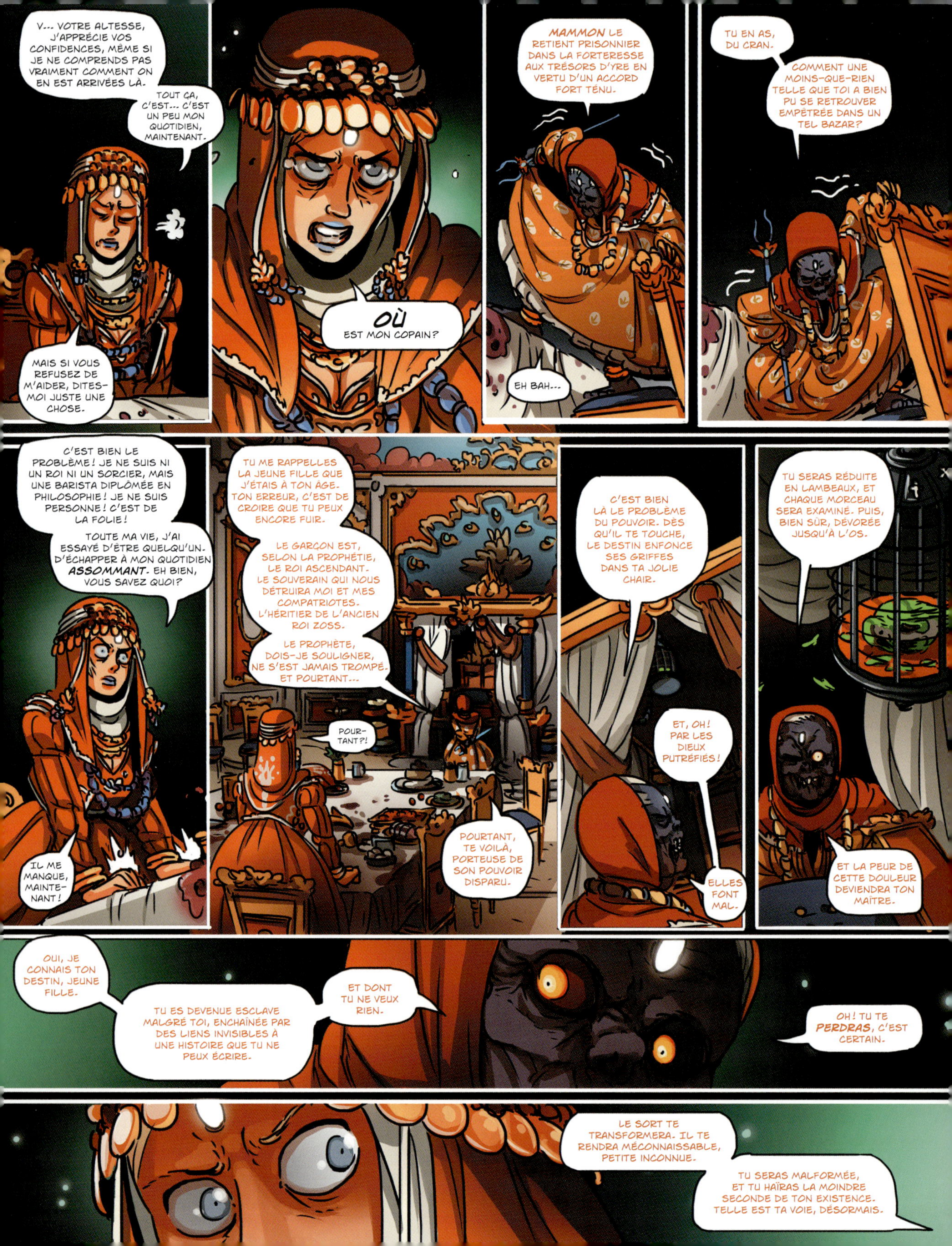
V... VOTRE ALTESSE, J'APPRÉCIE VOS CONFIDENCES, MÊME SI JE NE COMPRENDS PAS VRAIMENT COMMENT ON EN EST ARRIVÉES LÀ.
TOUT ÇA, C'EST... C'EST UN PEU MON QUOTIDIEN, MAINTENANT.
MAIS SI VOUS REFUSEZ DE M'AIDER, DITES-MOI JUSTE UNE CHOSE.
OÙ EST MON COPAIN?
MAMMON LE RETIENT PRISONNIER DANS LA FORTERESSE AUX TRÉSORS D'YRE EN VERTU D'UN ACCORD FORT TÉNU.
EH BAH...
TU EN AS, DU CRAN.
COMMENT UNE MOINS-QUE-RIEN TELLE QUE TOI A BIEN PU SE RETROUVER EMPÊTRÉE DANS UN TEL BAZAR?
C'EST BIEN LE PROBLÈME! JE NE SUIS NI UN ROI NI UN SORCIER, MAIS UNE BARISTA DIPLÔMÉE EN PHILOSOPHIE! JE NE SUIS PERSONNE! C'EST DE LA FOLIE!
TOUTE MA VIE, J'AI ESSAYÉ D'ÊTRE QUELQU'UN. D'ÉCHAPPER À MON QUOTIDIEN ASSOMMANT. EH BIEN, VOUS SAVEZ QUOI?
IL ME MANQUE, MAINTENANT!
TU ME RAPPELLES LA JEUNE FILLE QUE J'ÉTAIS À TON ÂGE. TON ERREUR, C'EST DE CROIRE QUE TU PEUX ENCORE FUIR.
LE GARÇON EST, SELON LA PROPHÉTIE, LE ROI ASCENDANT. LE SOUVERAIN QUI NOUS DÉTRUIRA MOI ET MES COMPATRIOTES. L'HÉRITIER DE L'ANCIEN ROI ZOSS.
LE PROPHÈTE, DOIS-JE SOULIGNER, NE S'EST JAMAIS TROMPÉ. ET POURTANT...
POURTANT?!
POURTANT, TE VOILÀ, PORTEUSE DE SON POUVOIR DISPARU.
C'EST BIEN LÀ LE PROBLÈME DU POUVOIR. DÈS QU'IL TE TOUCHE, LE DESTIN ENFONCE SES GRIFFES DANS TA JOLIE CHAIR.
ET, OH! PAR LES DIEUX PUTRÉFIÉS!
ELLES FONT MAL.
TU SERAS RÉDUITE EN LAMBEAUX, ET CHAQUE MORCEAU SERA EXAMINÉ. PUIS, BIEN SÛR, DÉVORÉE JUSQU'À L'OS.
ET LA PEUR DE CETTE DOULEUR DEVIENDRA TON MAÎTRE.
OUI, JE CONNAIS TON DESTIN, JEUNE FILLE.
TU ES DEVENUE ESCLAVE MALGRÉ TOI, ENCHAÎNÉE PAR DES LIENS INVISIBLES À UNE HISTOIRE QUE TU NE PEUX ÉCRIRE.
ET DONT TU NE VEUX RIEN.
OH! TU TE PERDRAS, C'EST CERTAIN.
LE SORT TE TRANSFORMERA. IL TE RENDRA MÉCONNAISSABLE, PETITE INCONNUE.
TU SERAS MALFORMÉE, ET TU HAÏRAS LA MOINDRE SECONDE DE TON EXISTENCE. TELLE EST TA VOIE, DÉSORMAIS.

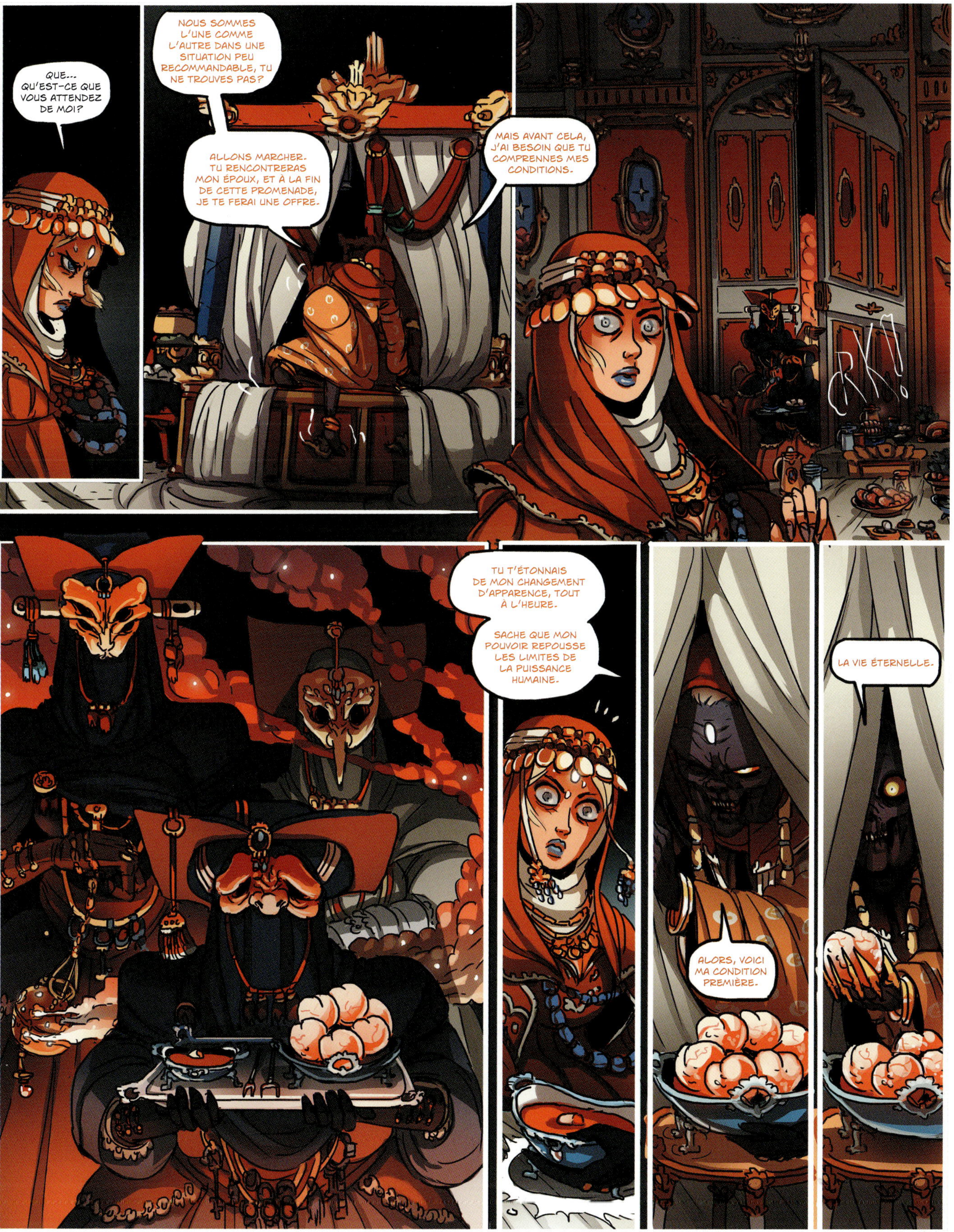
QUE... QU'EST-CE QUE VOUS ATTENDEZ DE MOI?
NOUS SOMMES L'UNE COMME L'AUTRE DANS UNE SITUATION PEU RECOMMANDABLE, TU NE TROUVES PAS?
ALLONS MARCHER. TU RENCONTRERAS MON ÉPOUX, ET À LA FIN DE CETTE PROMENADE, JE TE FERAI UNE OFFRE.
MAIS AVANT CELA, J'AI BESOIN QUE TU COMPRENNES MES CONDITIONS.
CRKK!
TU T'ÉTONNAIS DE MON CHANGEMENT D'APPARENCE, TOUT À L'HEURE.
SACHE QUE MON POUVOIR REPOUSSE LES LIMITES DE LA PUISSANCE HUMAINE.
ALORS, VOICI MA CONDITION PREMIÈRE.
LA VIE ÉTERNELLE.

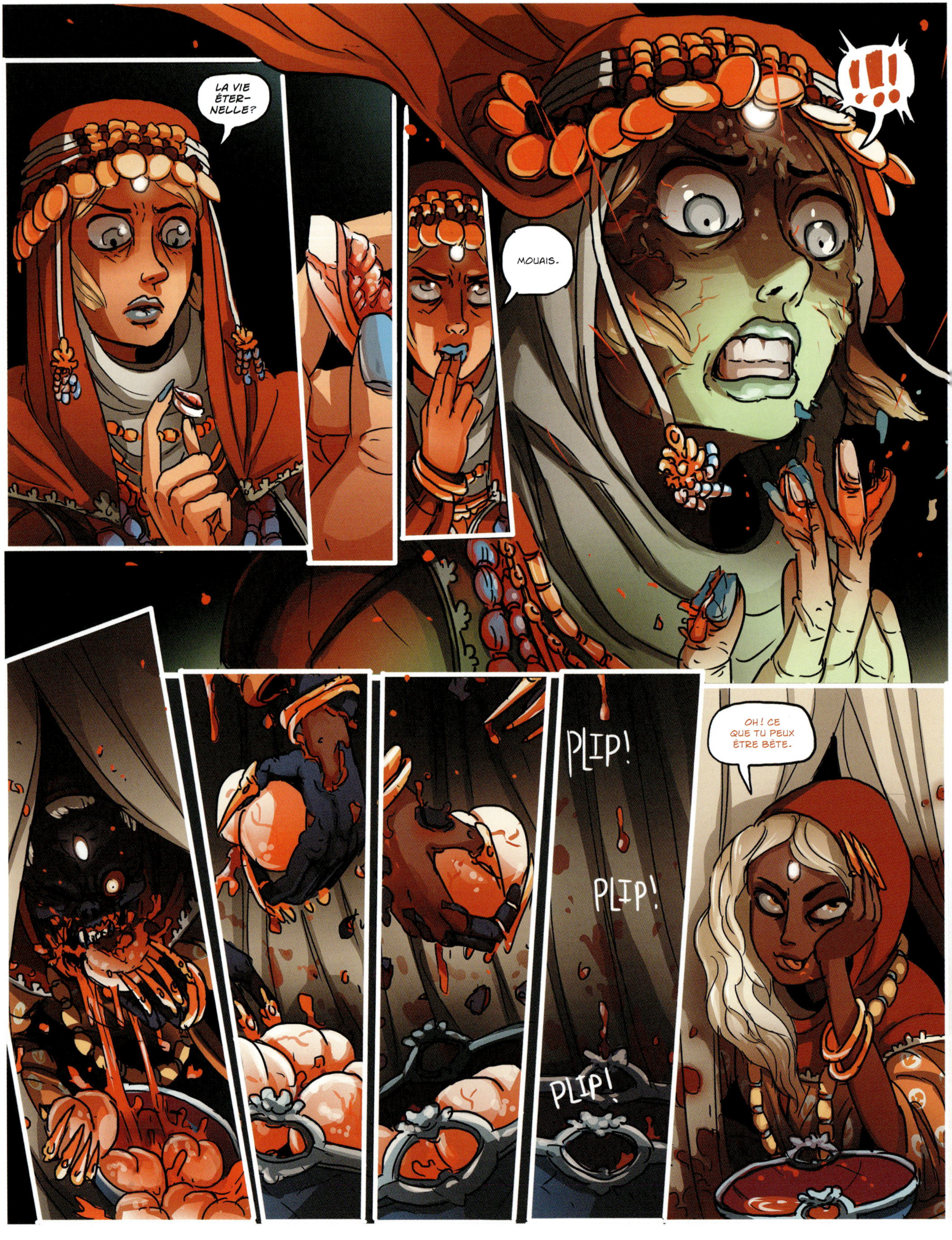
LA VIE ÉTER-NELLE?
MOUAIS.
!!!
PLIP!
PLIP!
PLIP!
OH! CE QUE TU PEUX ÊTRE BÊTE.

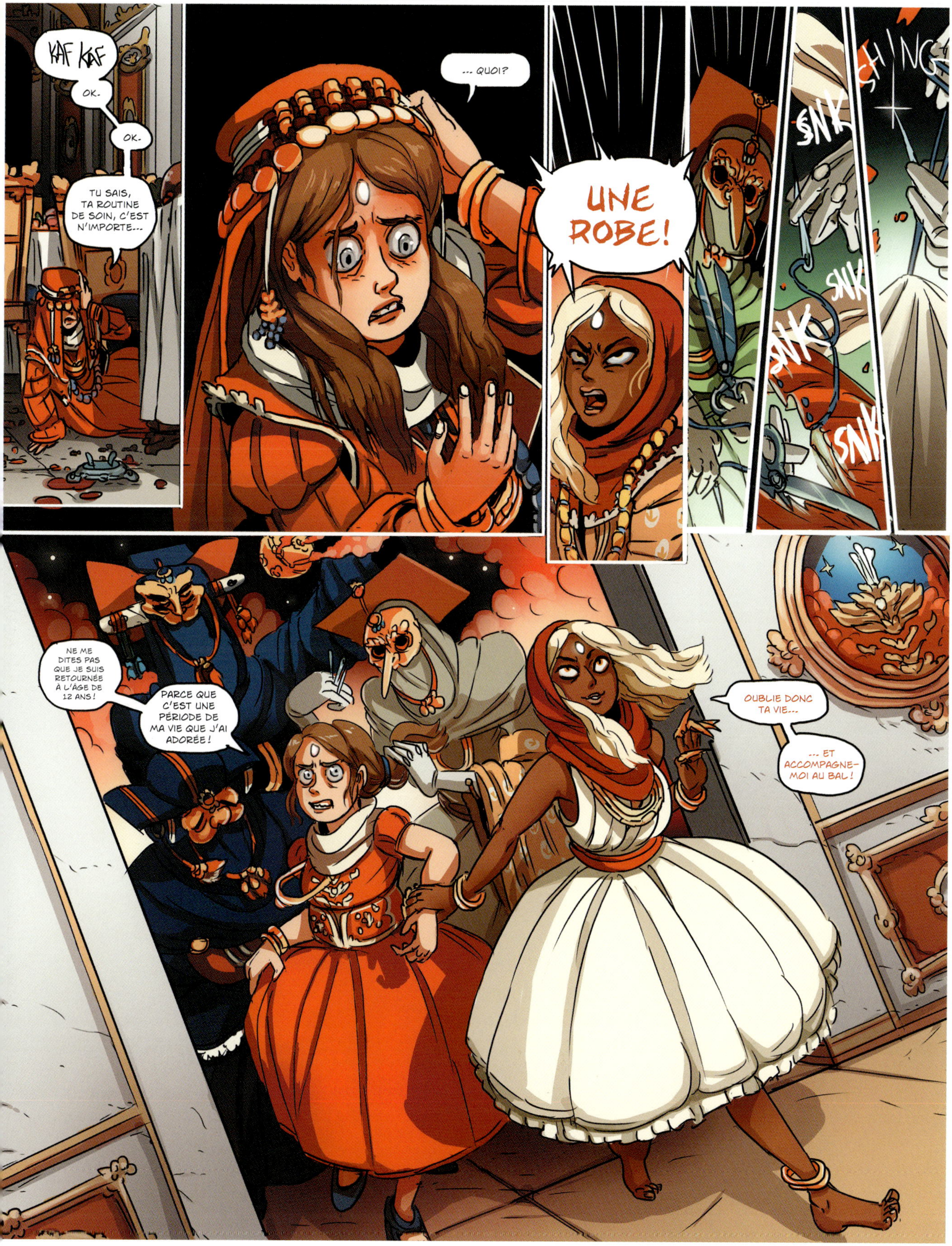
KAF KAF
OK.
OK.
TU SAIS, TA ROUTINE DE SOIN, C'EST N'IMPORTE...
... QUOI?
UNE ROBE!
SNK
SHING
SNK
SNK
SNK
NE ME DITES PAS QUE JE SUIS RETOURNÉE À L'ÂGE DE 12 ANS!
PARCE QUE C'EST UNE PÉRIODE DE MA VIE QUE J'AI ADORÉE!
OUBLIE DONC TA VIE...
... ET ACCOMPAGNE-MOI AU BAL!

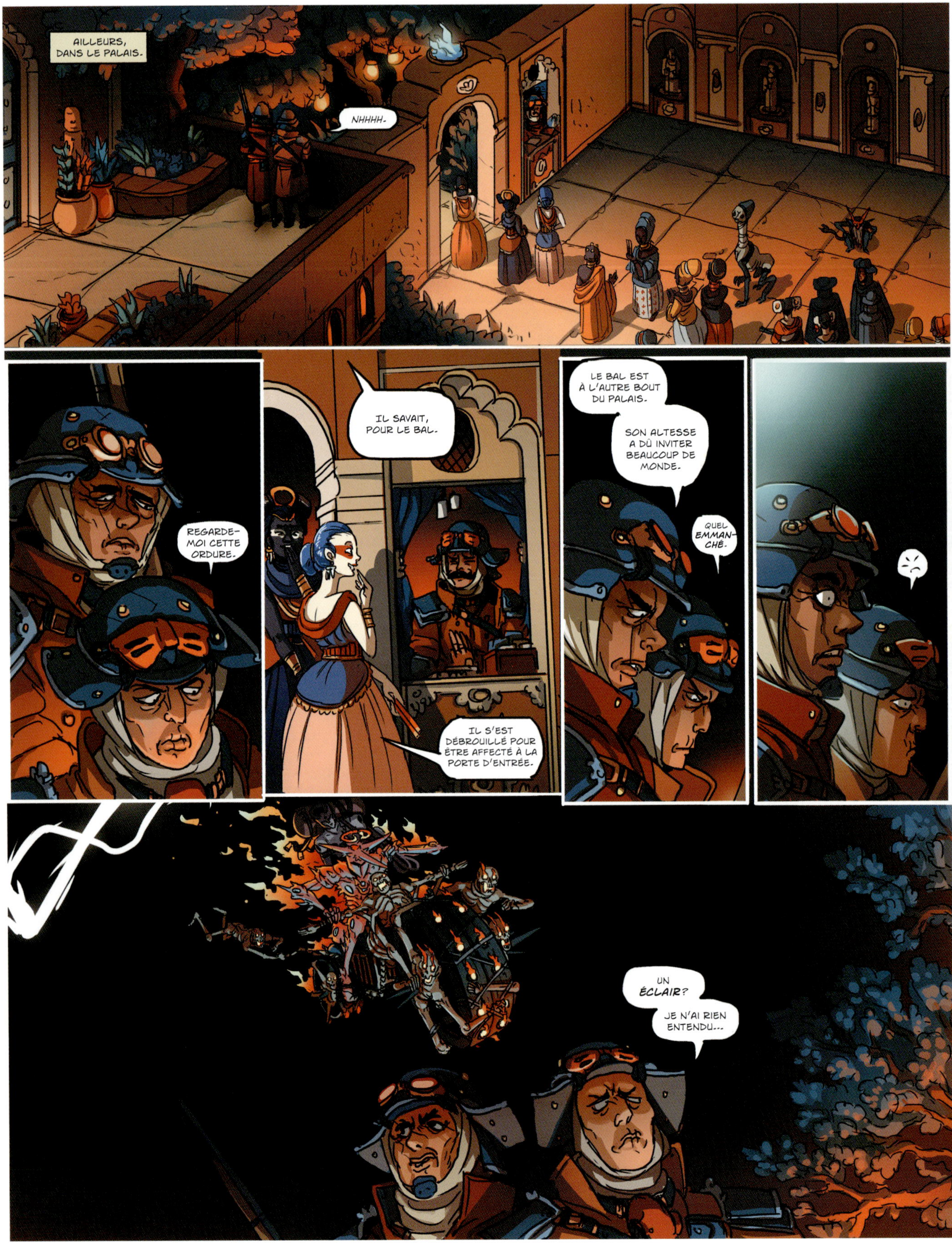
AILLEURS, DANS LE PALAIS.
NHHHH.
REGARDE-MOI CETTE ORDURE.
IL SAVAIT, POUR LE BAL.
IL S'EST DÉBROUILLÉ POUR ÊTRE AFFECTÉ À LA PORTE D'ENTRÉE.
LE BAL EST À L'AUTRE BOUT DU PALAIS.
SON ALTESSE A DÛ INVITER BEAUCOUP DE MONDE.
QUEL EMMANCHÉ.
UN ÉCLAIR?
JE N'AI RIEN ENTENDU...

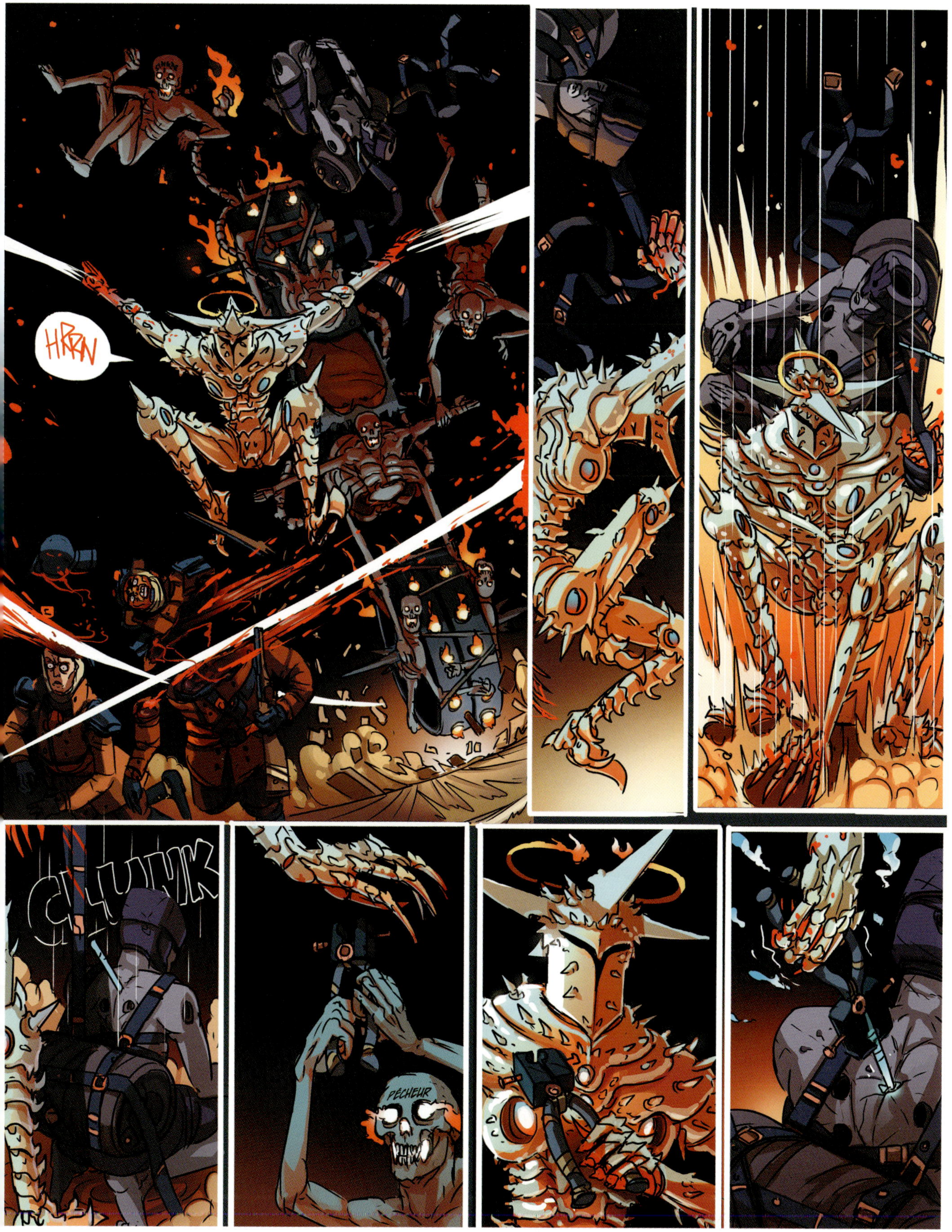
HRRN
CHUNK
PÉCHEUR

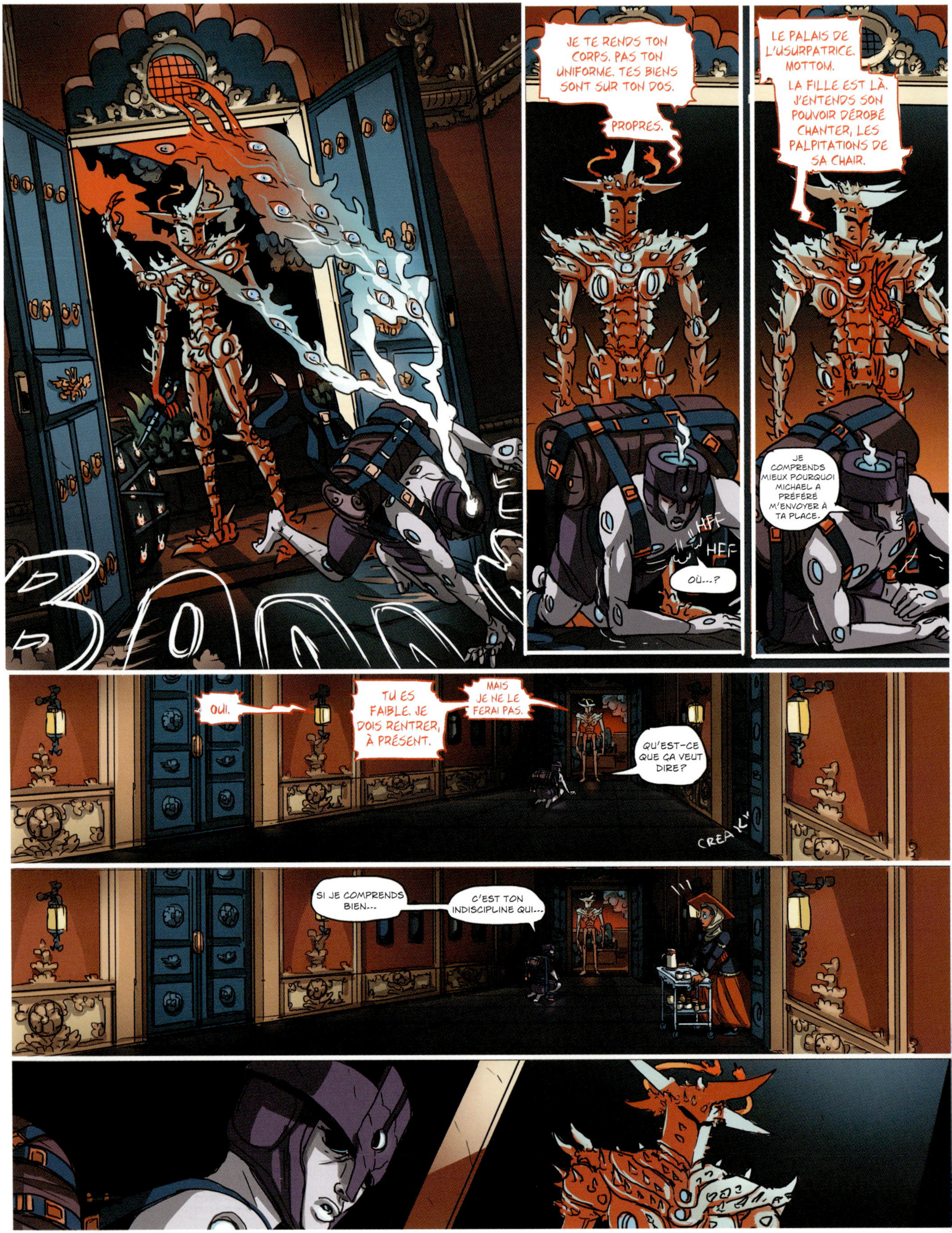
BOOOM
JE TE RENDS TON CORPS. PAS TON UNIFORME. TES BIENS SONT SUR TON DOS.
PROPRES.
HFF HFF
OÙ...?
LE PALAIS DE L'USURPATRICE. MOTTOM.
LA FILLE EST LÀ. J'ENTENDS SON POUVOIR DÉROBÉ CHANTER, LES PALPITATIONS DE SA CHAIR.
JE COMPRENDS MIEUX POURQUOI MICHAEL A PRÉFÉRÉ M'ENVOYER À TA PLACE.
OUI.
TU ES FAIBLE. JE DOIS RENTRER, À PRÉSENT.
MAIS JE NE LE FERAI PAS.
QU'EST-CE QUE ÇA VEUT DIRE?
CREAK
SI JE COMPRENDS BIEN...
C'EST TON INDISCIPLINE QUI...

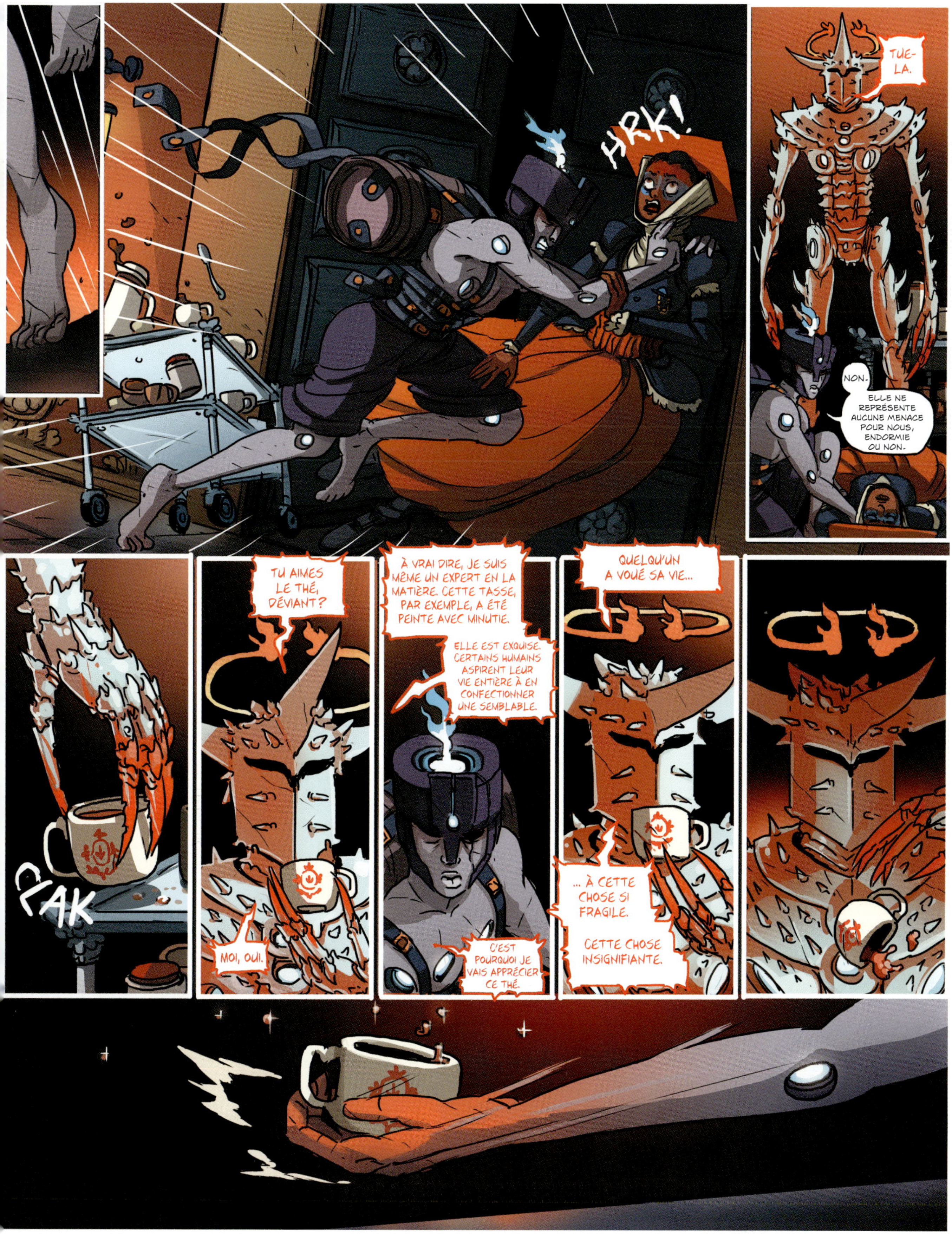
HRK!
TUE-LA.
NON.
ELLE NE REPRÉSENTE AUCUNE MENACE POUR NOUS, ENDORMIE OU NON.
CLAK
TU AIMES LE THÉ, DÉVIANT ?
MOI, OUI.
À VRAI DIRE, JE SUIS MÊME UN EXPERT EN LA MATIÈRE. CETTE TASSE, PAR EXEMPLE, A ÉTÉ PEINTE AVEC MINUTIE.
ELLE EST EXQUISE. CERTAINS HUMAINS ASPIRENT LEUR VIE ENTIÈRE À EN CONFECTIONNER UNE SEMBLABLE.
C'EST POURQUOI JE VAIS APPRÉCIER CE THÉ.
QUELQU'UN A VOUÉ SA VIE...
... À CETTE CHOSE SI FRAGILE.
CETTE CHOSE INSIGNIFIANTE.

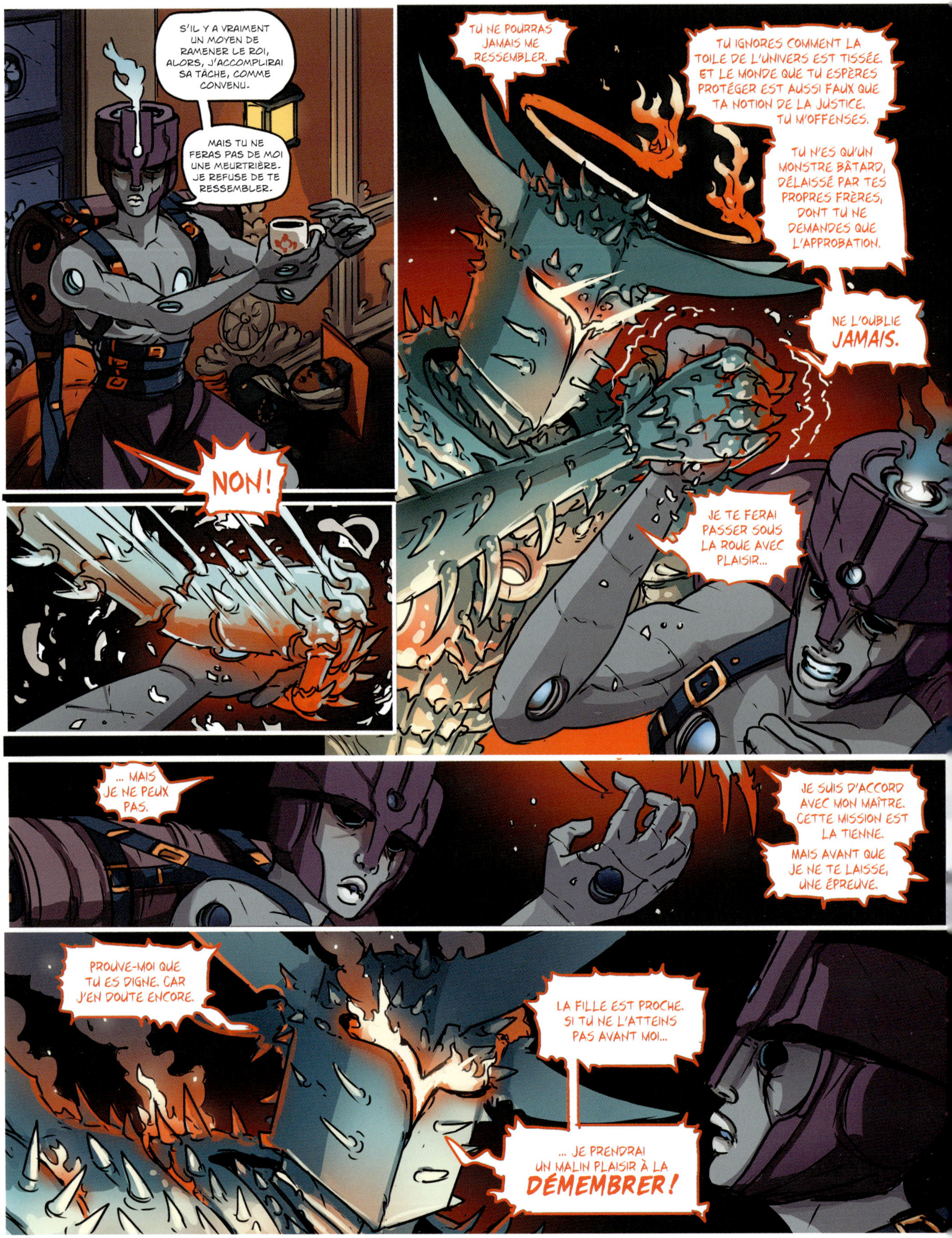
S'IL Y A VRAIMENT UN MOYEN DE RAMENER LE ROI, ALORS, J'ACCOMPLIRAI SA TÂCHE, COMME CONVENU.
MAIS TU NE FERAS PAS DE MOI UNE MEURTRIÈRE. JE REFUSE DE TE RESSEMBLER.
NON!
TU NE POURRAS JAMAIS ME RESSEMBLER.
TU IGNORES COMMENT LA TOILE DE L'UNIVERS EST TISSÉE. ET LE MONDE QUE TU ESPÈRES PROTÉGER EST AUSSI FAUX QUE TA NOTION DE LA JUSTICE. TU M'OFFENSES.
TU N'ES QU'UN MONSTRE BÂTARD, DÉLAISSÉ PAR TES PROPRES FRÈRES, DONT TU NE DEMANDES QUE L'APPROBATION.
NE L'OUBLIE JAMAIS.
JE TE FERAI PASSER SOUS LA ROUE AVEC PLAISIR...
... MAIS JE NE PEUX PAS.
JE SUIS D'ACCORD AVEC MON MAÎTRE. CETTE MISSION EST LA TIENNE.
MAIS AVANT QUE JE NE TE LAISSE, UNE ÉPREUVE.
PROUVE-MOI QUE TU ES DIGNE. CAR J'EN DOUTE ENCORE.
LA FILLE EST PROCHE. SI TU NE L'ATTEINS PAS AVANT MOI...
... JE PRENDRAI UN MALIN PLAISIR À LA DÉMEMBRER!

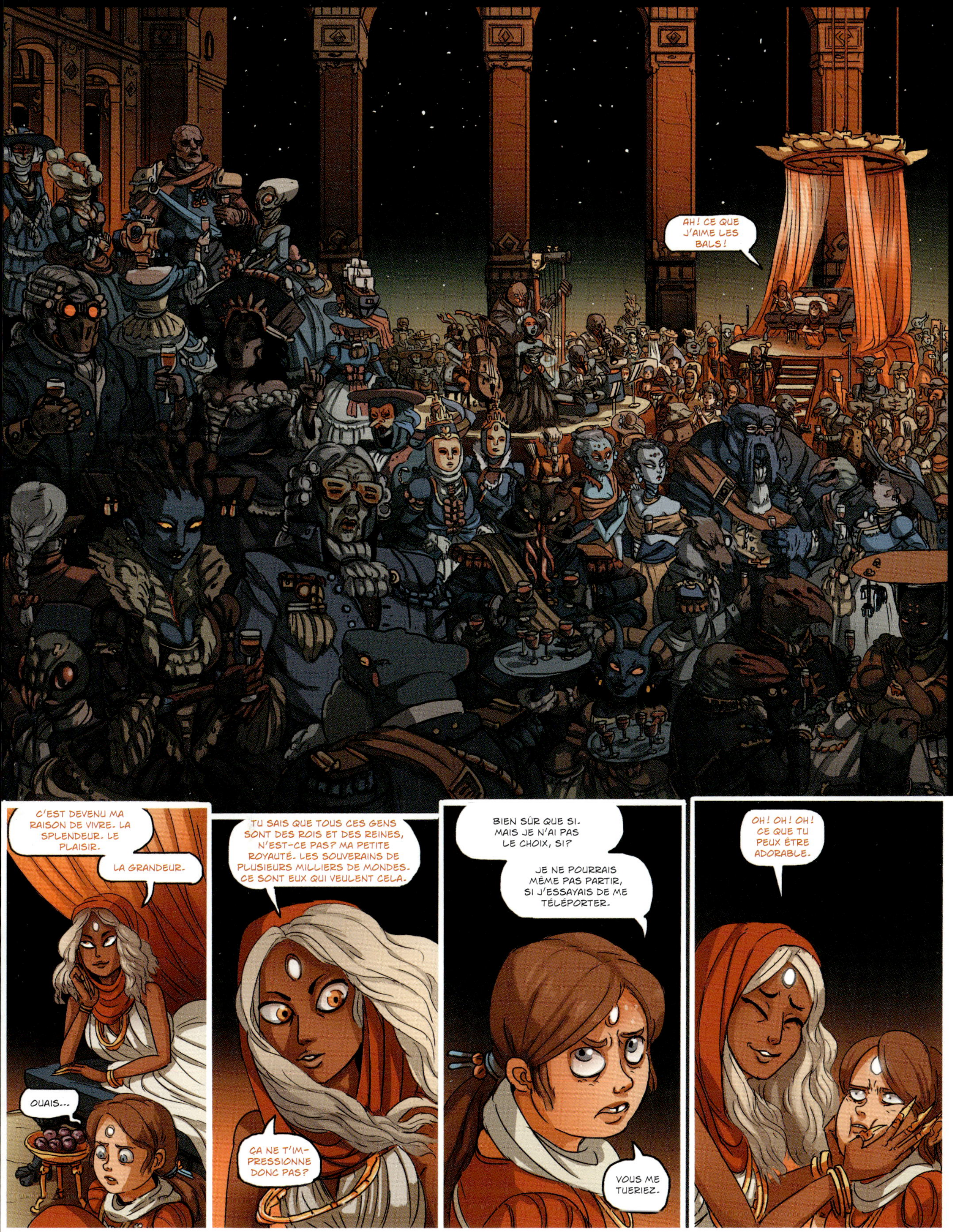
AH ! CE QUE J'AIME LES BALS !
C'EST DEVENU MA RAISON DE VIVRE. LA SPLENDEUR. LE PLAISIR.
LA GRANDEUR.
OUAIS...
TU SAIS QUE TOUS CES GENS SONT DES ROIS ET DES REINES, N'EST-CE PAS ? MA PETITE ROYAUTÉ. LES SOUVERAINS DE PLUSIEURS MILLIERS DE MONDES. CE SONT EUX QUI VEULENT CELA.
ÇA NE T'IMPRESSIONNE DONC PAS ?
BIEN SÛR QUE SI. MAIS JE N'AI PAS LE CHOIX, SI ?
JE NE POURRAIS MÊME PAS PARTIR, SI J'ESSAYAIS DE ME TÉLÉPORTER.
VOUS ME TUERIEZ.
OH ! OH ! OH ! CE QUE TU PEUX ÊTRE ADORABLE.

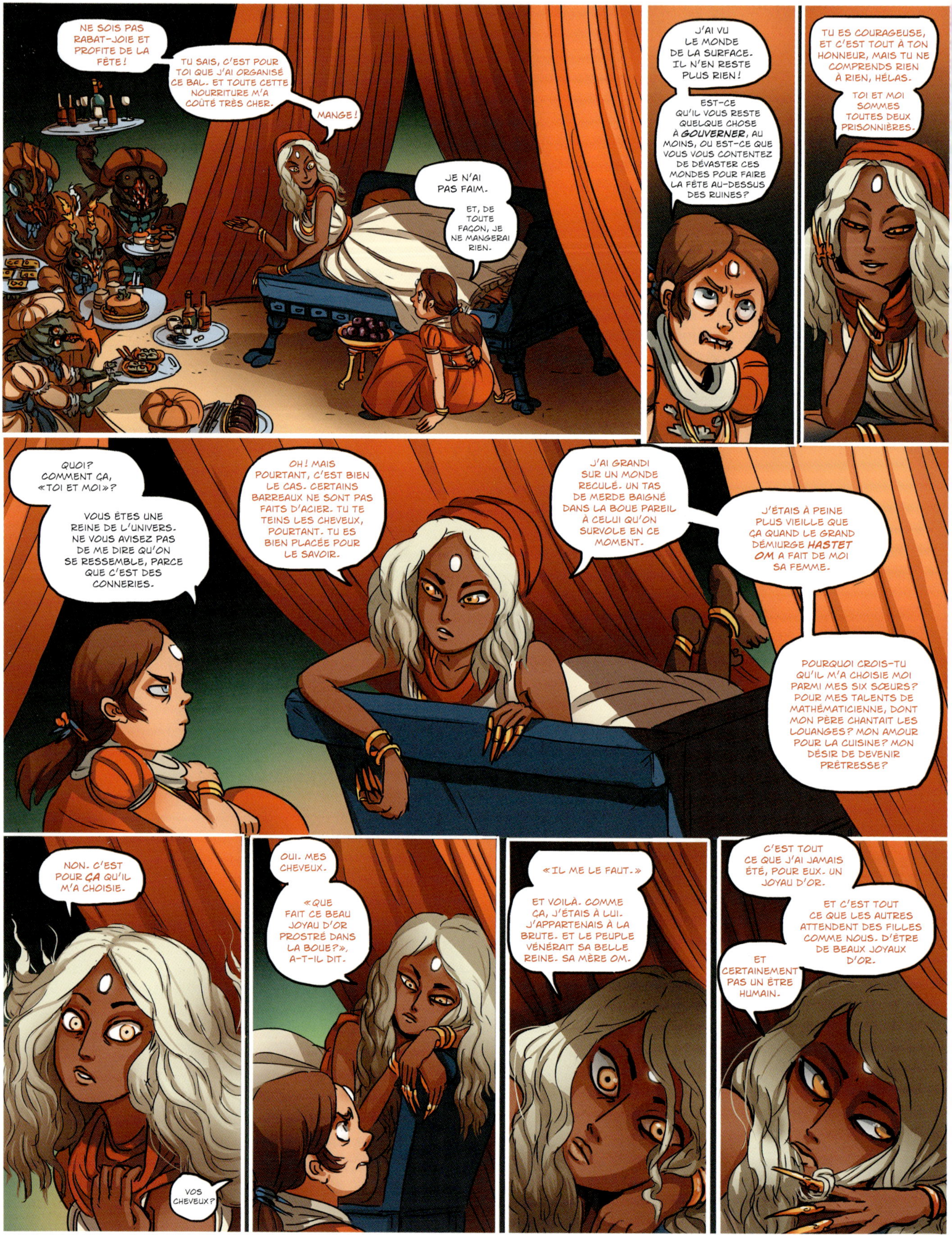
NE SOIS PAS RABAT-JOIE ET PROFITE DE LA FÊTE !
TU SAIS, C'EST POUR TOI QUE J'AI ORGANISÉ CE BAL. ET TOUTE CETTE NOURRITURE M'A COÛTÉ TRÈS CHER.
MANGE !
JE N'AI PAS FAIM.
ET, DE TOUTE FAÇON, JE NE MANGERAI RIEN.
J'AI VU LE MONDE DE LA SURFACE. IL N'EN RESTE PLUS RIEN !
EST-CE QU'IL VOUS RESTE QUELQUE CHOSE À GOUVERNER, AU MOINS, OU EST-CE QUE VOUS VOUS CONTENTEZ DE DÉVASTER CES MONDES POUR FAIRE LA FÊTE AU-DESSUS DES RUINES?
TU ES COURAGEUSE, ET C'EST TOUT À TON HONNEUR, MAIS TU NE COMPRENDS RIEN À RIEN, HÉLAS.
TOI ET MOI SOMMES TOUTES DEUX PRISONNIÈRES.
QUOI? COMMENT ÇA, «TOI ET MOI»?
VOUS ÊTES UNE REINE DE L'UNIVERS. NE VOUS AVISEZ PAS DE ME DIRE QU'ON SE RESSEMBLE, PARCE QUE C'EST DES CONNERIES.
OH ! MAIS POURTANT, C'EST BIEN LE CAS. CERTAINS BARREAUX NE SONT PAS FAITS D'ACIER. TU TE TEINS LES CHEVEUX, POURTANT. TU ES BIEN PLACÉE POUR LE SAVOIR.
J'AI GRANDI SUR UN MONDE RECULÉ. UN TAS DE MERDE BAIGNÉ DANS LA BOUE PAREIL À CELUI QU'ON SURVOLE EN CE MOMENT.
J'ÉTAIS À PEINE PLUS VIEILLE QUE ÇA QUAND LE GRAND DÉMIURGE HASTET OM A FAIT DE MOI SA FEMME.
POURQUOI CROIS-TU QU'IL M'A CHOISIE MOI PARMI MES SIX SŒURS? POUR MES TALENTS DE MATHÉMATICIENNE, DONT MON PÈRE CHANTAIT LES LOUANGES? MON AMOUR POUR LA CUISINE? MON DÉSIR DE DEVENIR PRÊTRESSE?
NON. C'EST POUR ÇA QU'IL M'A CHOISIE.
VOS CHEVEUX?
OUI. MES CHEVEUX.
«QUE FAIT CE BEAU JOYAU D'OR PROSTRÉ DANS LA BOUE?», A-T-IL DIT.
«IL ME LE FAUT.»
ET VOILÀ. COMME ÇA, J'ÉTAIS À LUI. J'APPARTENAIS À LA BRUTE. ET LE PEUPLE VÉNÉRAIT SA BELLE REINE. SA MÈRE OM.
C'EST TOUT CE QUE J'AI JAMAIS ÉTÉ, POUR EUX. UN JOYAU D'OR.
ET C'EST TOUT CE QUE LES AUTRES ATTENDENT DES FILLES COMME NOUS. D'ÊTRE DE BEAUX JOYAUX D'OR.
ET CERTAINEMENT PAS UN ÊTRE HUMAIN.

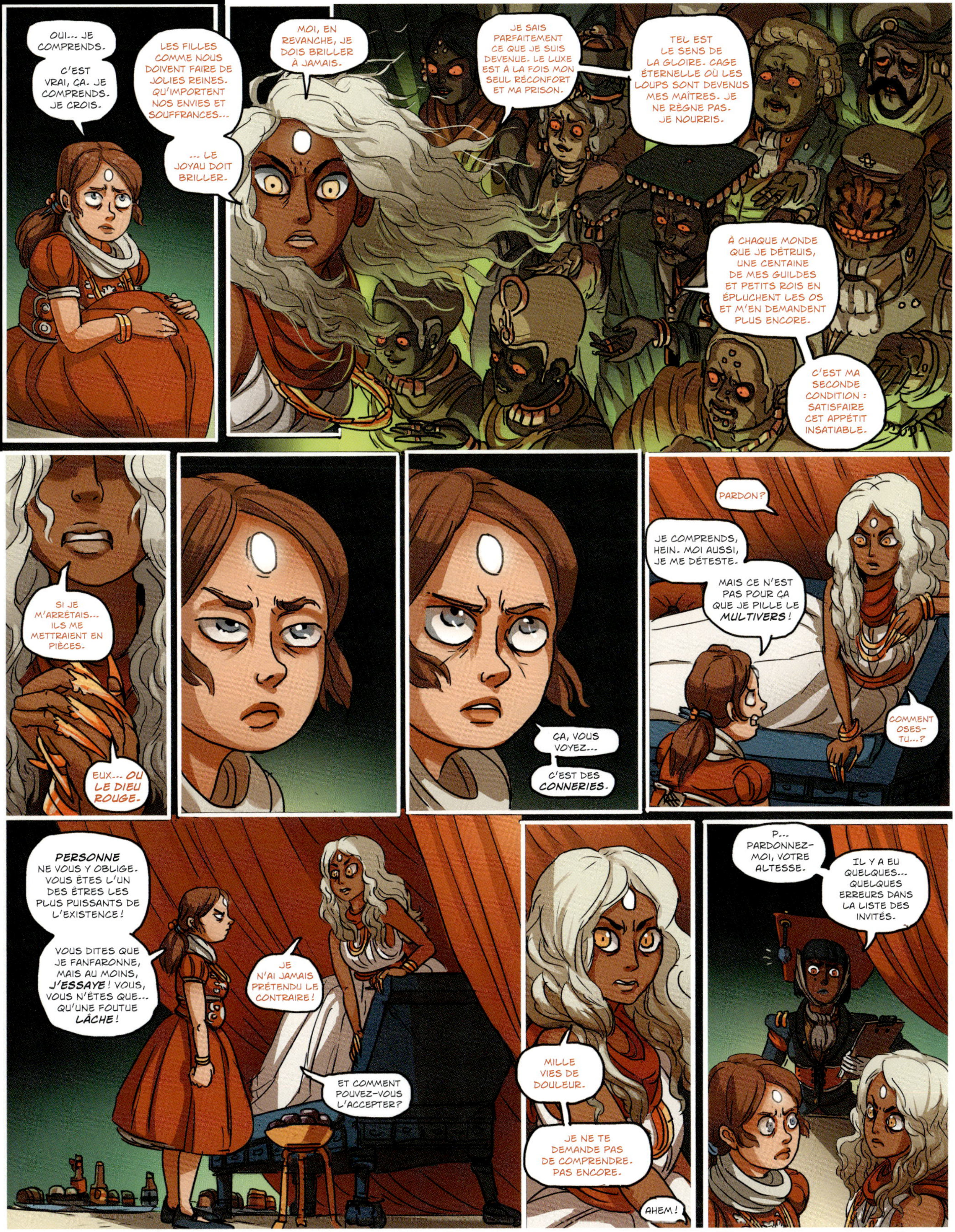
OUI... JE COMPRENDS.
C'EST VRAI, ÇA. JE COMPRENDS. JE CROIS.
LES FILLES COMME NOUS DOIVENT FAIRE DE JOLIES REINES. QU'IMPORTENT NOS ENVIES ET SOUFFRANCES...
... LE JOYAU DOIT BRILLER.
MOI, EN REVANCHE, JE DOIS BRILLER À JAMAIS.
JE SAIS PARFAITEMENT CE QUE JE SUIS DEVENUE. LE LUXE EST À LA FOIS MON SEUL RÉCONFORT ET MA PRISON.
TEL EST LE SENS DE LA GLOIRE. CAGE ÉTERNELLE OÙ LES LOUPS SONT DEVENUS MES MAÎTRES. JE NE RÈGNE PAS. JE NOURRIS.
À CHAQUE MONDE QUE JE DÉTRUIS, UNE CENTAINE DE MES GUILDES ET PETITS ROIS EN ÉPLUCHENT LES OS ET M'EN DEMANDENT PLUS ENCORE.
C'EST MA SECONDE CONDITION : SATISFAIRE CET APPÉTIT INSATIABLE.
SI JE M'ARRÊTAIS... ILS ME METTRAIENT EN PIÈCES.
EUX... OU LE DIEU ROUGE.
ÇA, VOUS VOYEZ...
C'EST DES **CONNERIES**.
PARDON?
JE COMPRENDS, HEIN. MOI AUSSI, JE ME DÉTESTE.
MAIS CE N'EST PAS POUR ÇA QUE JE PILLE LE ***MULTIVERS*** !
COMMENT OSES-TU...?
PERSONNE NE VOUS Y OBLIGE. VOUS ÊTES L'UN DES ÊTRES LES PLUS PUISSANTS DE L'EXISTENCE !
VOUS DITES QUE JE FANFARONNE, MAIS AU MOINS, ***J'ESSAYE*** ! VOUS, VOUS N'ÊTES QUE... QU'UNE FOUTUE ***LÂCHE*** !
JE N'AI JAMAIS PRÉTENDU LE CONTRAIRE !
ET COMMENT POUVEZ-VOUS L'ACCEPTER?
MILLE VIES DE DOULEUR.
JE NE TE DEMANDE PAS DE COMPRENDRE. PAS ENCORE.
AHEM !
P... PARDONNEZ-MOI, VOTRE ALTESSE.
IL Y A EU QUELQUES... QUELQUES ERREURS DANS LA LISTE DES INVITÉS.

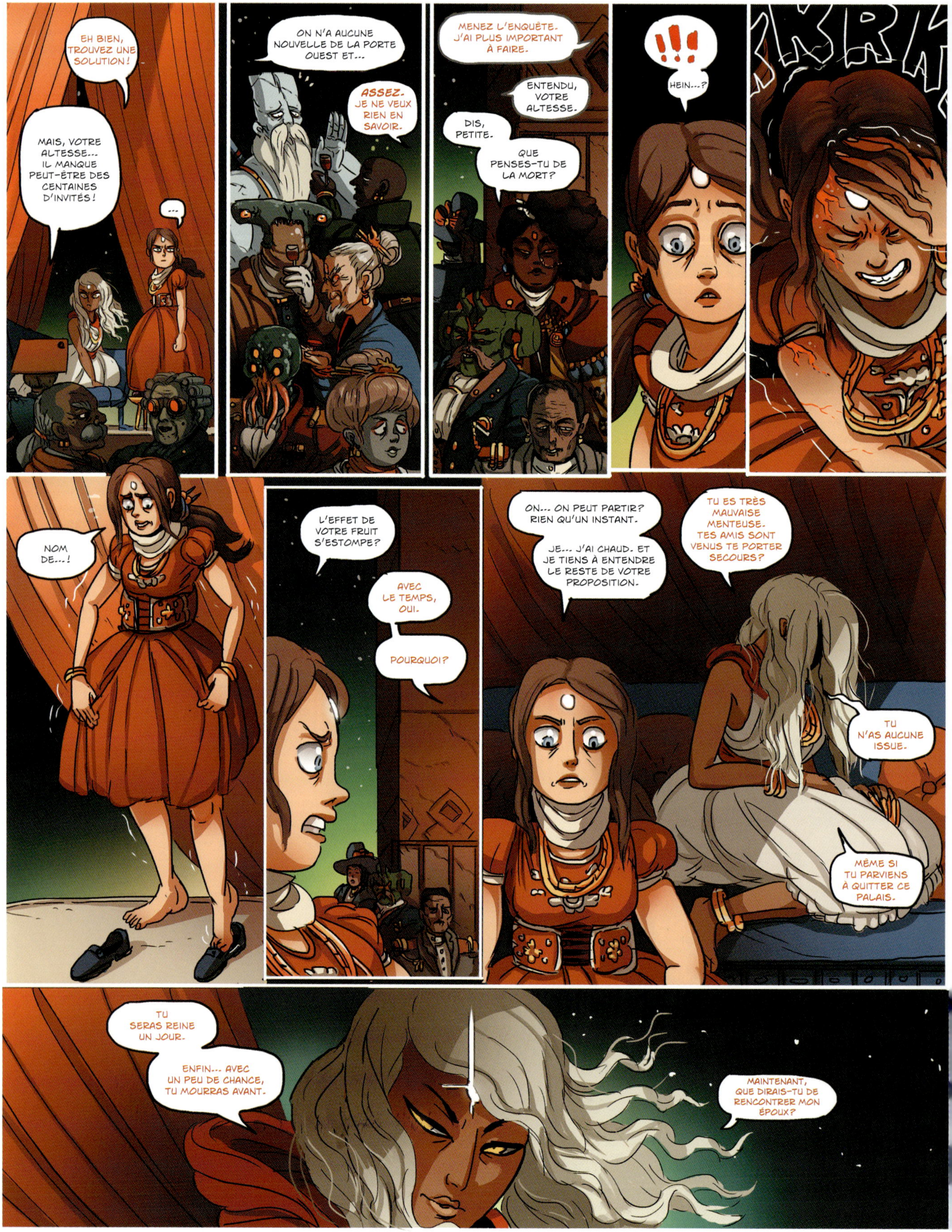
EH BIEN, TROUVEZ UNE SOLUTION !
MAIS, VOTRE ALTESSE... IL MANQUE PEUT-ÊTRE DES CENTAINES D'INVITÉS !
...
ON N'A AUCUNE NOUVELLE DE LA PORTE OUEST ET...
ASSEZ. JE NE VEUX RIEN EN SAVOIR.
MENEZ L'ENQUÊTE. J'AI PLUS IMPORTANT À FAIRE.
ENTENDU, VOTRE ALTESSE.
DIS, PETITE.
QUE PENSES-TU DE LA MORT ?
!!!
HEIN...?
KRK
NOM DE... !
L'EFFET DE VOTRE FRUIT S'ESTOMPE ?
AVEC LE TEMPS, OUI.
POURQUOI ?
ON... ON PEUT PARTIR ? RIEN QU'UN INSTANT.
JE... J'AI CHAUD. ET JE TIENS À ENTENDRE LE RESTE DE VOTRE PROPOSITION.
TU ES TRÈS MAUVAISE MENTEUSE. TES AMIS SONT VENUS TE PORTER SECOURS ?
TU N'AS AUCUNE ISSUE.
MÊME SI TU PARVIENS À QUITTER CE PALAIS.
TU SERAS REINE UN JOUR.
ENFIN... AVEC UN PEU DE CHANCE, TU MOURRAS AVANT.
MAINTENANT, QUE DIRAIS-TU DE RENCONTRER MON ÉPOUX ?

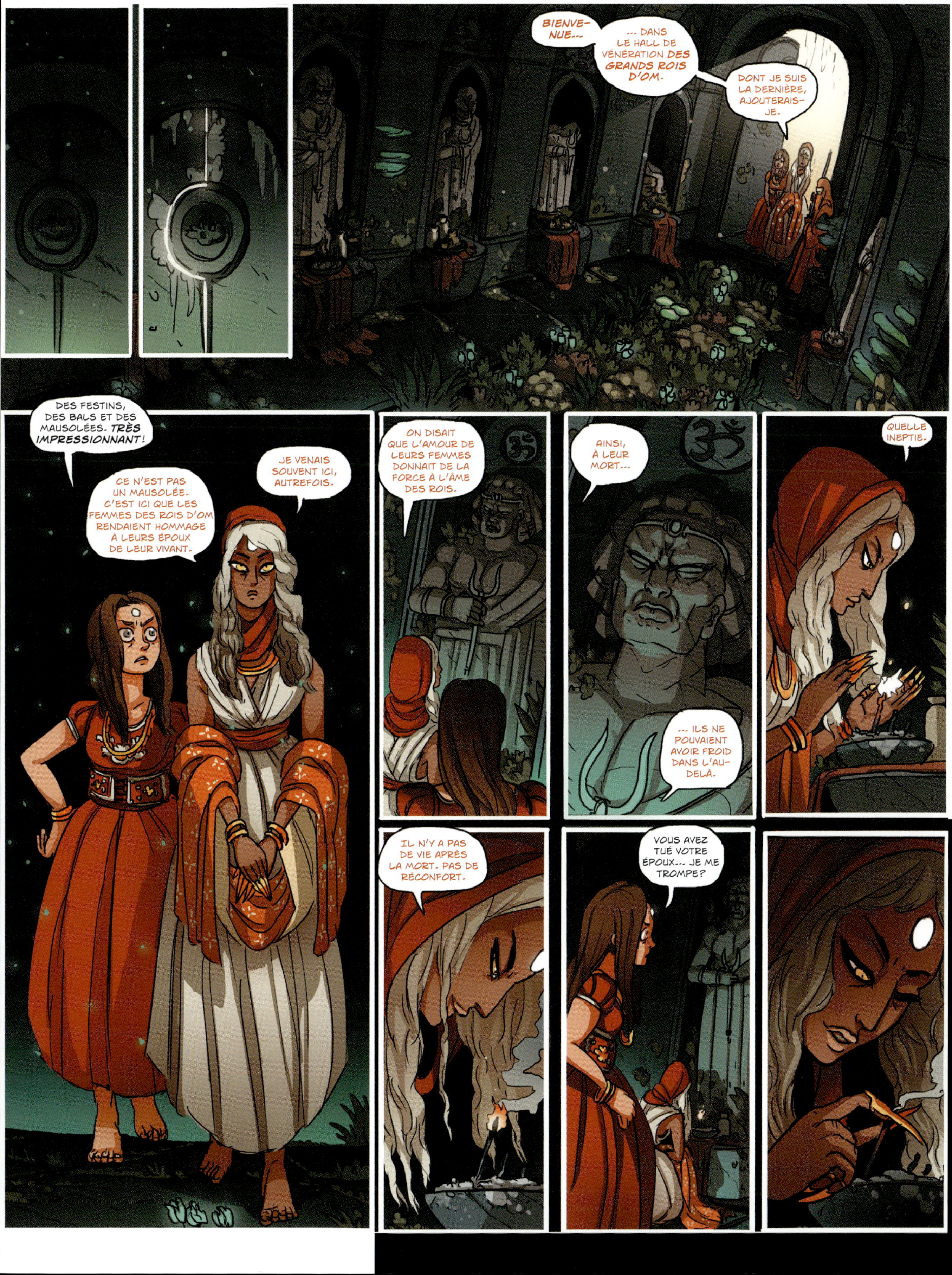
BIENVENUE...
... DANS LE HALL DE VÉNÉRATION DES GRANDS ROIS D'OM.
DONT JE SUIS LA DERNIÈRE, AJOUTERAIS-JE.
DES FESTINS, DES BALS ET DES MAUSOLÉES. TRÈS IMPRESSIONNANT !
CE N'EST PAS UN MAUSOLÉE. C'EST ICI QUE LES FEMMES DES ROIS D'OM RENDAIENT HOMMAGE À LEURS ÉPOUX DE LEUR VIVANT.
JE VENAIS SOUVENT ICI, AUTREFOIS.
ON DISAIT QUE L'AMOUR DE LEURS FEMMES DONNAIT DE LA FORCE À L'ÂME DES ROIS.
AINSI, À LEUR MORT...
... ILS NE POUVAIENT AVOIR FROID DANS L'AU-DELÀ.
QUELLE INEPTIE.
IL N'Y A PAS DE VIE APRÈS LA MORT. PAS DE RÉCONFORT.
VOUS AVEZ TUÉ VOTRE ÉPOUX... JE ME TROMPE?

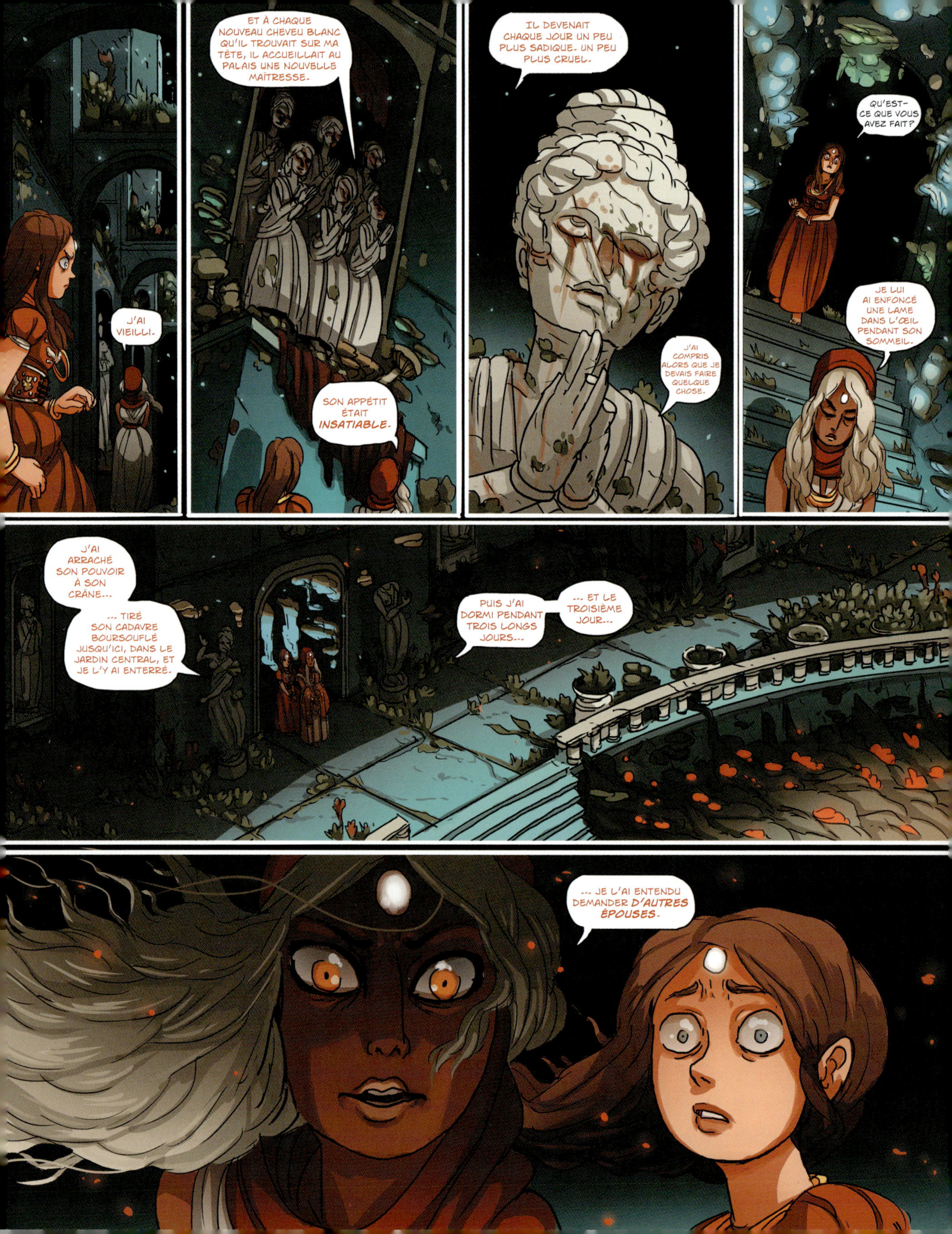
J'AI VIEILLI.
ET À CHAQUE NOUVEAU CHEVEU BLANC QU'IL TROUVAIT SUR MA TÊTE, IL ACCUEILLAIT AU PALAIS UNE NOUVELLE MAÎTRESSE.
SON APPÉTIT ÉTAIT *INSATIABLE*.
IL DEVENAIT CHAQUE JOUR UN PEU PLUS SADIQUE. UN PEU PLUS CRUEL.
J'AI COMPRIS ALORS QUE JE DEVAIS FAIRE QUELQUE CHOSE.
QU'EST-CE QUE VOUS AVEZ FAIT?
JE LUI AI ENFONCÉ UNE LAME DANS L'ŒIL PENDANT SON SOMMEIL.
J'AI ARRACHÉ SON POUVOIR À SON CRÂNE...
... TIRÉ SON CADAVRE BOURSOUFLÉ JUSQU'ICI, DANS LE JARDIN CENTRAL, ET JE L'Y AI ENTERRÉ.
PUIS J'AI DORMI PENDANT TROIS LONGS JOURS...
... ET LE TROISIÈME JOUR...
... JE L'AI ENTENDU DEMANDER *D'AUTRES ÉPOUSES*.

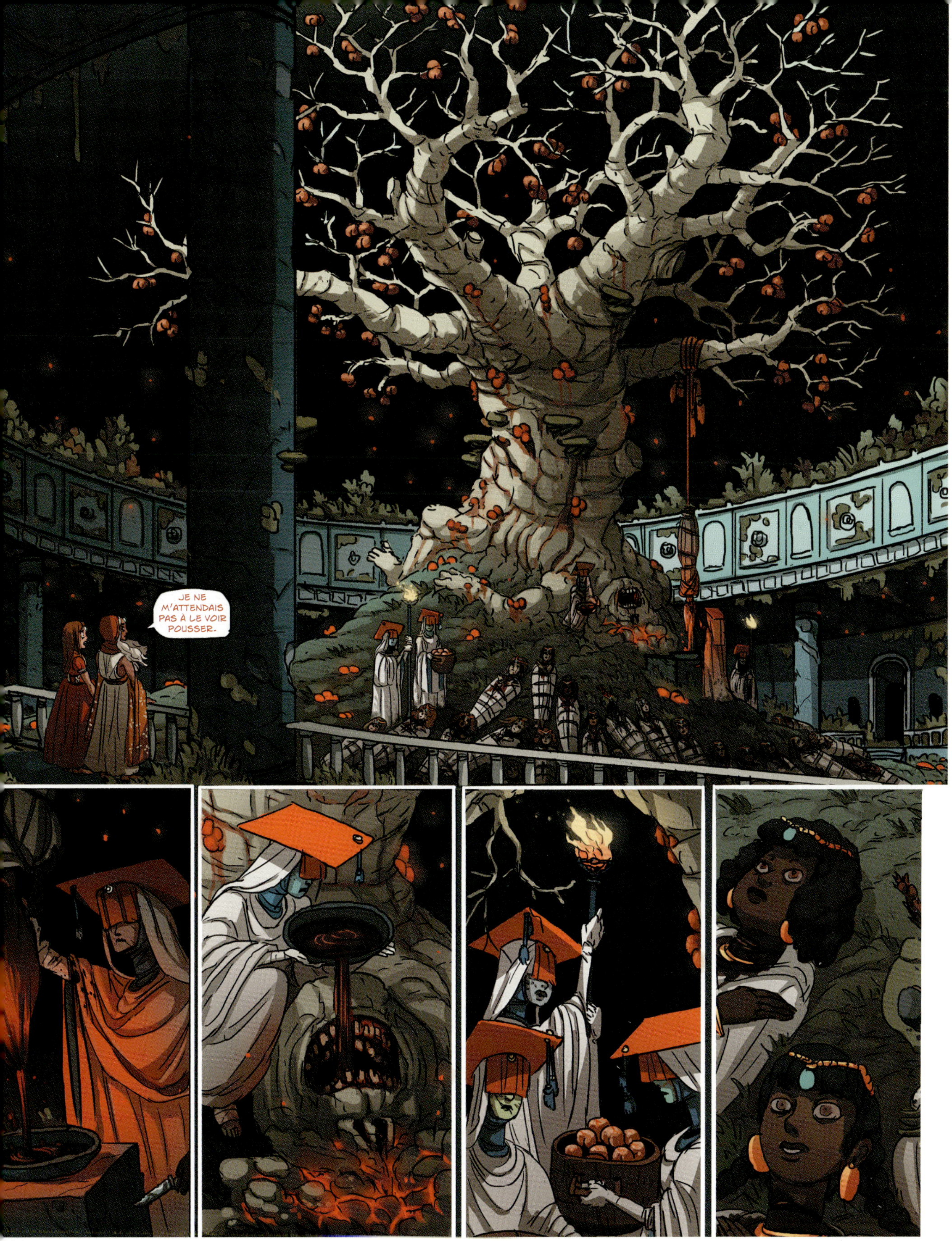
JE NE M'ATTENDAIS PAS À LE VOIR POUSSER.

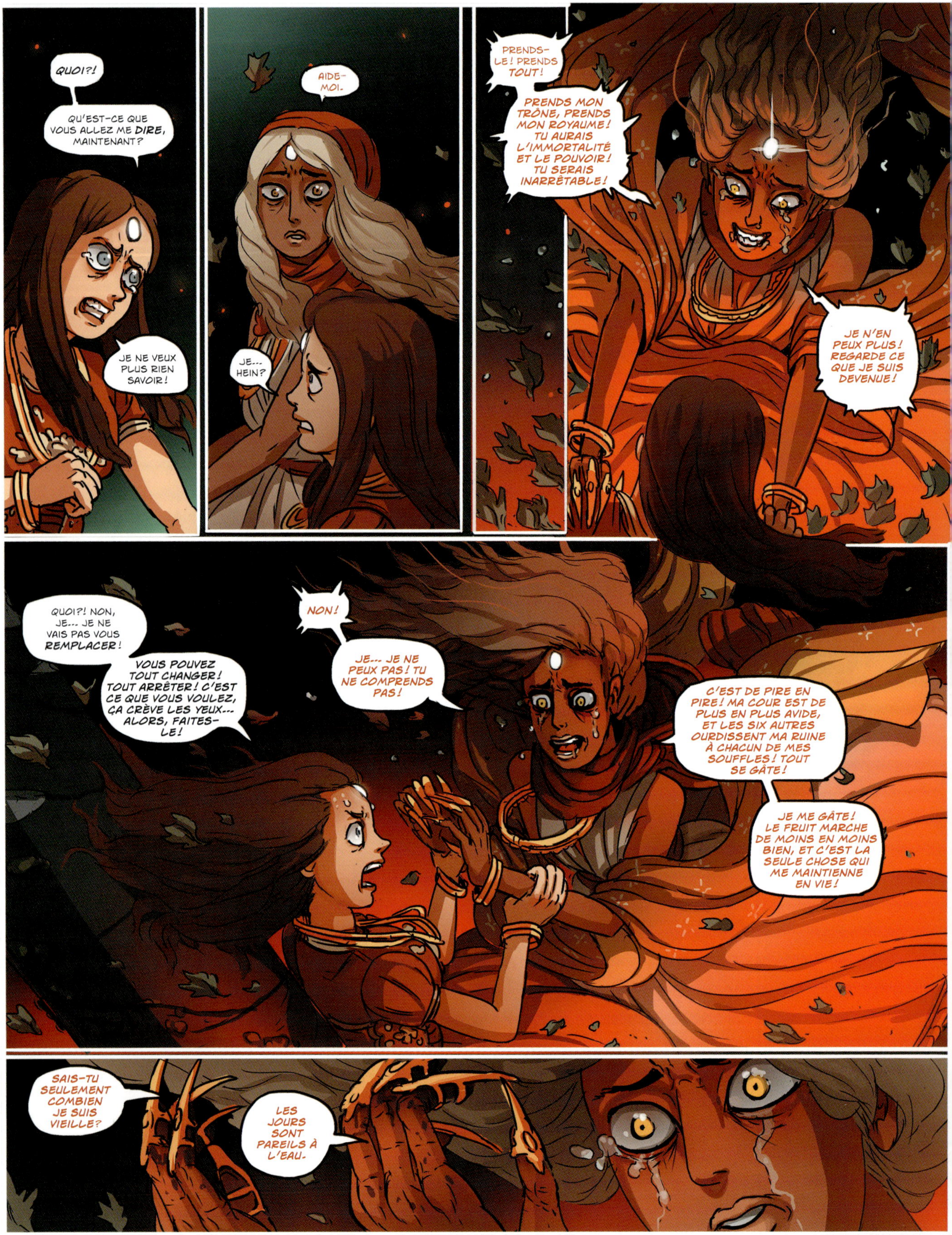
QUOI?!
QU'EST-CE QUE VOUS ALLEZ ME DIRE, MAINTENANT?
JE NE VEUX PLUS RIEN SAVOIR!
AIDE-MOI.
JE... HEIN?
PRENDS-LE! PRENDS TOUT!
PRENDS MON TRÔNE, PRENDS MON ROYAUME! TU AURAIS L'IMMORTALITÉ ET LE POUVOIR! TU SERAIS INARRÊTABLE!
JE N'EN PEUX PLUS! REGARDE CE QUE JE SUIS DEVENUE!
QUOI?! NON, JE... JE NE VAIS PAS VOUS REMPLACER!
VOUS POUVEZ TOUT CHANGER! TOUT ARRÊTER! C'EST CE QUE VOUS VOULEZ, ÇA CRÈVE LES YEUX... ALORS, FAITES-LE!
NON!
JE... JE NE PEUX PAS! TU NE COMPRENDS PAS!
C'EST DE PIRE EN PIRE! MA COUR EST DE PLUS EN PLUS AVIDE, ET LES SIX AUTRES OURDISSENT MA RUINE À CHACUN DE MES SOUFFLES! TOUT SE GÂTE!
JE ME GÂTE! LE FRUIT MARCHE DE MOINS EN MOINS BIEN, ET C'EST LA SEULE CHOSE QUI ME MAINTIENNE EN VIE!
SAIS-TU SEULEMENT COMBIEN JE SUIS VIEILLE?
LES JOURS SONT PAREILS À L'EAU.

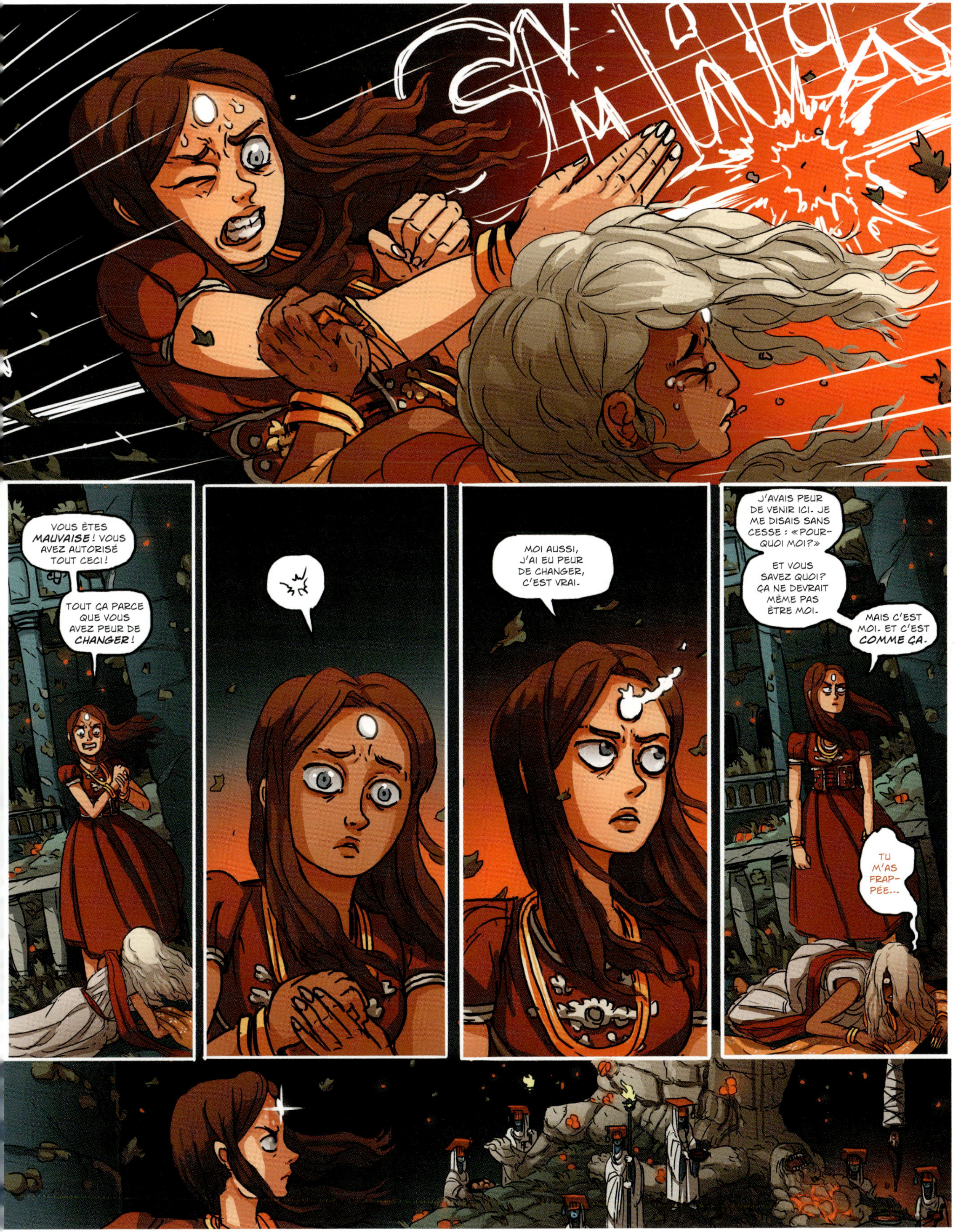
VOUS ÊTES **MAUVAISE** ! VOUS AVEZ AUTORISÉ TOUT CECI !
TOUT ÇA PARCE QUE VOUS AVEZ PEUR DE **CHANGER** !
MOI AUSSI, J'AI EU PEUR DE CHANGER, C'EST VRAI.
J'AVAIS PEUR DE VENIR ICI. JE ME DISAIS SANS CESSE : « POURQUOI MOI ? »
ET VOUS SAVEZ QUOI ? ÇA NE DEVRAIT MÊME PAS ÊTRE MOI.
MAIS C'EST MOI. ET C'EST **COMME ÇA**.
TU M'AS FRAPPÉE…

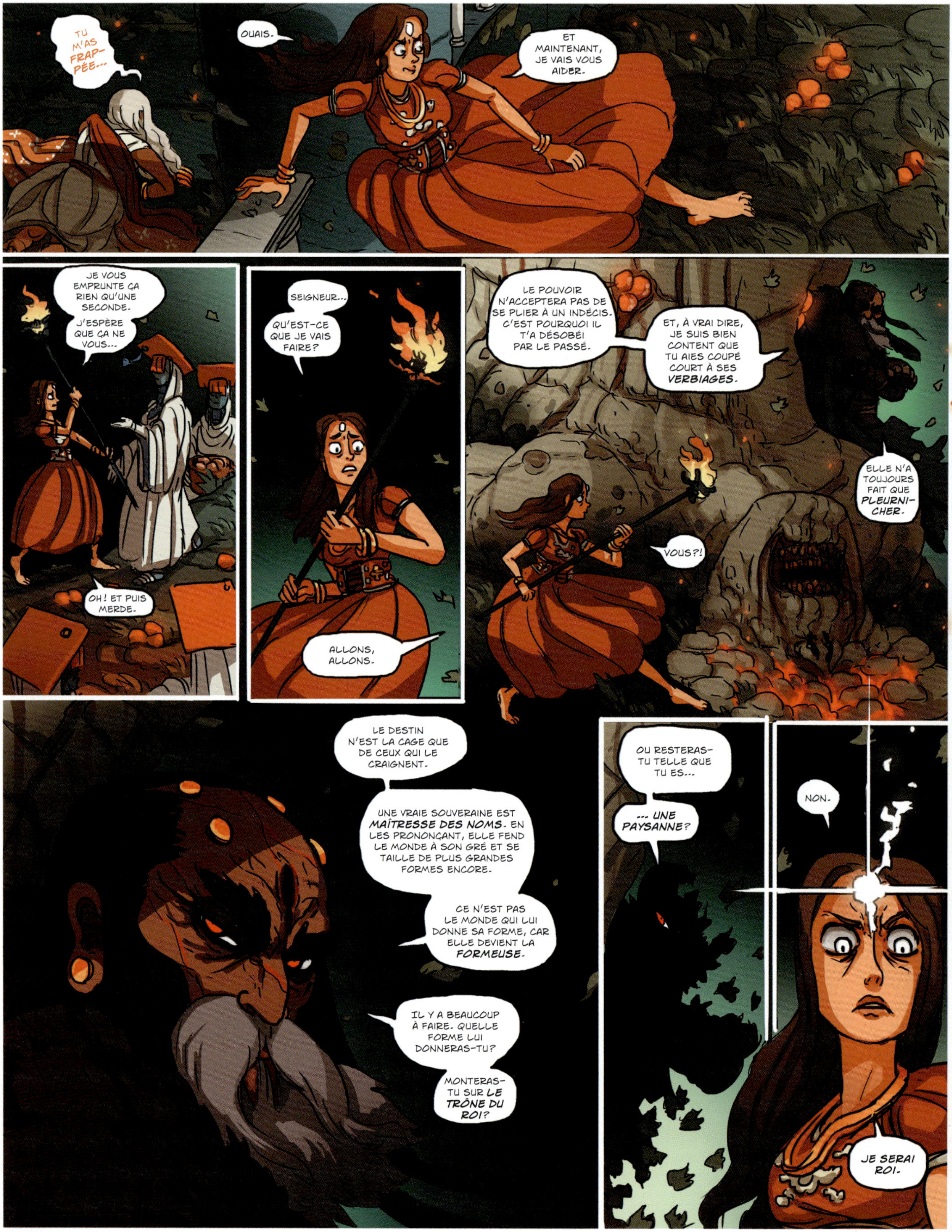

TU M'AS FRAPPÉE...
OUAIS.
ET MAINTENANT, JE VAIS VOUS AIDER.
JE VOUS EMPRUNTE ÇA RIEN QU'UNE SECONDE.
J'ESPÈRE QUE ÇA NE VOUS...
OH ! ET PUIS MERDE.
SEIGNEUR...
QU'EST-CE QUE JE VAIS FAIRE?
ALLONS, ALLONS.
LE POUVOIR N'ACCEPTERA PAS DE SE PLIER À UN INDÉCIS. C'EST POURQUOI IL T'A DÉSOBÉI PAR LE PASSÉ.
ET, À VRAI DIRE, JE SUIS BIEN CONTENT QUE TU AIES COUPÉ COURT À SES VERBIAGES.
ELLE N'A TOUJOURS FAIT QUE PLEURNICHER.
VOUS?!
LE DESTIN N'EST LA CAGE QUE DE CEUX QUI LE CRAIGNENT.
UNE VRAIE SOUVERAINE EST MAÎTRESSE DES NOMS. EN LES PRONONÇANT, ELLE FEND LE MONDE À SON GRÉ ET SE TAILLE DE PLUS GRANDES FORMES ENCORE.
CE N'EST PAS LE MONDE QUI LUI DONNE SA FORME, CAR ELLE DEVIENT LA FORMEUSE.
IL Y A BEAUCOUP À FAIRE. QUELLE FORME LUI DONNERAS-TU?
MONTERAS-TU SUR LE TRÔNE DU ROI?
OU RESTERAS-TU TELLE QUE TU ES...
... UNE PAYSANNE?
NON.
JE SERAI ROI.

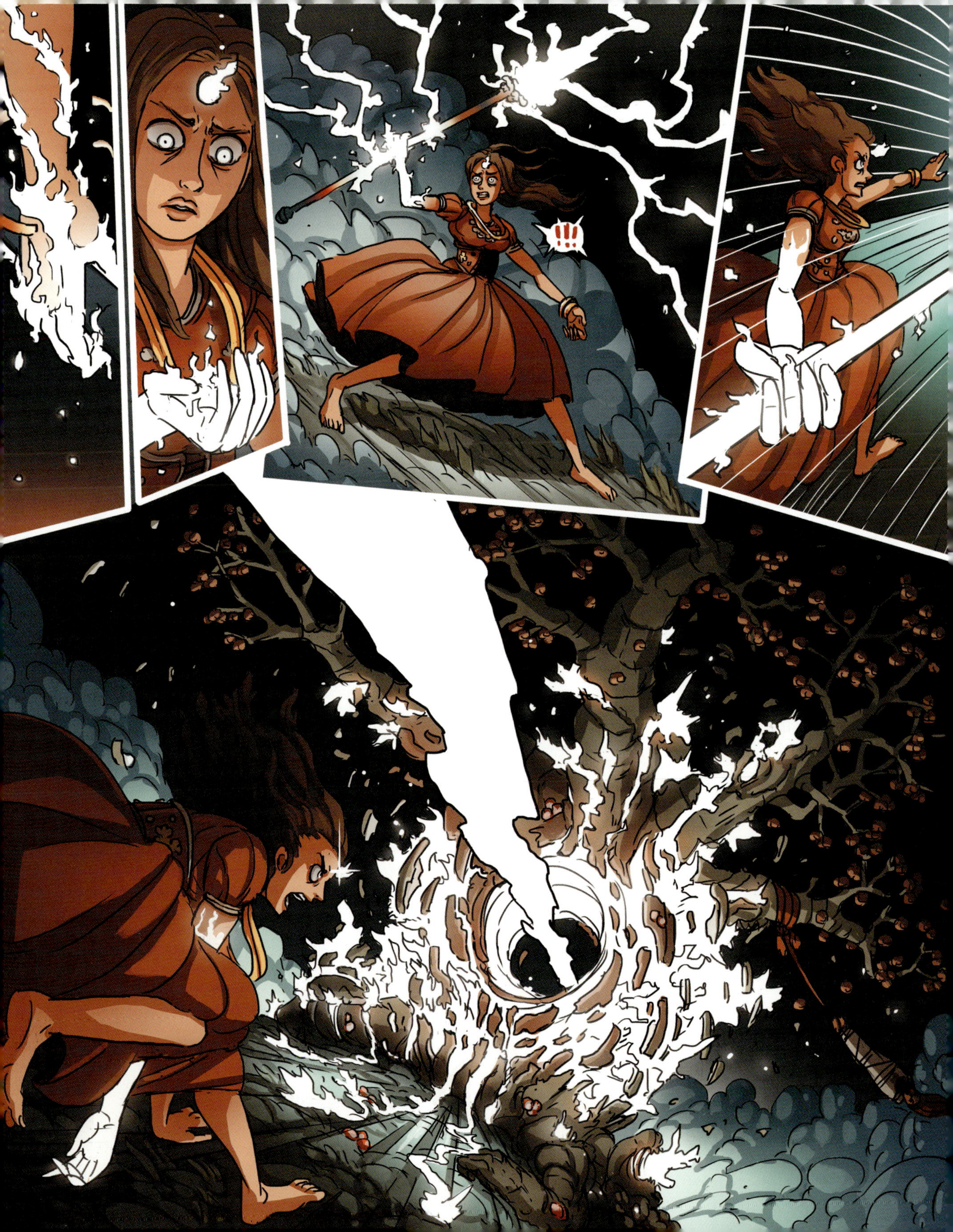
!!!

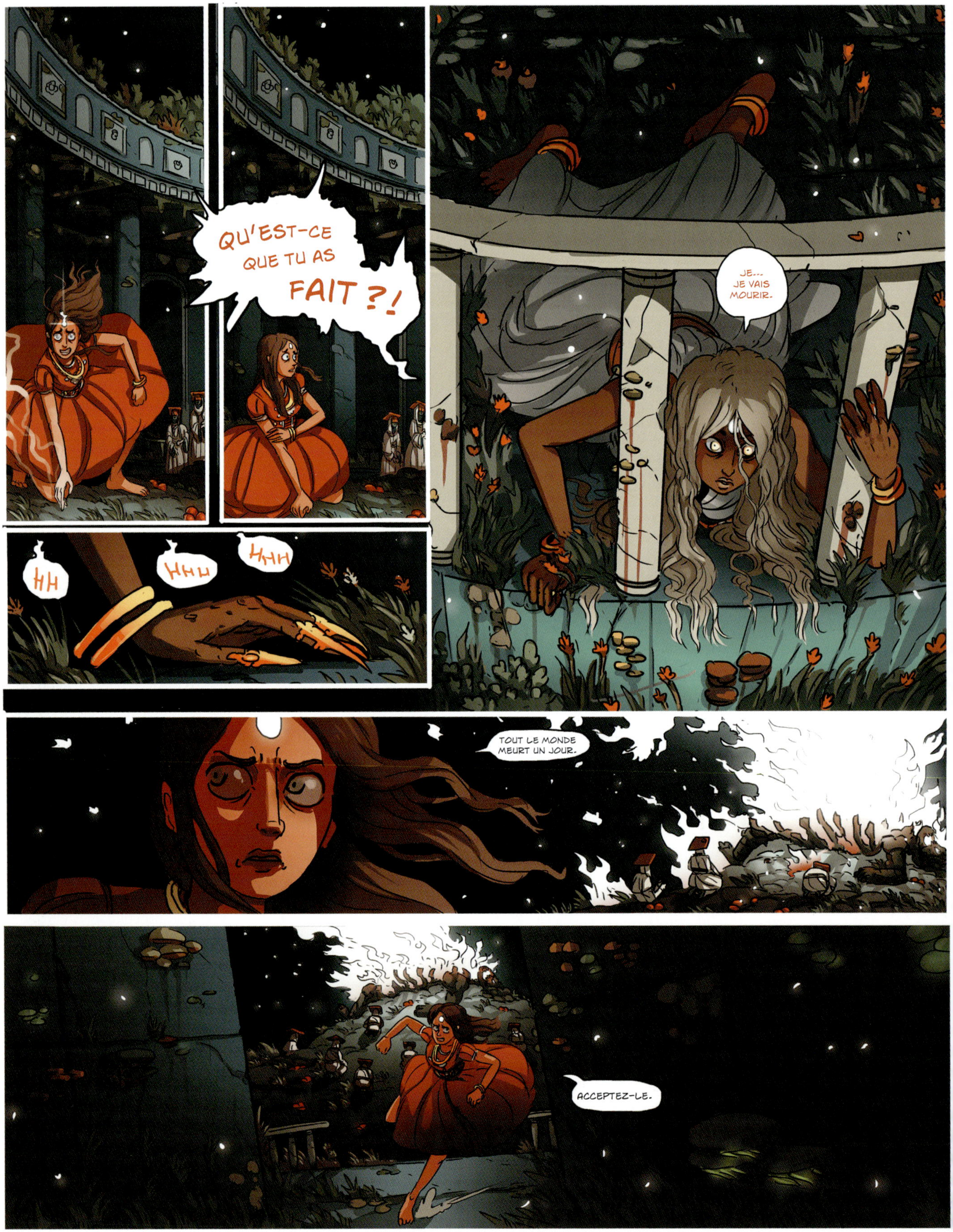
QU'EST-CE QUE TU AS FAIT ?!
JE... JE VAIS MOURIR.
HH
HHH
HHH
TOUT LE MONDE MEURT UN JOUR.
ACCEPTEZ-LE.

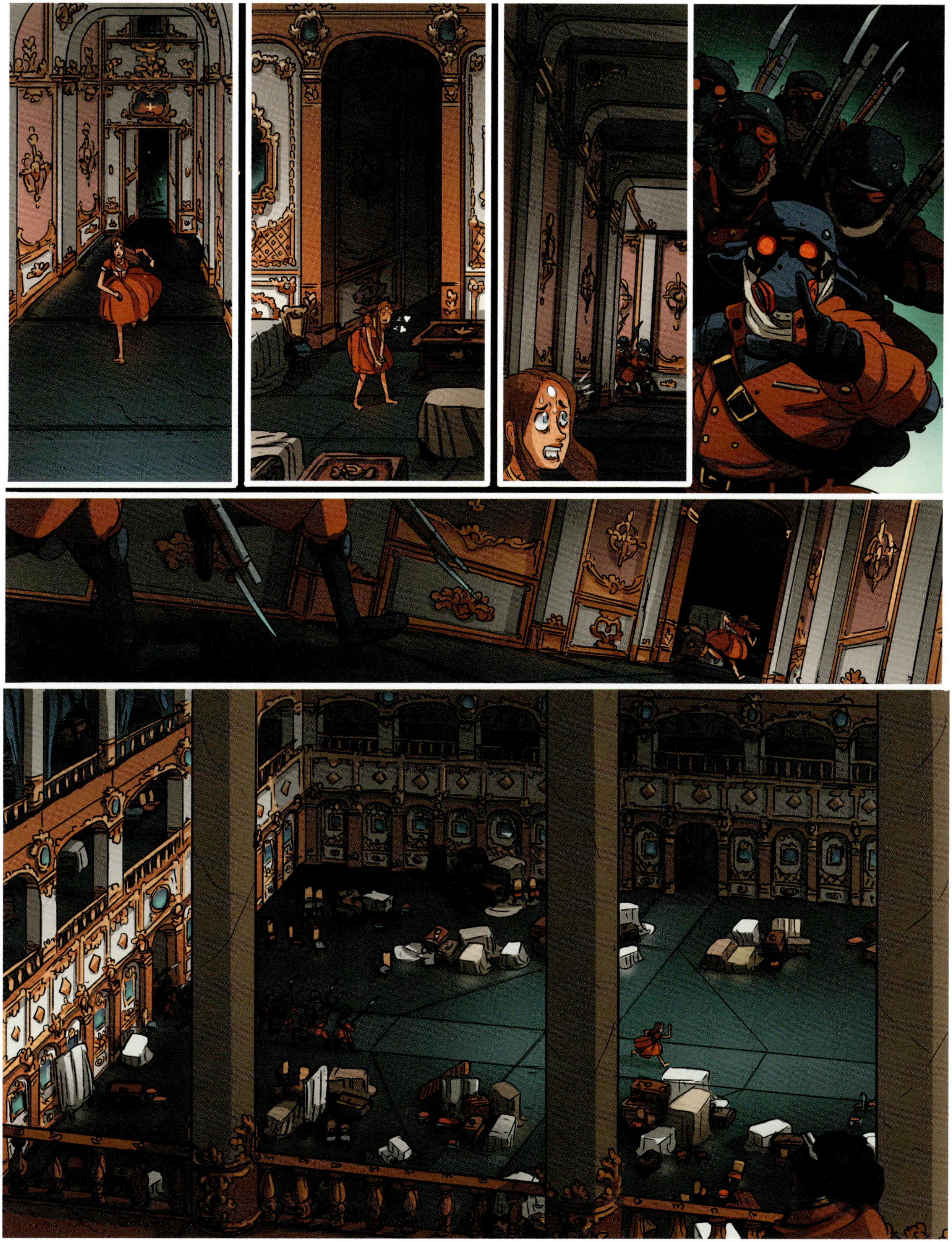

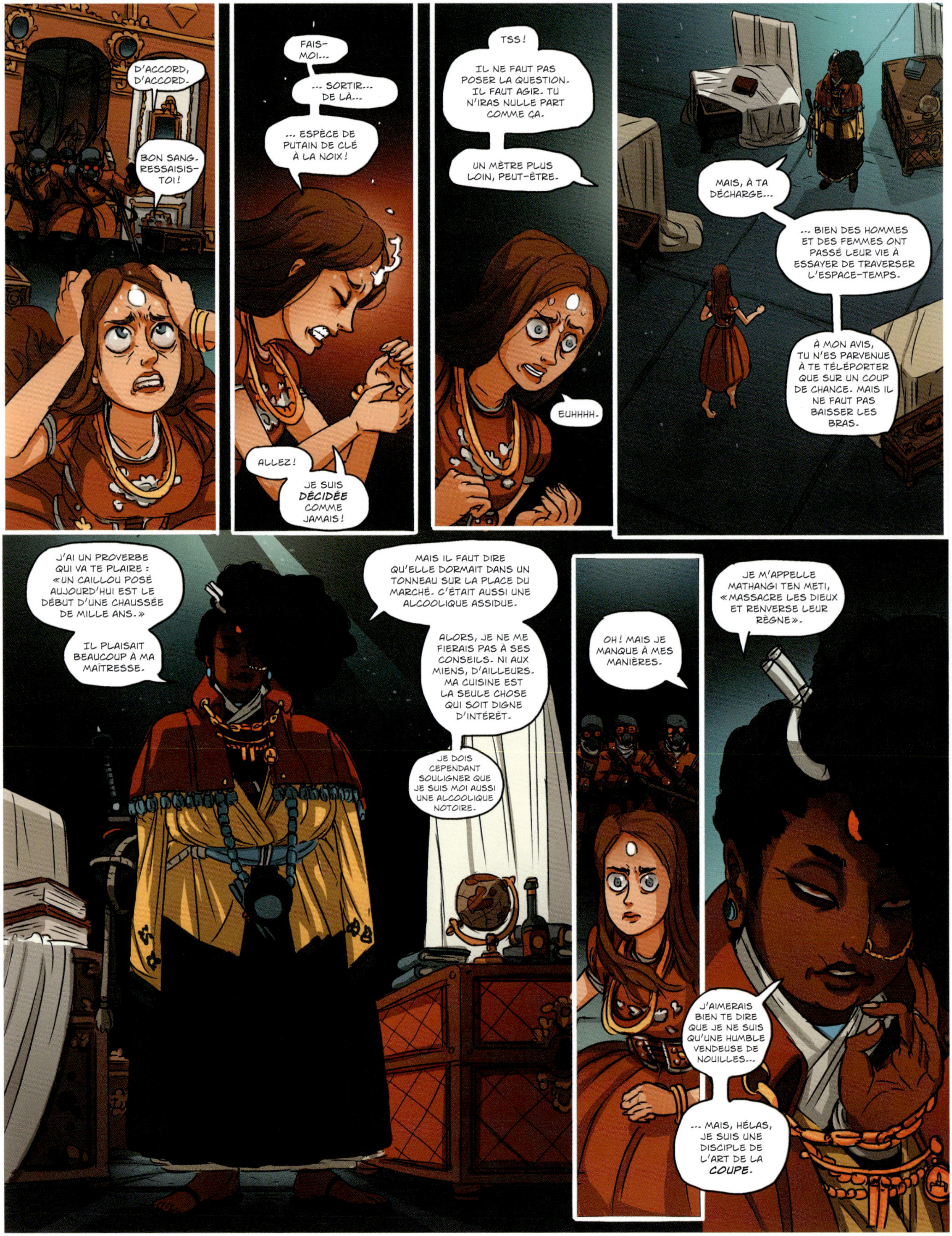
D'ACCORD, D'ACCORD.
BON SANG. RESSAISIS-TOI !
FAIS-MOI...
... SORTIR... DE LÀ...
... ESPÈCE DE PUTAIN DE CLÉ À LA NOIX !
ALLEZ !
JE SUIS **DÉCIDÉE** COMME JAMAIS !
TSS !
IL NE FAUT PAS POSER LA QUESTION. IL FAUT AGIR. TU N'IRAS NULLE PART COMME ÇA.
UN MÈTRE PLUS LOIN, PEUT-ÊTRE.
EUHHHH.
MAIS, À TA DÉCHARGE...
... BIEN DES HOMMES ET DES FEMMES ONT PASSÉ LEUR VIE À ESSAYER DE TRAVERSER L'ESPACE-TEMPS.
À MON AVIS, TU N'ES PARVENUE À TE TÉLÉPORTER QUE SUR UN COUP DE CHANCE. MAIS IL NE FAUT PAS BAISSER LES BRAS.
J'AI UN PROVERBE QUI VA TE PLAIRE : «UN CAILLOU POSÉ AUJOURD'HUI EST LE DÉBUT D'UNE CHAUSSÉE DE MILLE ANS.»
IL PLAISAIT BEAUCOUP À MA MAÎTRESSE.
MAIS IL FAUT DIRE QU'ELLE DORMAIT DANS UN TONNEAU SUR LA PLACE DU MARCHÉ. C'ÉTAIT AUSSI UNE ALCOOLIQUE ASSIDUE.
ALORS, JE NE ME FIERAIS PAS À SES CONSEILS. NI AUX MIENS, D'AILLEURS. MA CUISINE EST LA SEULE CHOSE QUI SOIT DIGNE D'INTÉRÊT.
JE DOIS CEPENDANT SOULIGNER QUE JE SUIS MOI AUSSI UNE ALCOOLIQUE NOTOIRE.
OH ! MAIS JE MANQUE À MES MANIÈRES.
JE M'APPELLE MATHANGI TEN METI, «MASSACRE LES DIEUX ET RENVERSE LEUR RÈGNE».
J'AIMERAIS BIEN TE DIRE QUE JE NE SUIS QU'UNE HUMBLE VENDEUSE DE NOUILLES...
... MAIS, HÉLAS, JE SUIS UNE DISCIPLE DE L'ART DE LA **COUPE**.

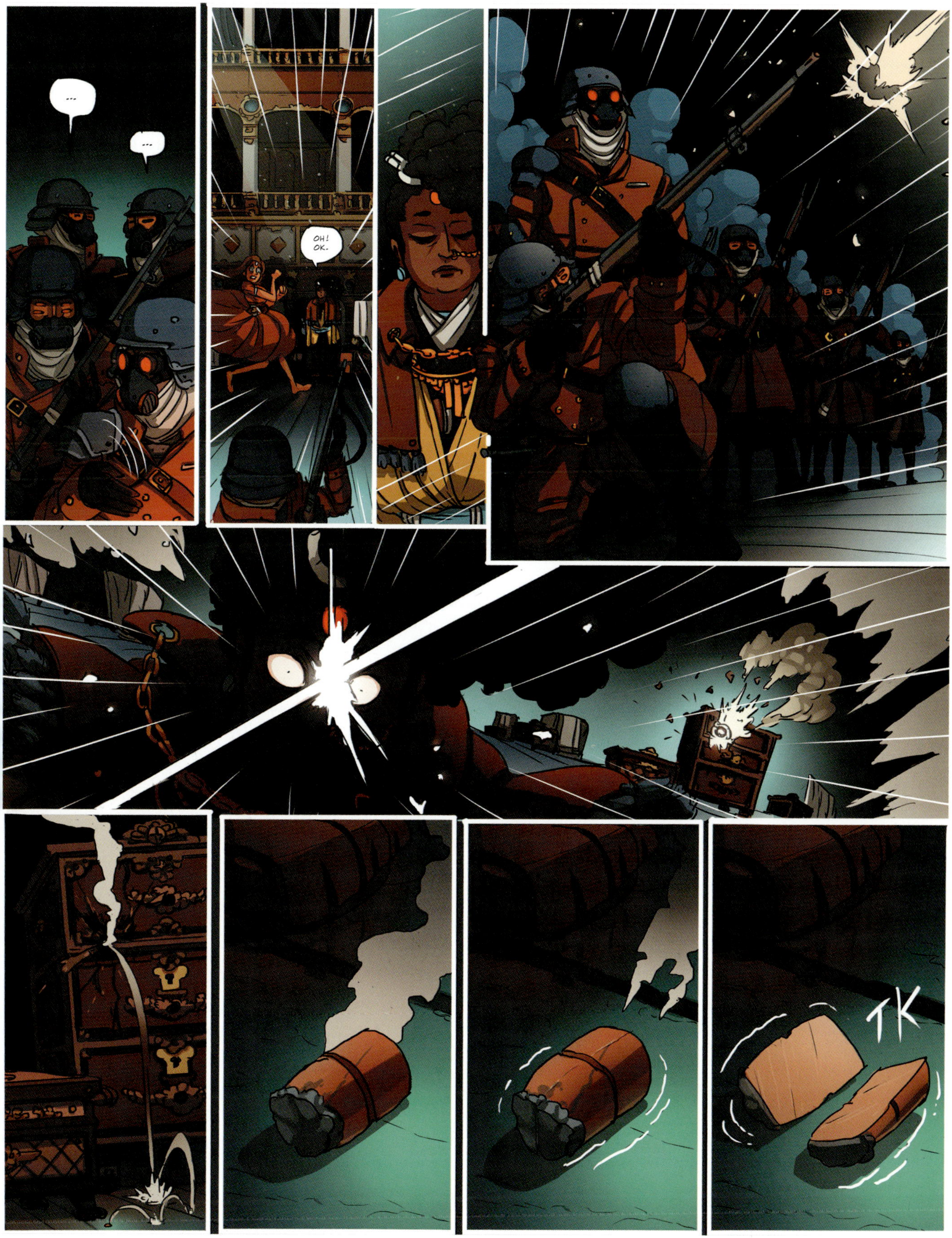
...
...
OH! OK.
TK

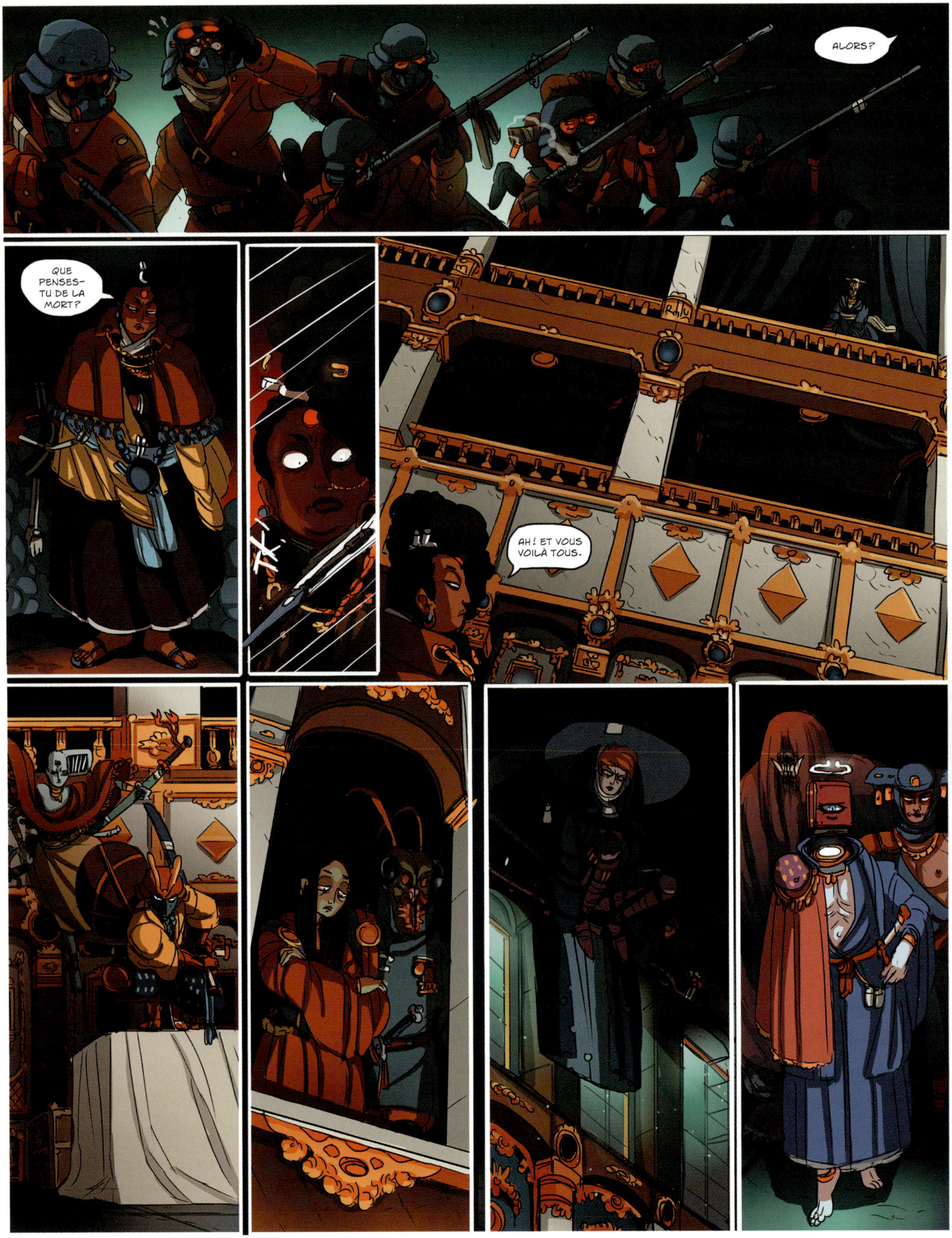
ALORS?
QUE PENSES-TU DE LA MORT?
AH! ET VOUS VOILÀ TOUS.

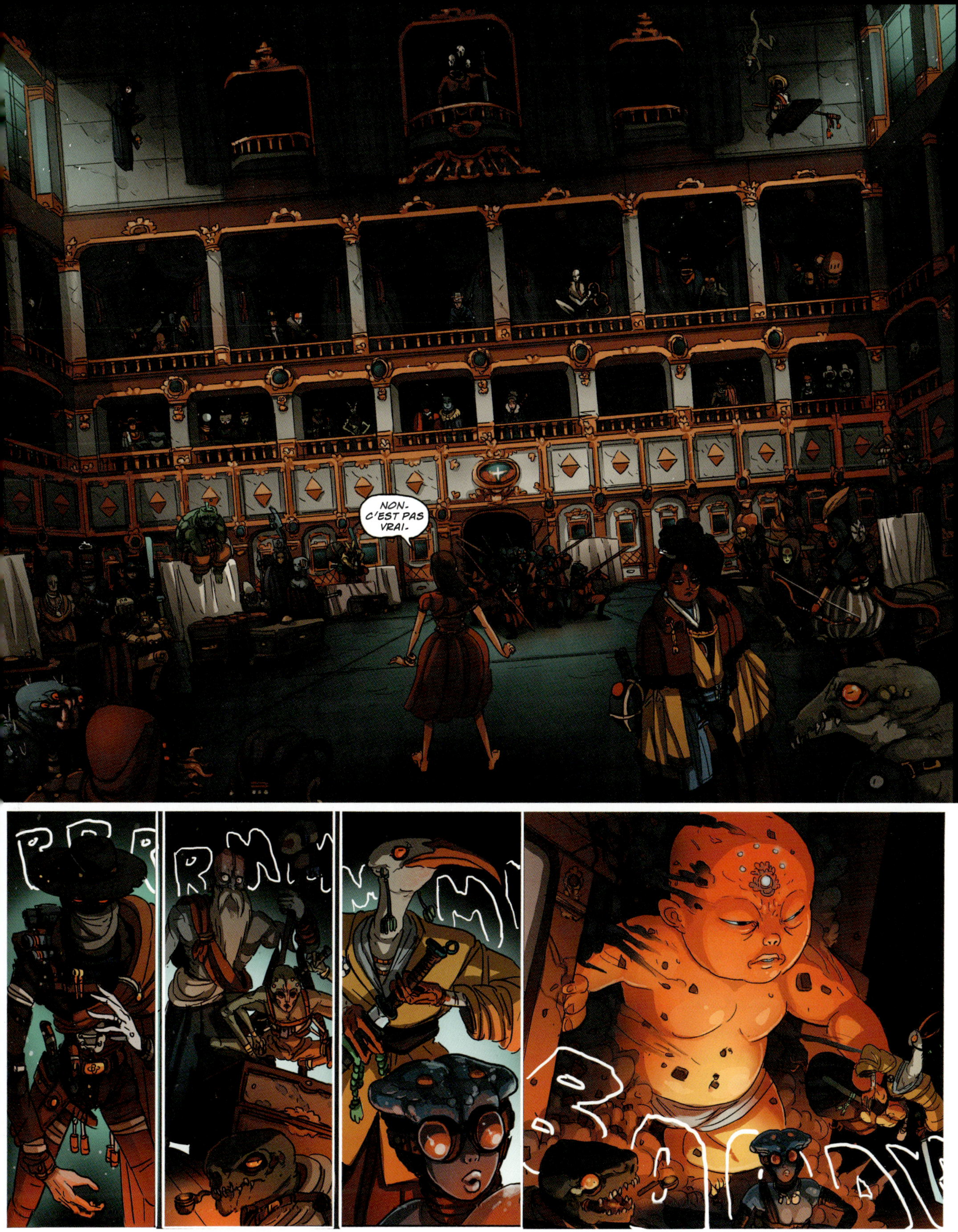
NON- C'EST PAS VRAI-

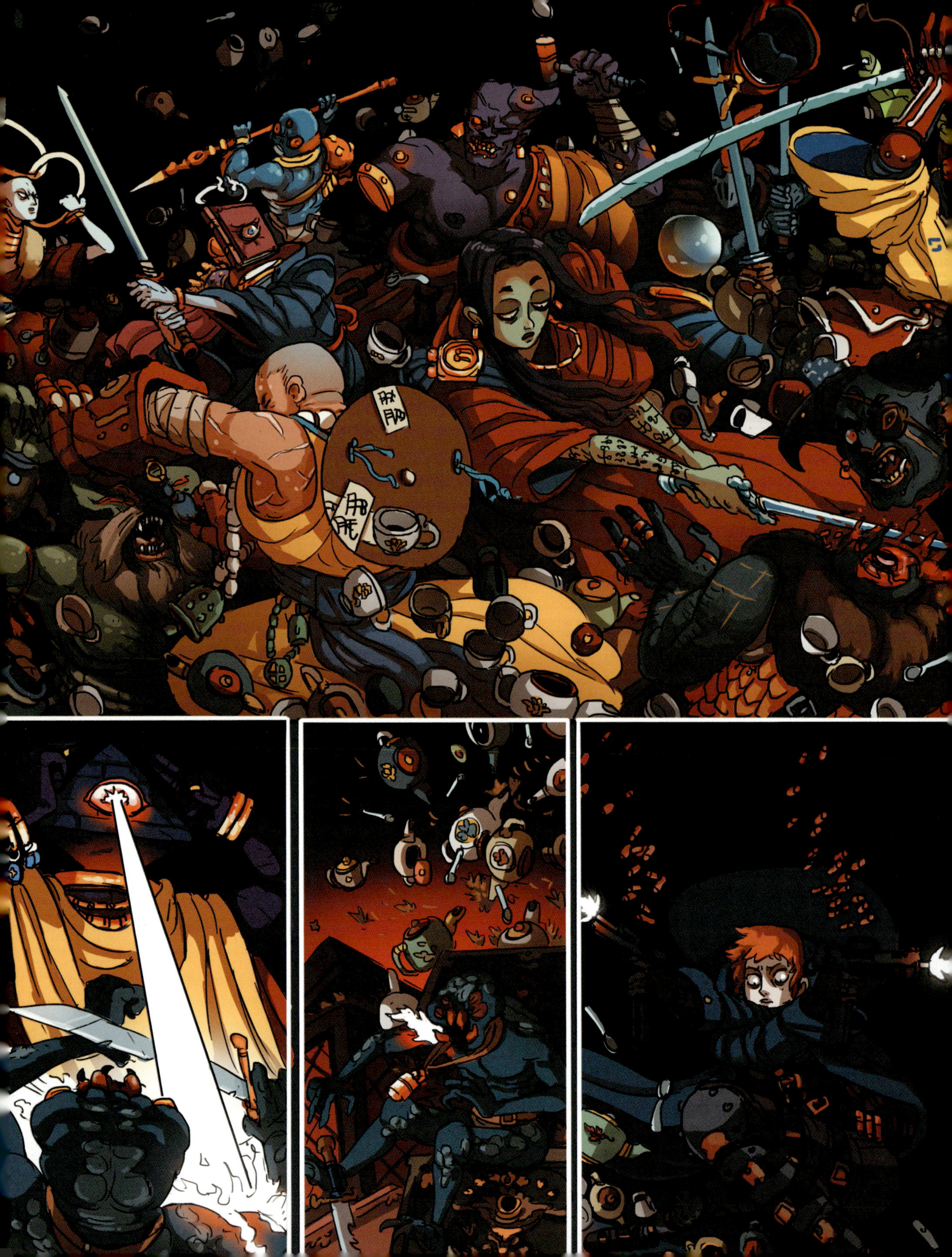

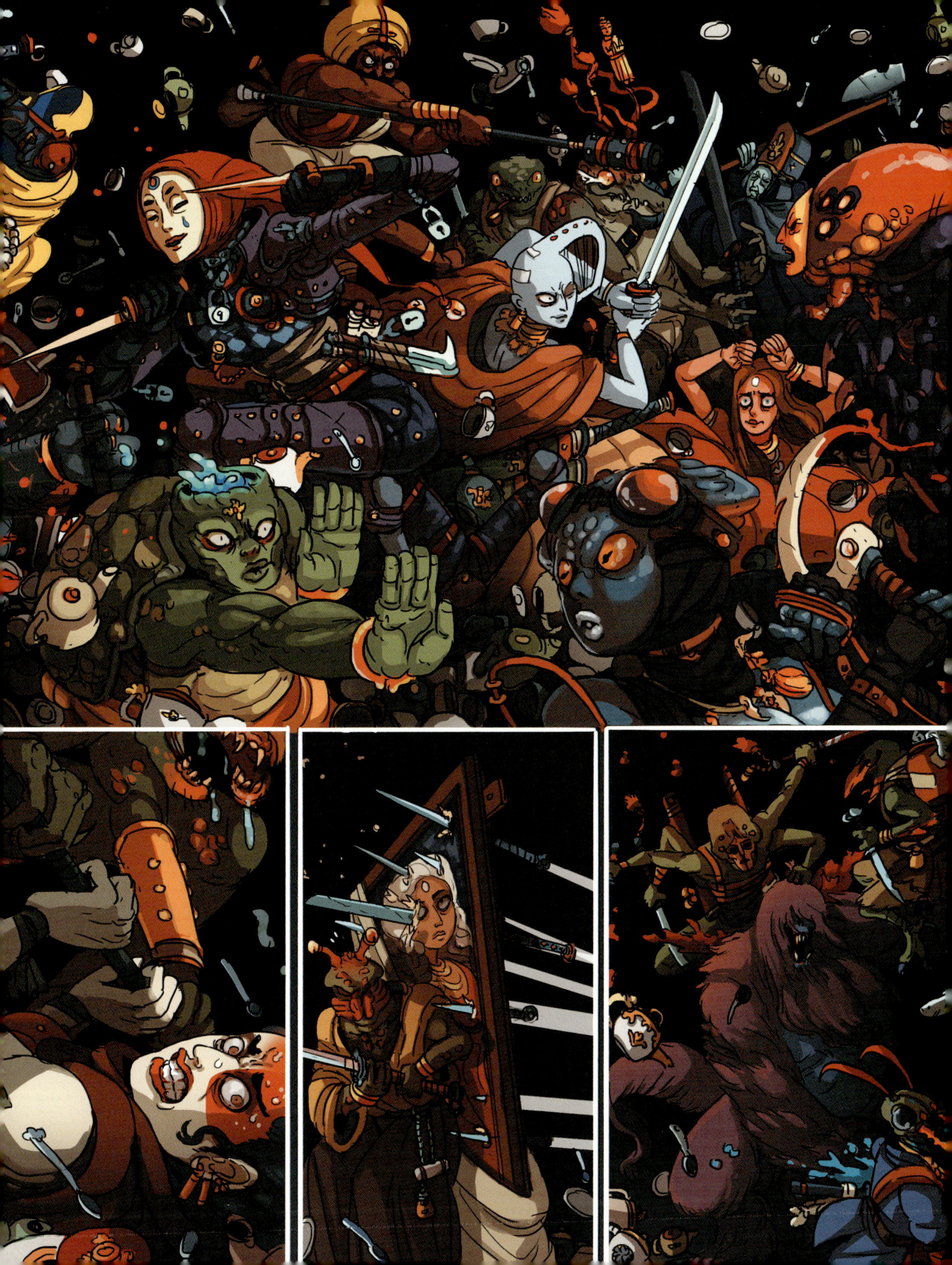

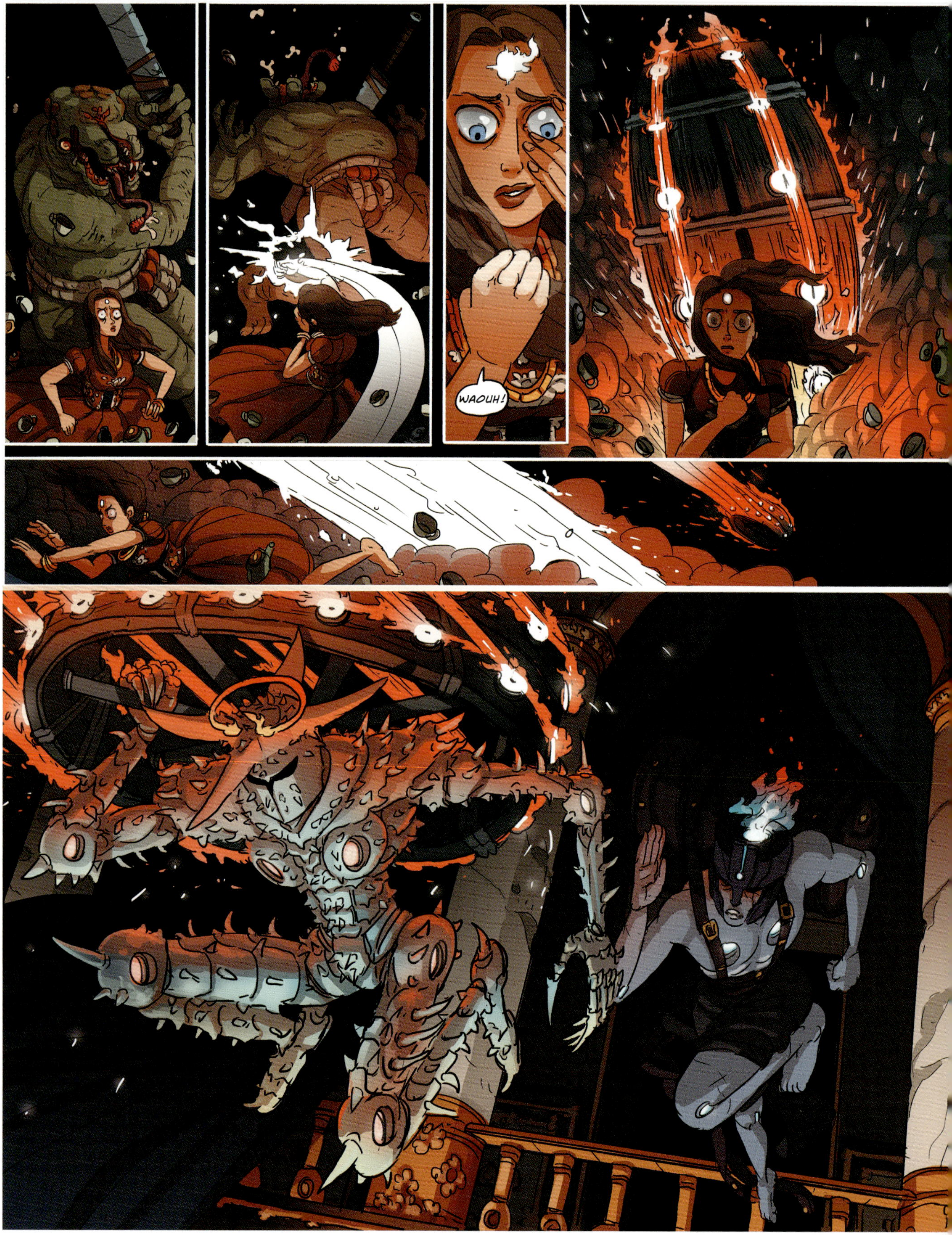
WAOUH!

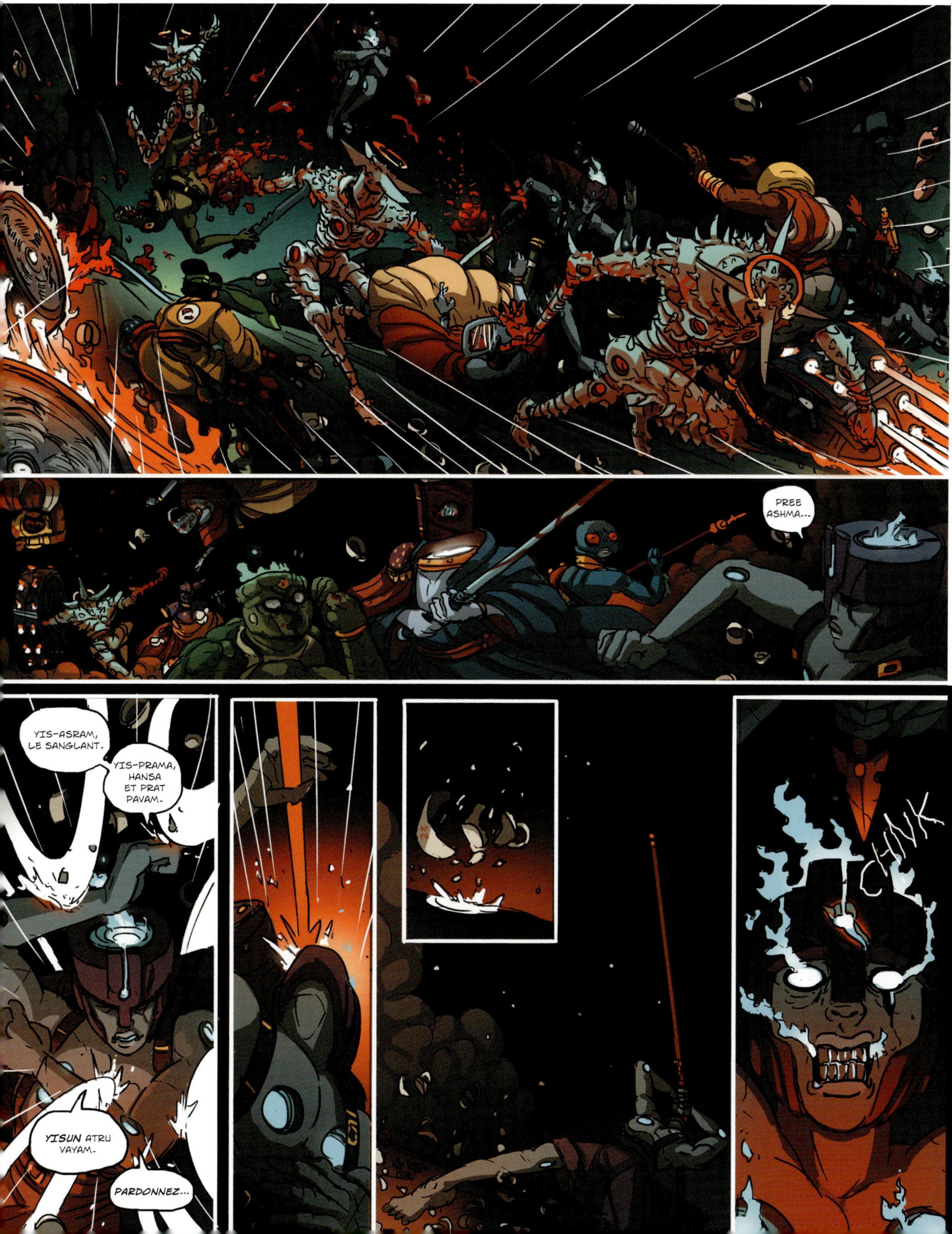
PREE ASHMA...
YIS-ASRAM, LE SANGLANT.
YIS-PRAMA, HANSA ET PRAT PAVAM.
YISUN ATRU VAYAM.
PARDONNEZ...
CHUNK

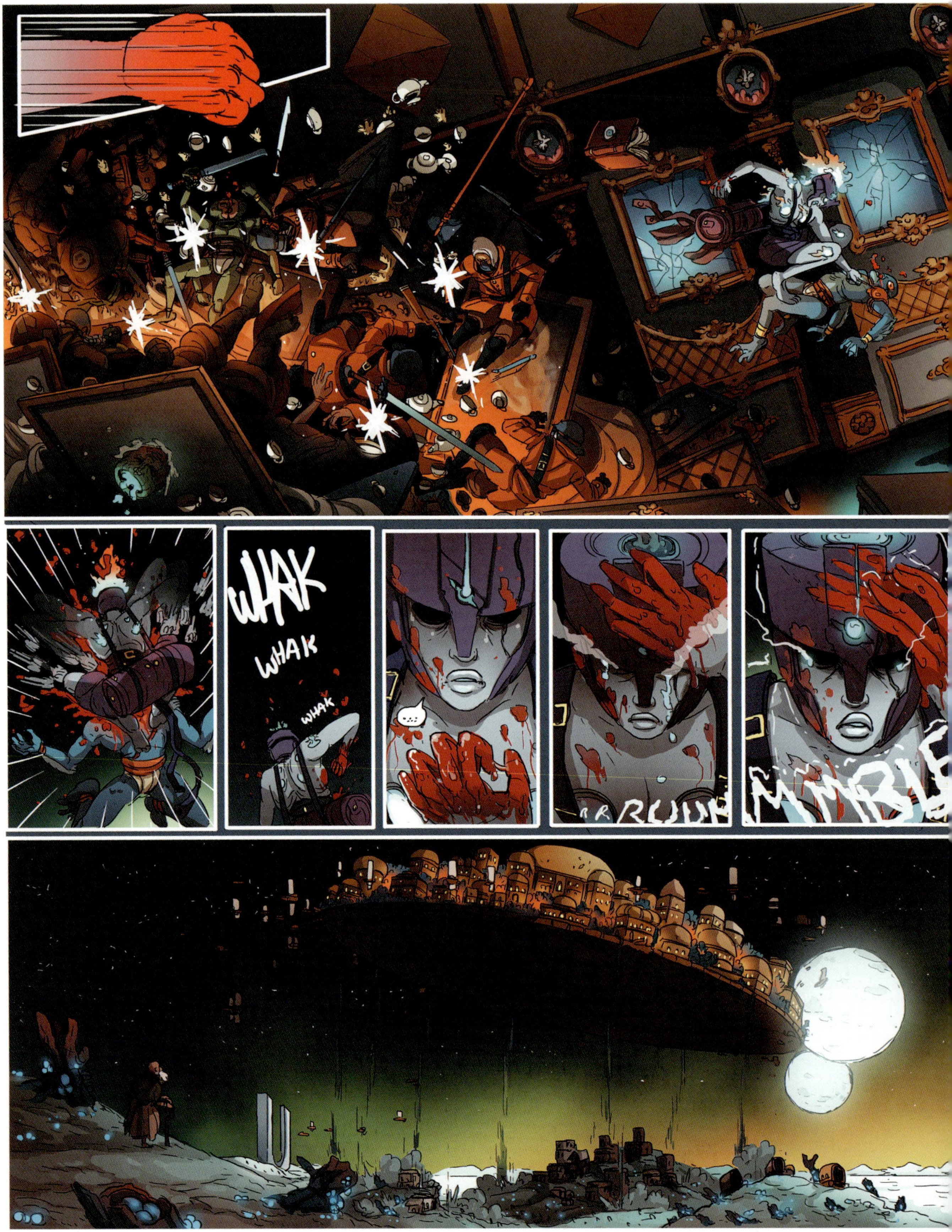

WHAK
WHAK
WHAK
...

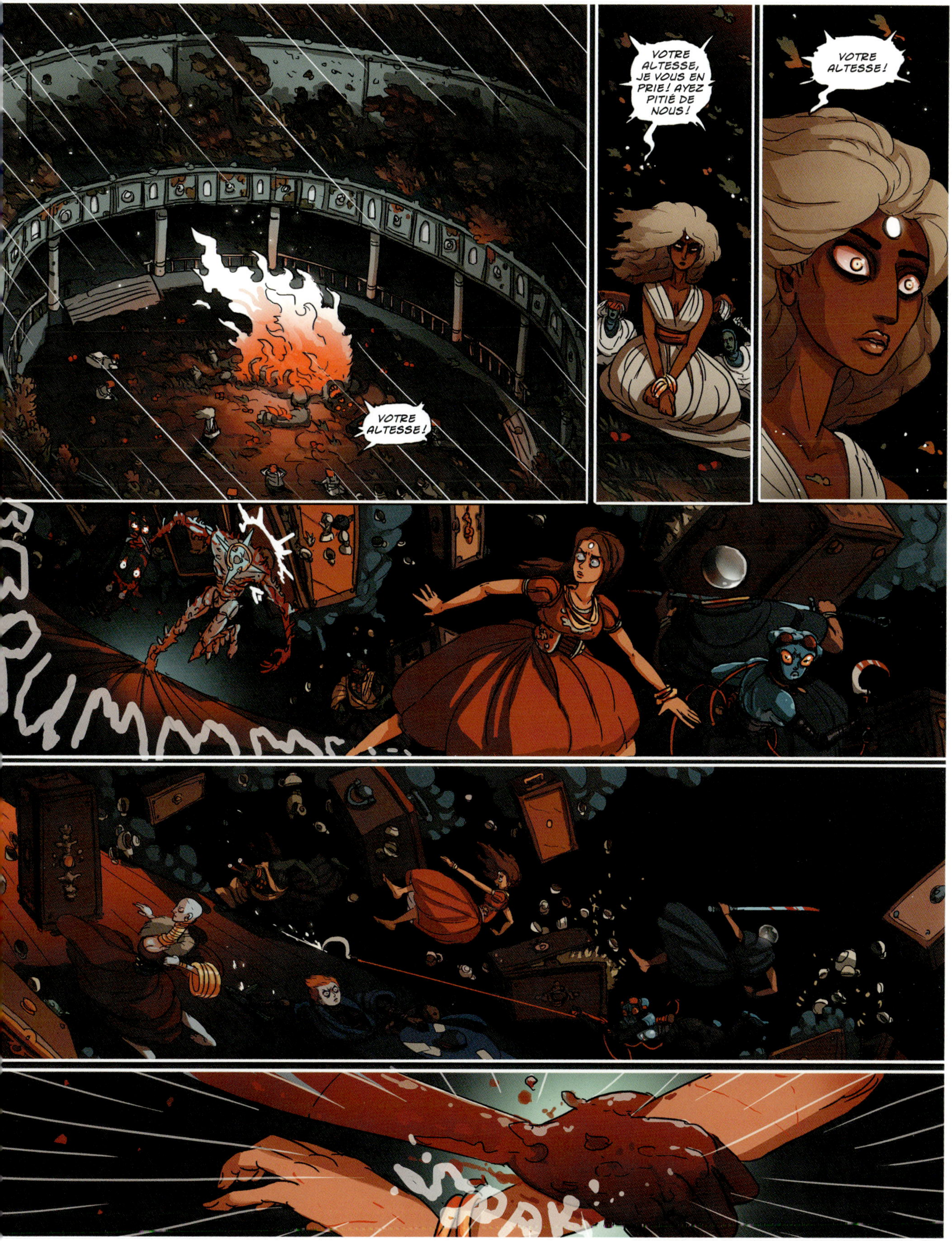
VOTRE ALTESSE!
VOTRE ALTESSE, JE VOUS EN PRIE! AYEZ PITIÉ DE NOUS!
VOTRE ALTESSE!

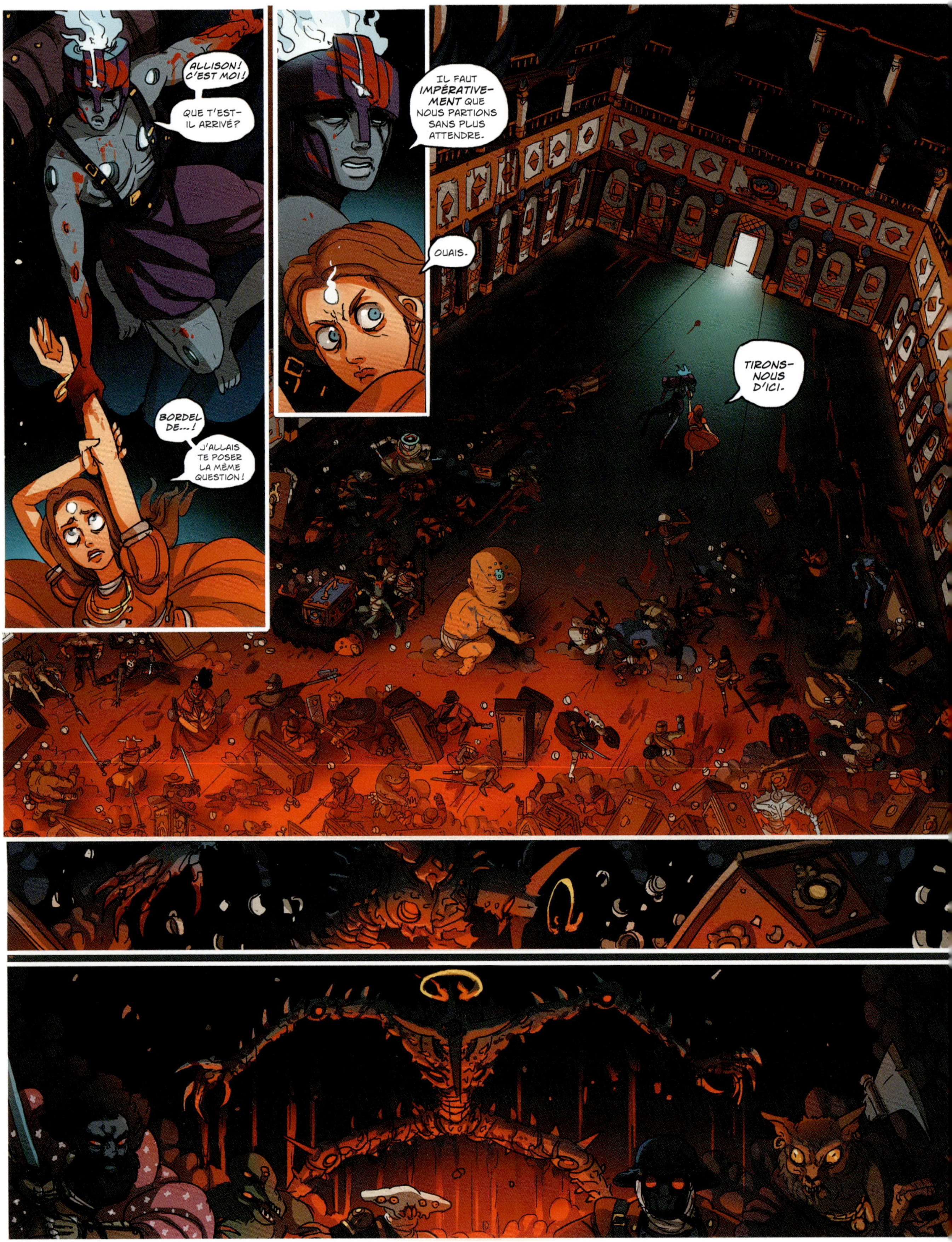
ALLISON! C'EST MOI!
QUE T'EST-IL ARRIVÉ?
BORDEL DE...!
J'ALLAIS TE POSER LA MÊME QUESTION!
IL FAUT IMPÉRATIVEMENT QUE NOUS PARTIONS SANS PLUS ATTENDRE.
OUAIS.
TIRONS-NOUS D'ICI.

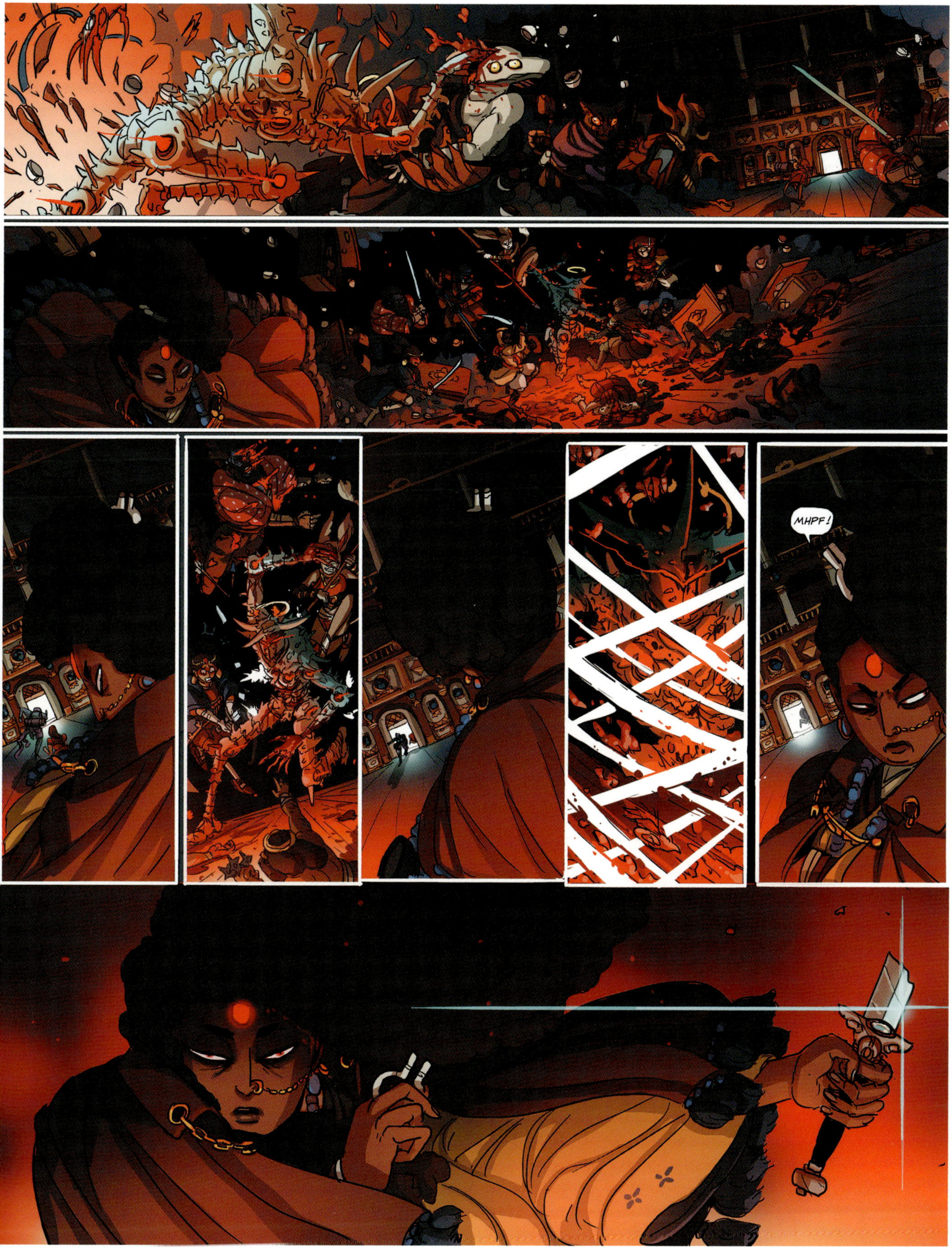
MHPF!

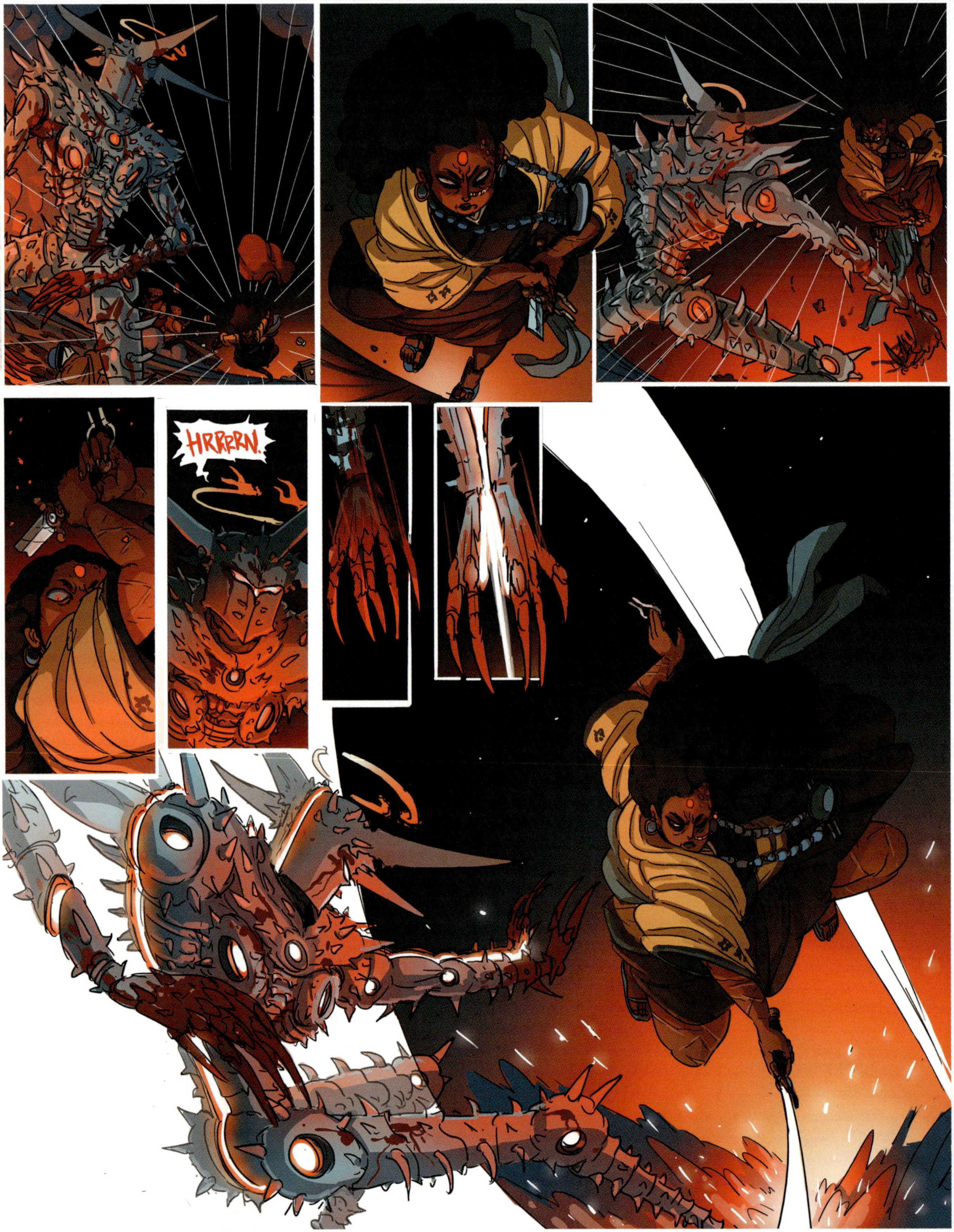
HRRRRN.

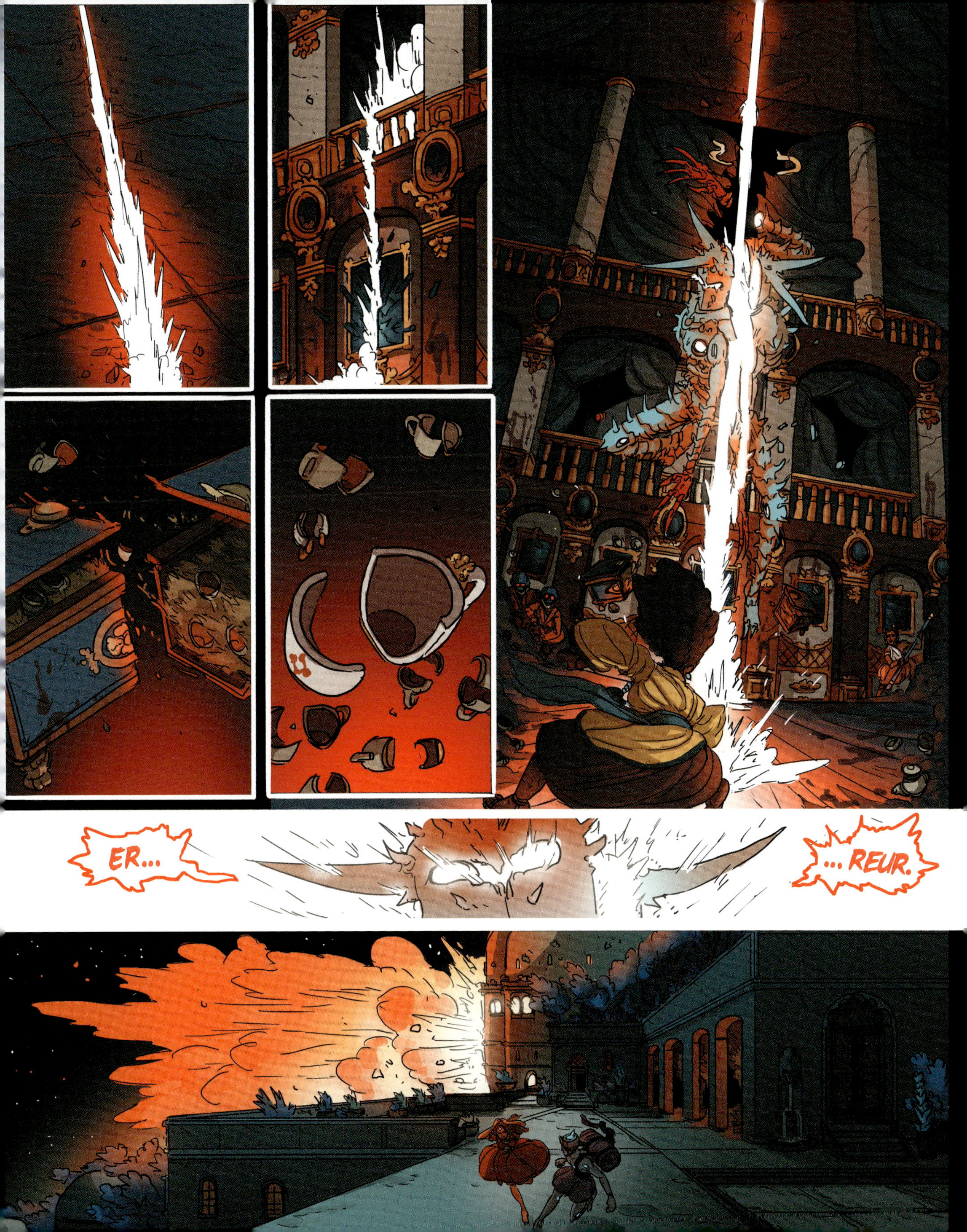
ER...
... REUR.

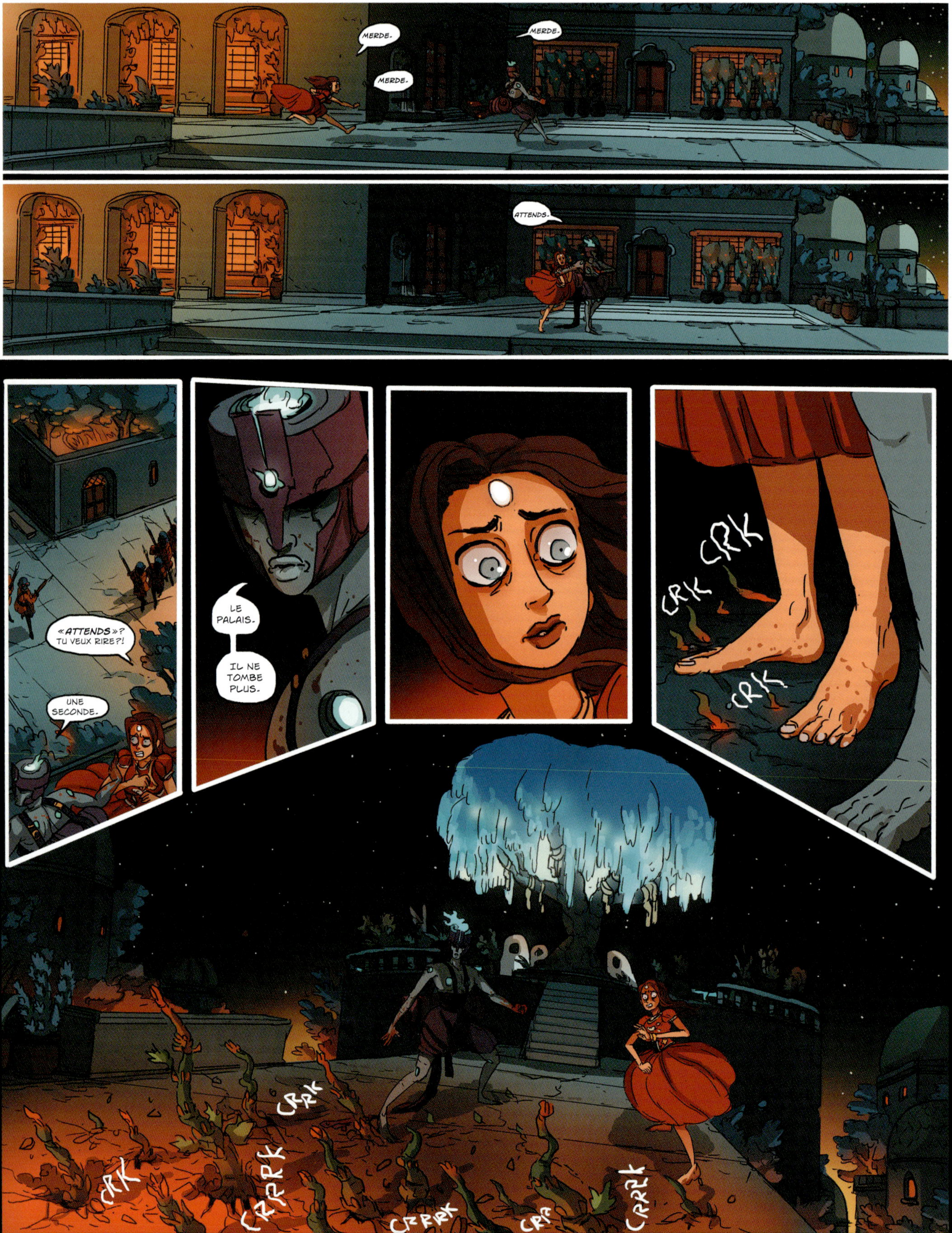
MERDE.
MERDE.
MERDE.
ATTENDS.
«ATTENDS»? TU VEUX RIRE?!
UNE SECONDE.
LE PALAIS.
IL NE TOMBE PLUS.
CRK
CRK
CRK
CRRK
CRK
CRRRK
CRRRK
CRR
CRRRK

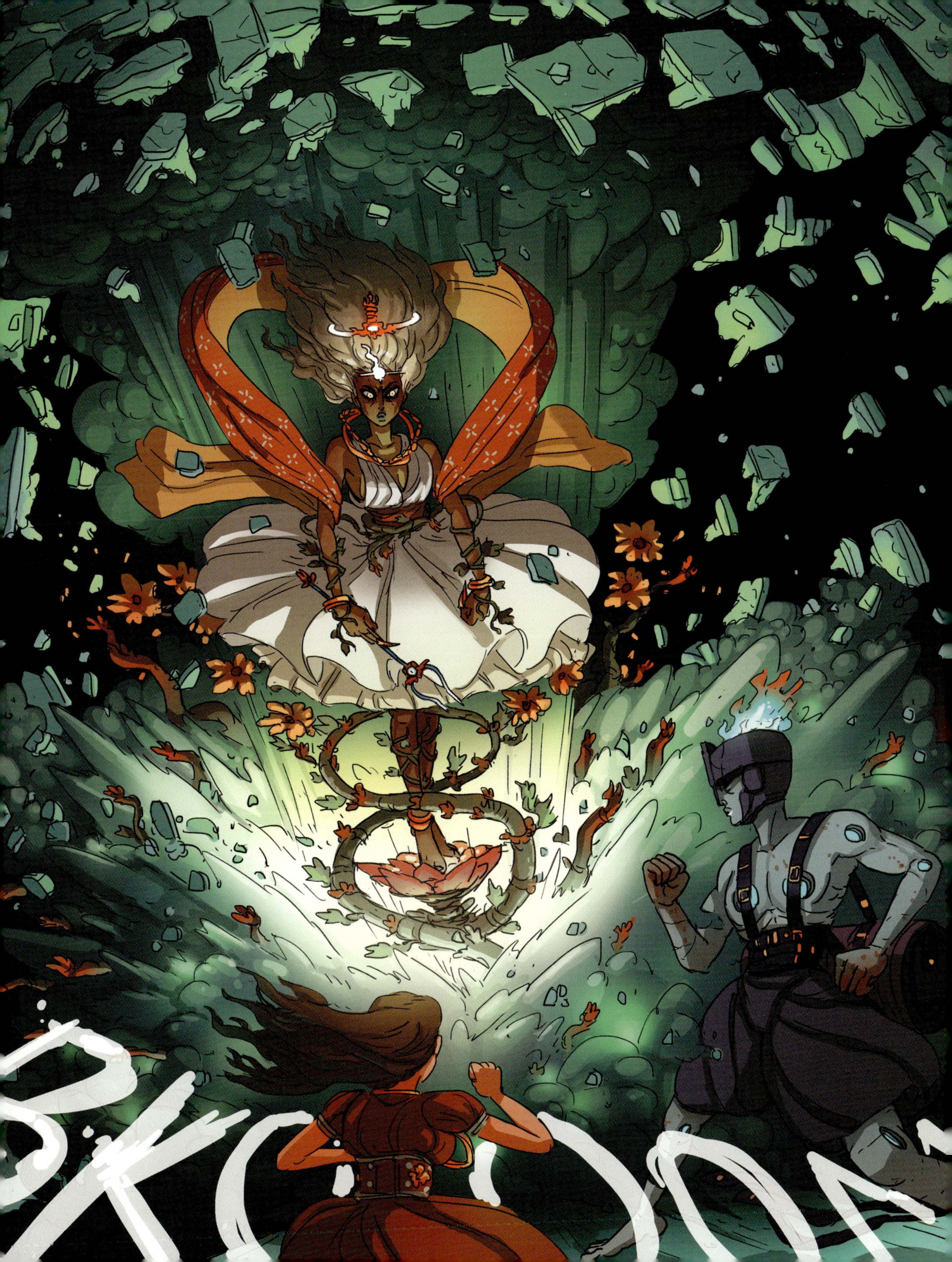

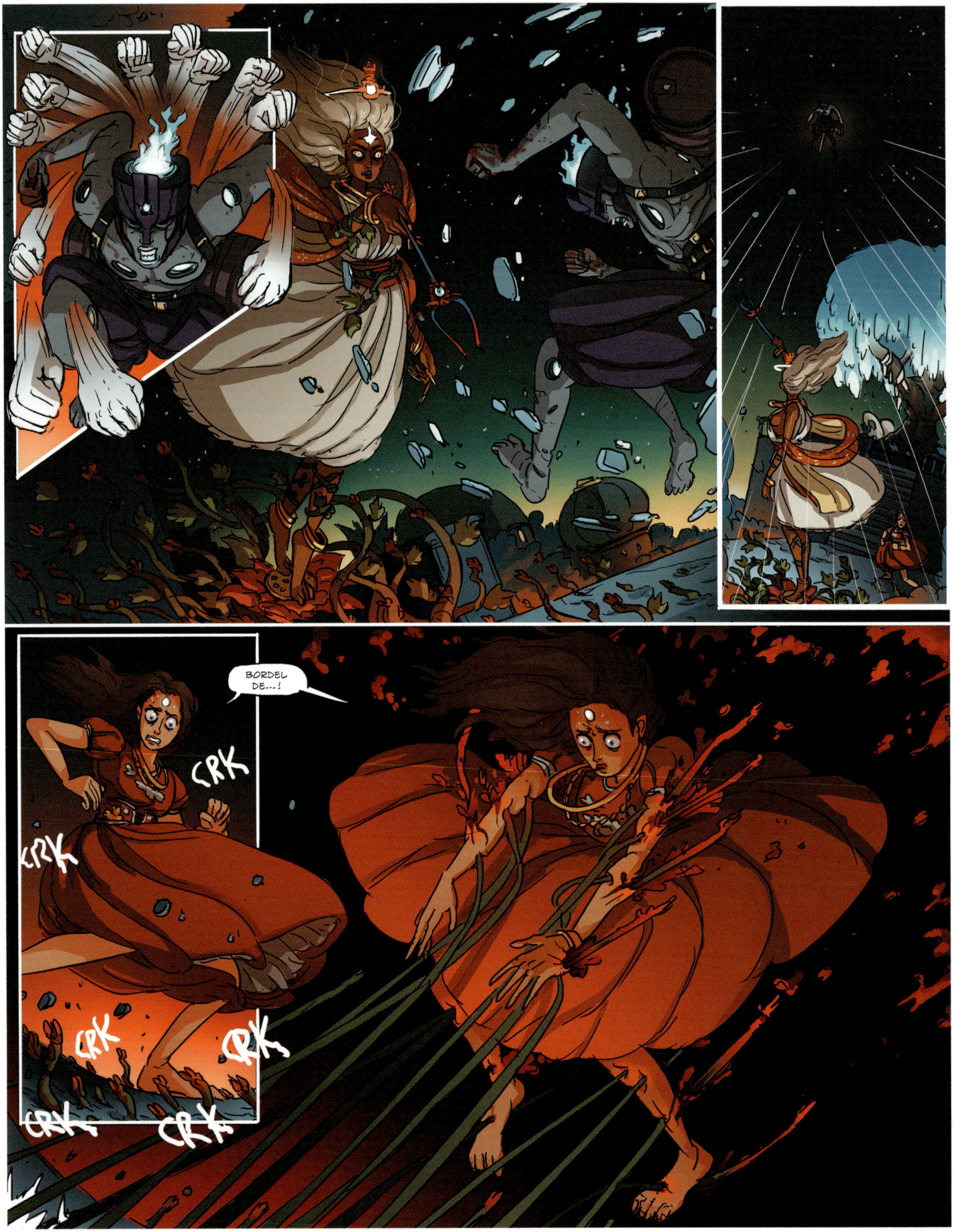
BORDEL DE...!
CRK
CRK
CRK
CRK
CRK
CRK

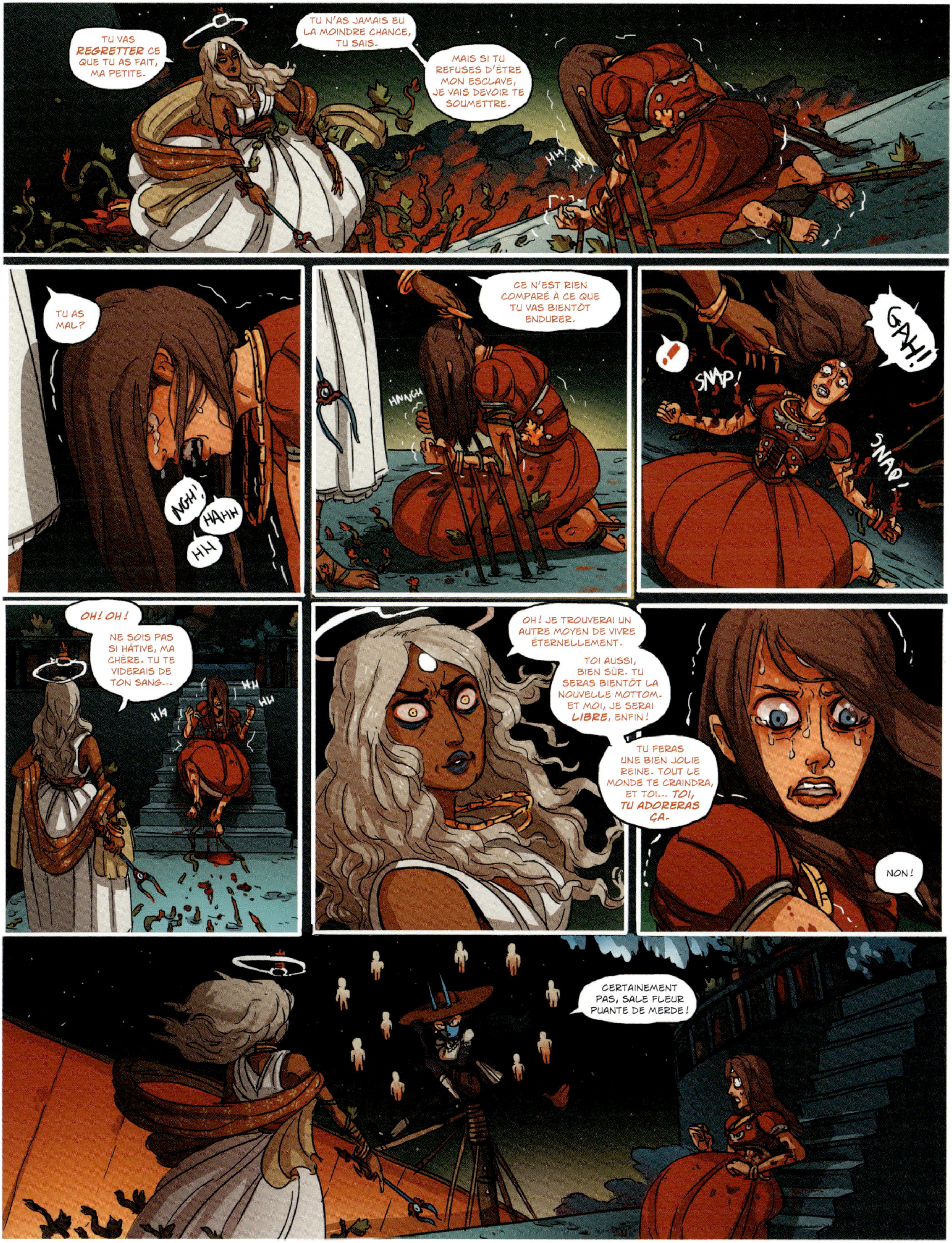
TU VAS REGRETTER CE QUE TU AS FAIT, MA PETITE.
TU N'AS JAMAIS EU LA MOINDRE CHANCE, TU SAIS.
MAIS SI TU REFUSES D'ÊTRE MON ESCLAVE, JE VAIS DEVOIR TE SOUMETTRE.
HH HH
TU AS MAL?
NGH! HAHH HH
CE N'EST RIEN COMPARÉ À CE QUE TU VAS BIENTÔT ENDURER.
HNNGH
!
SNAP!
GAH!
SNAP!
OH! OH!
NE SOIS PAS SI HÂTIVE, MA CHÈRE. TU TE VIDERAIS DE TON SANG…
HH HH HH
OH! JE TROUVERAI UN AUTRE MOYEN DE VIVRE ÉTERNELLEMENT.
TOI AUSSI, BIEN SÛR. TU SERAS BIENTÔT LA NOUVELLE MOTTOM. ET MOI, JE SERAI LIBRE, ENFIN!
TU FERAS UNE BIEN JOLIE REINE. TOUT LE MONDE TE CRAINDRA, ET TOI… TOI, TU ADORERAS ÇA.
NON!
CERTAINEMENT PAS, SALE FLEUR PUANTE DE MERDE!

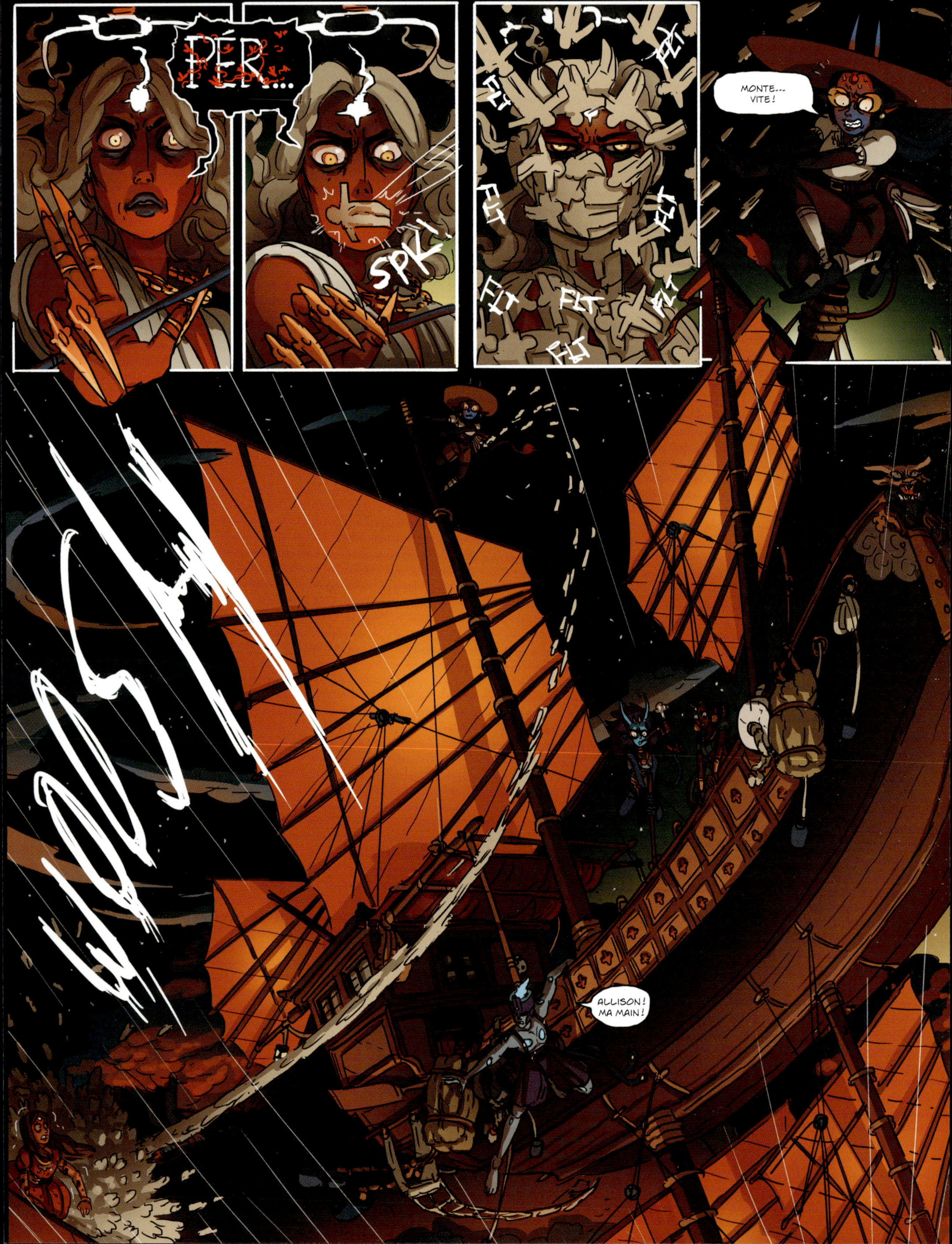
PÉR...
SPK!
FLT
FLT
FLT
FLT
FLT
FLT
FLT
FLT
MONTE... VITE !
ALLISON ! MA MAIN !

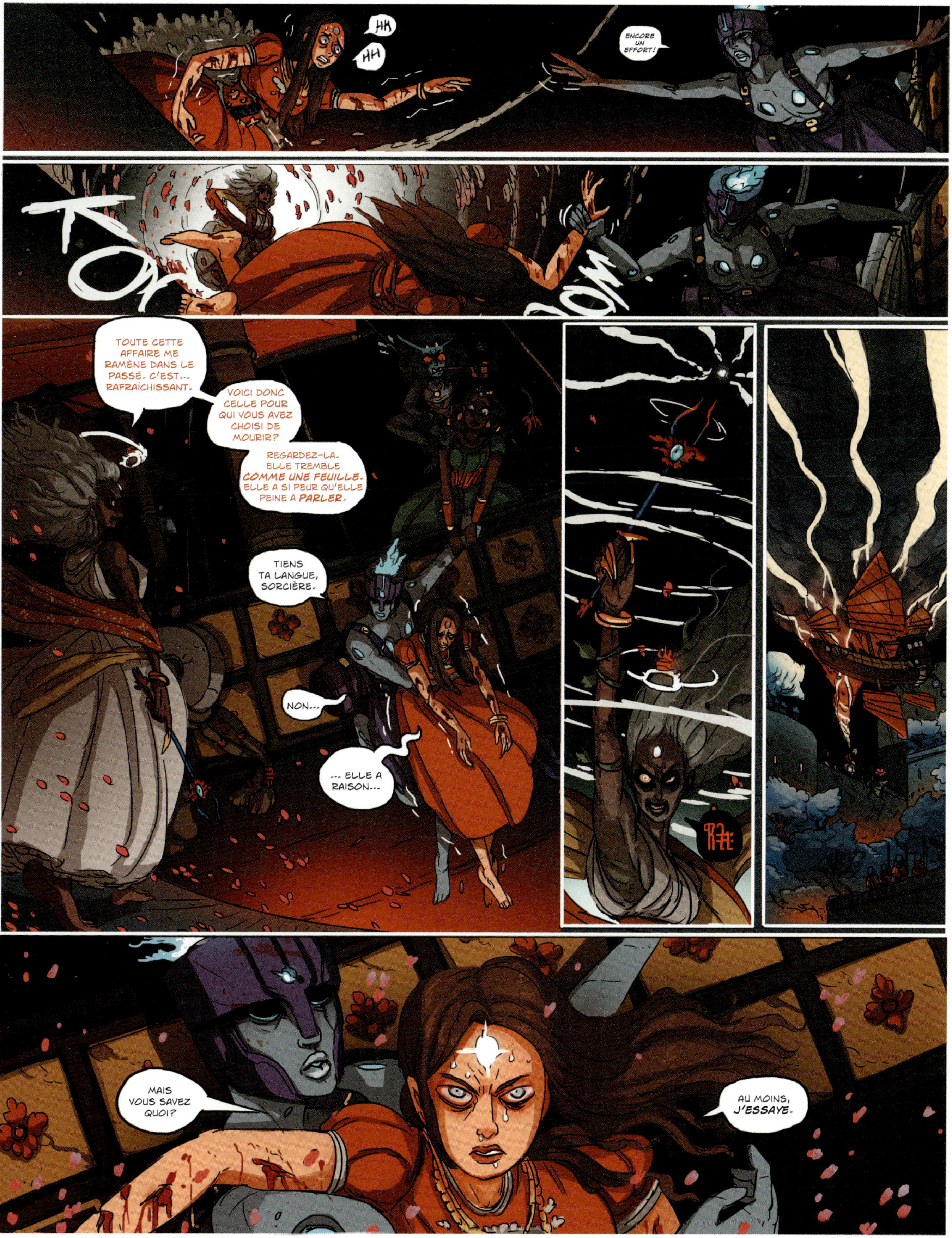
HH
HH
ENCORE UN EFFORT!
KO
OOM
TOUTE CETTE AFFAIRE ME RAMÈNE DANS LE PASSÉ. C'EST... RAFRAÎCHISSANT.
VOICI DONC CELLE POUR QUI VOUS AVEZ CHOISI DE MOURIR?
REGARDEZ-LA. ELLE TREMBLE COMME UNE FEUILLE. ELLE A SI PEUR QU'ELLE PEINE À PARLER.
TIENS TA LANGUE, SORCIÈRE.
NON...
... ELLE A RAISON...
MAIS VOUS SAVEZ QUOI?
AU MOINS, J'ESSAYE.

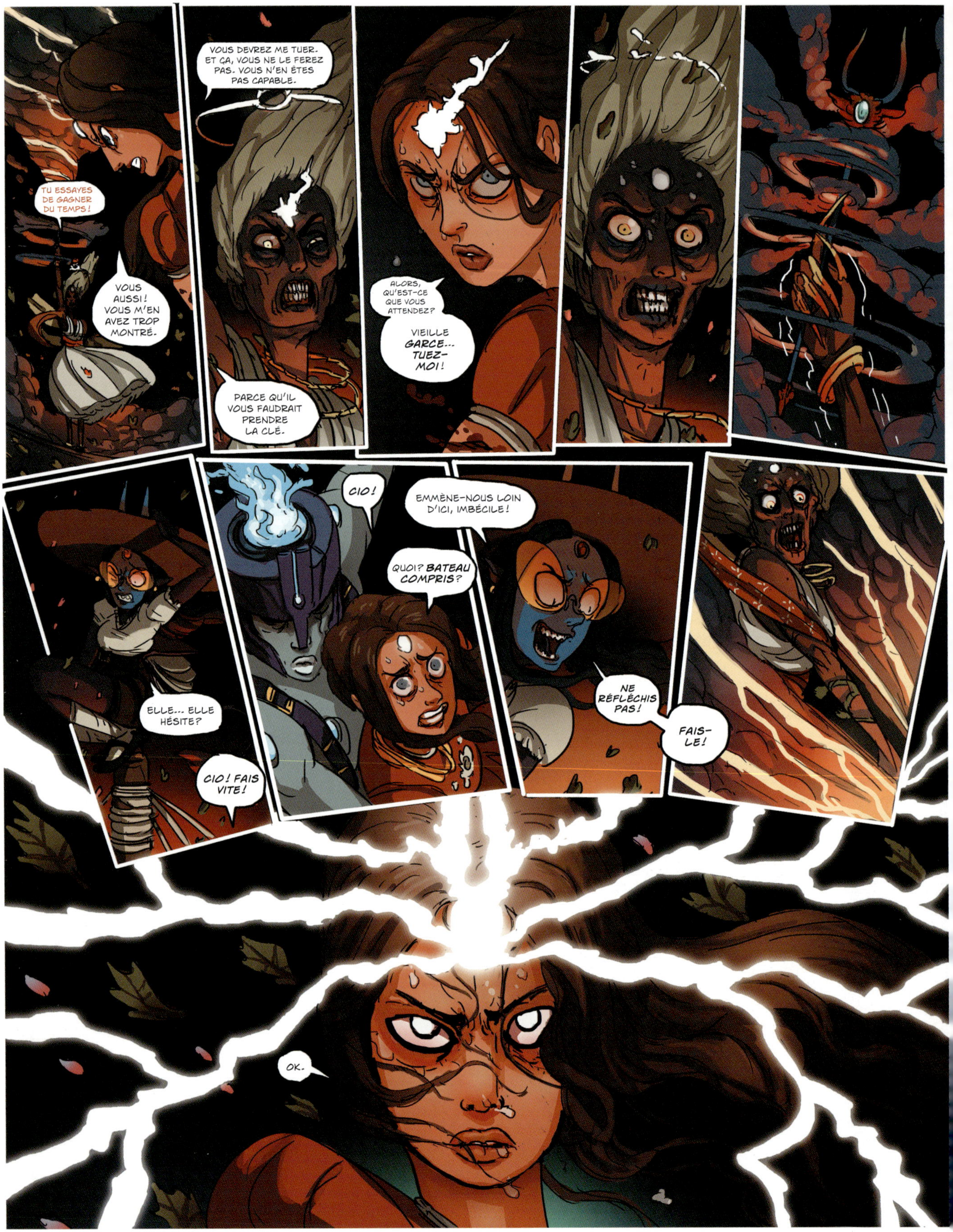
TU ESSAYES DE GAGNER DU TEMPS !
VOUS AUSSI ! VOUS M'EN AVEZ TROP MONTRÉ.
VOUS DEVREZ ME TUER. ET ÇA, VOUS NE LE FEREZ PAS. VOUS N'EN ÊTES PAS CAPABLE.
PARCE QU'IL VOUS FAUDRAIT PRENDRE LA CLÉ.
ALORS, QU'EST-CE QUE VOUS ATTENDEZ?
VIEILLE GARCE... TUEZ-MOI !
ELLE... ELLE HÉSITE?
CIO ! FAIS VITE !
CIO !
QUOI? BATEAU COMPRIS?
EMMÈNE-NOUS LOIN D'ICI, IMBÉCILE !
NE RÉFLÉCHIS PAS !
FAIS-LE !
OK.

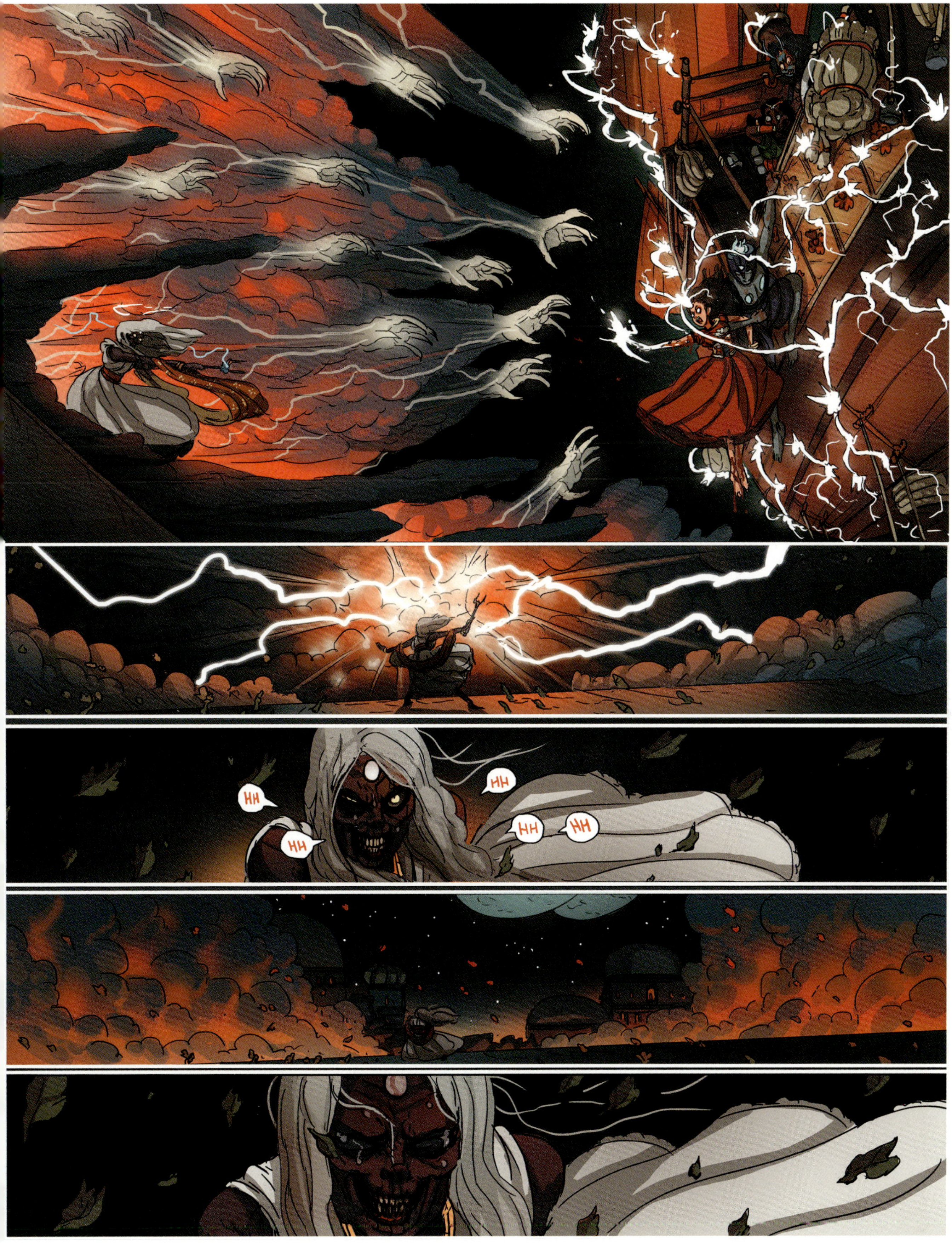
HH
HH
HH
HH
HH

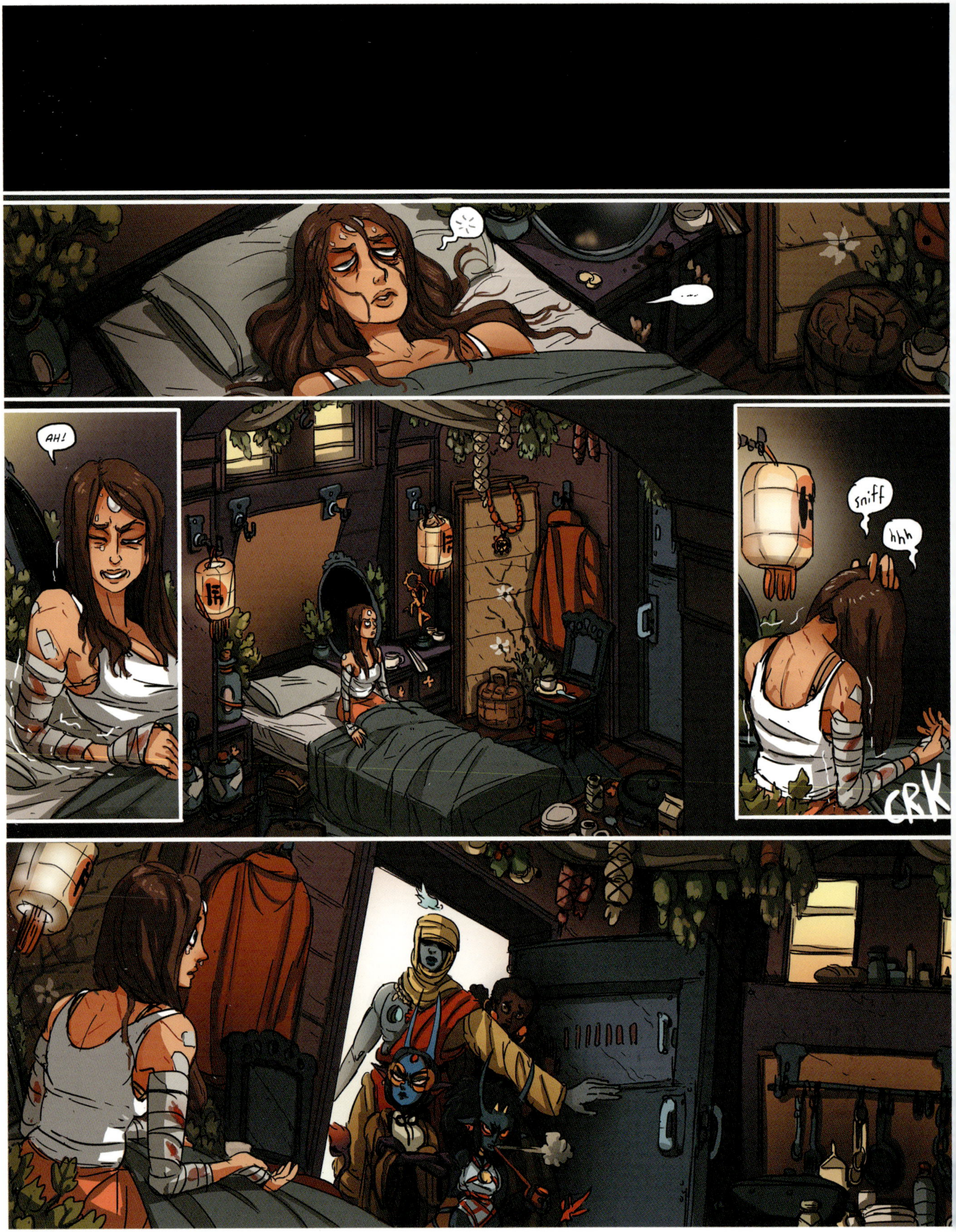
AH!
sniff
hhh
CRK

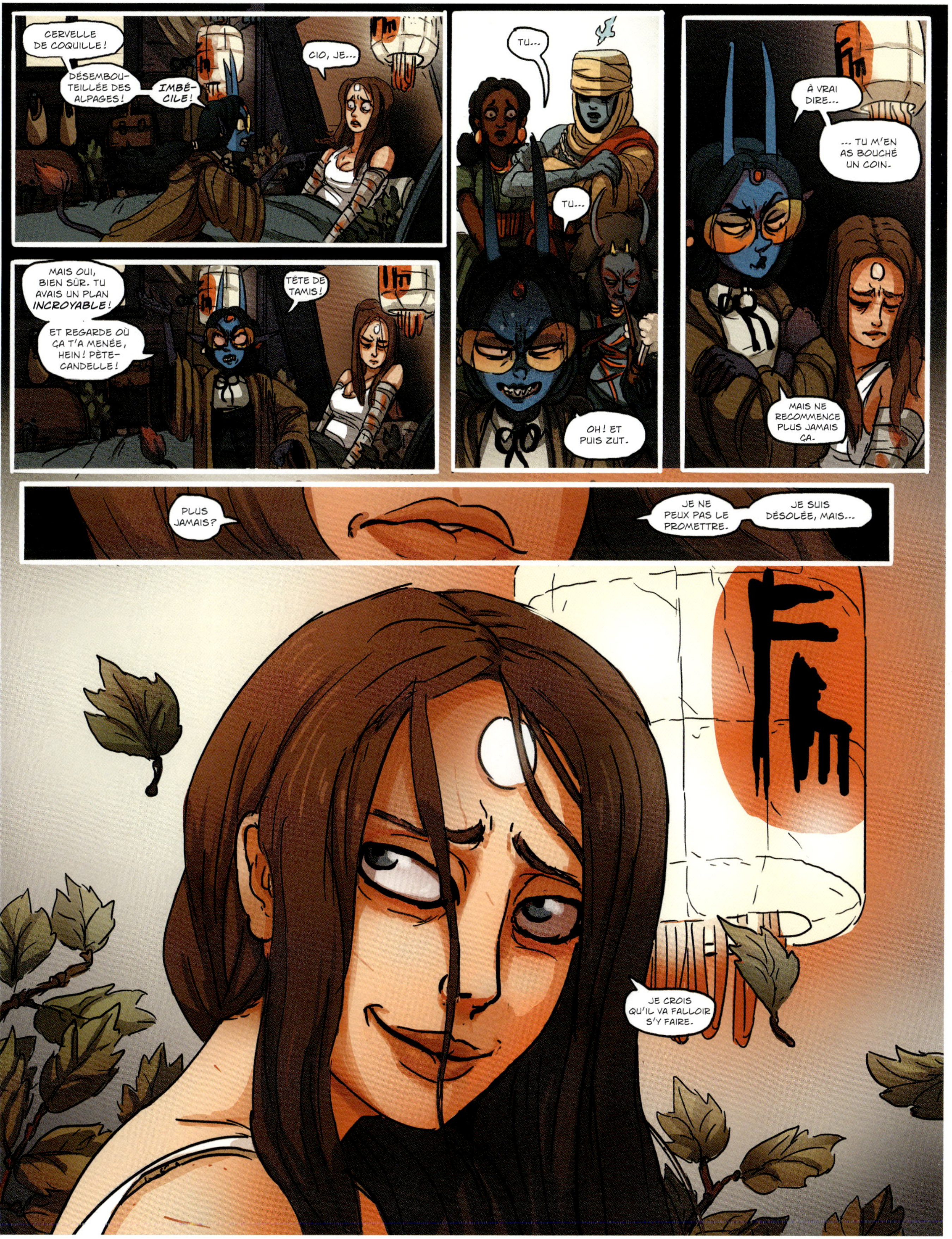
CERVELLE DE COQUILLE !
DÉSEMBOUTEILLÉE DES ALPAGES !
IMBÉCILE !
CIO, JE...
MAIS OUI, BIEN SÛR. TU AVAIS UN PLAN **INCROYABLE** !
ET REGARDE OÙ ÇA T'A MENÉE, HEIN ! PÈTE-CANDELLE !
TÊTE DE TAMIS !
TU...
TU...
OH ! ET PUIS ZUT.
À VRAI DIRE...
... TU M'EN AS BOUCHÉ UN COIN.
MAIS NE RECOMMENCE PLUS JAMAIS ÇA.
PLUS JAMAIS ?
JE SUIS DÉSOLÉE, MAIS...
JE NE PEUX PAS LE PROMETTRE.
JE CROIS QU'IL VA FALLOIR S'Y FAIRE.

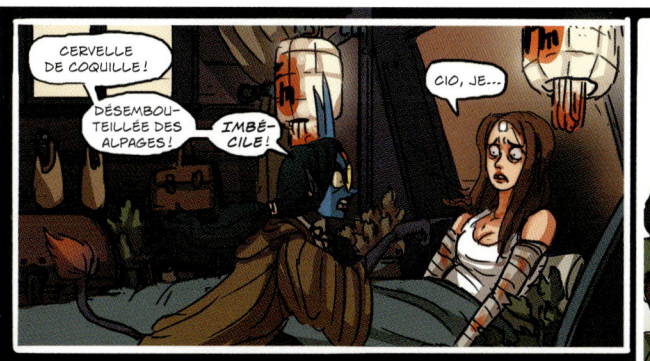

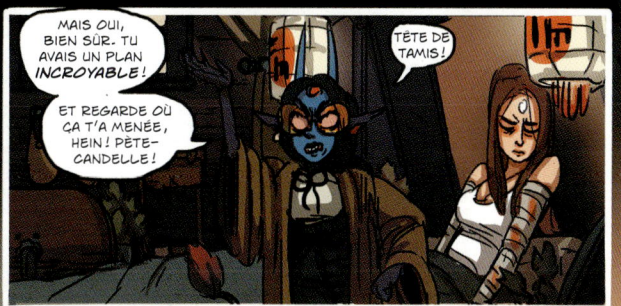

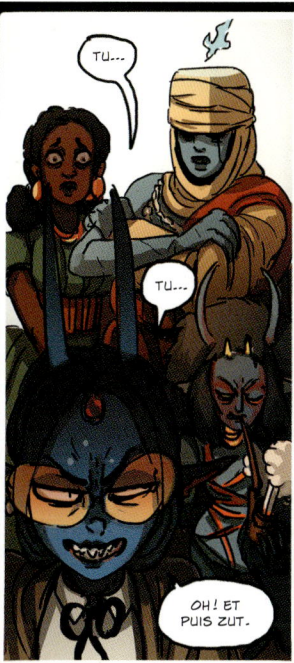

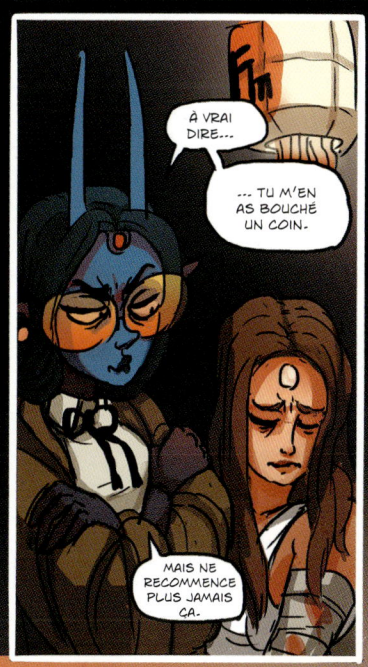

« Seigneur Intra, appela un jour son partenaire d'entraînement, on vous dit seigneur des lames. Pourtant, vous êtes un homme, et les hommes font de bien piètres épéistes.

— C'est vrai », répondit celui-ci.

Tous les plus célèbres maîtres lames de l'époque, à quelques exceptions près, étaient des femmes ou des Ya-At, qui, eux, comptaient trois genres. Cette tradition était elle-même ancrée depuis longtemps, et la rumeur voulait qu'elle ait commencé avec une célèbre vagabonde qui se coupait rarement les cheveux et vivait dans un tonneau.
C'était un fait digne d'une pièce de théâtre, à l'époque.

« Les hommes se soucient trop de leur lame, poursuivit le seigneur Intra. Elle les distrait.
— Vous me méprenez sur mon compte, l'interrompit son partenaire.
Ce que je veux dire, c'est que vous n'êtes qu'un homme.
Qu'espérez-vous faire face aux nouveaux dieux de la Cité Rouge,
face à leurs fouets de feu et leurs lourdes roues ?

— Leur inimitié ne me tourmente guère. Je suis très habile au Combat Circulaire Pankrash.
— Il est vrai que vous êtes doué, admit son partenaire, mais le scarabée de combat de mon fils est féroce, lui aussi. Pensez-vous qu'il puisse vaincre un lion pour autant ?
— Cela dépend. Son scarabée est-il versé dans l'art du Combat Circulaire Pankrash ?
— Les scarabées ne peuvent apprendre le Combat Circulaire Pankrash, mon seigneur.

— Alors, ne lui dites pas. Il l'apprendra malgré tout et coupera le lion en deux d'un seul coup. »

Le Chant des possibles